“十三五”国家重点出版物出版规划项目
平安交通与绿色交通发展研究论丛

CHENGSHI KONGJIAN
YIZHIXING SHIJIAO XIA DE
CHENGSHI GONGGONG JIAOTONG
XITONG FAZHAN

城市空间异质性视角下的城市公共交通系统发展

彭唬　郭忠　周康　许飒　编著

人民交通出版社股份有限公司
北京

内 容 提 要

本书从城市公共交通系统发展历史和我国城市公共交通发展现状入手，对城市空间异质性与城市公共交通系统之间的相互关系进行了解析，围绕考虑空间异质性下的城市公共交通发展模式、发展评价、结构优化、综合开发以及一体化发展策略进行了探究。全书共分为8章，分别是我国城市公共交通系统的发展、城市空间异质性与公共交通相互关系、城市空间异质性对交通出行影响分析、考虑空间异质性的城市公共交通系统发展评价、考虑空间异质性的城市公共交通发展模式、考虑空间异质性的城市公共交通系统结构优化、考虑空间异质性的城市公共交通用地综合开发、城市空间结构与公共交通系统一体化策略。

本书可供城市交通运输、城市公共交通领域的管理人员，城市公共交通系统规划、设计、运营和管理的相关人士参考。

图书在版编目(CIP)数据

城市空间异质性视角下的城市公共交通系统发展/彭虓等编著. —北京：人民交通出版社股份有限公司，2020.12

ISBN 978-7-114-16873-4

Ⅰ.①城… Ⅱ.①彭… Ⅲ.①城市交通系统—公共交通系统—研究—中国 Ⅳ.①U491.1

中国版本图书馆CIP数据核字(2020)第186066号

书　　名：城市空间异质性视角下的城市公共交通系统发展
著 作 者：彭　虓　郭　忠　周　康　许　飒
责任编辑：姚　旭
责任校对：孙国靖　宋佳时
责任印制：张　凯
出版发行：人民交通出版社股份有限公司
地　　址：(100011)北京市朝阳区安定门外外馆斜街3号
网　　址：http://www.ccpcl.com.cn
销售电话：(010)59757973
总 经 销：人民交通出版社股份有限公司发行部
经　　销：各地新华书店
印　　刷：北京虎彩文化传播有限公司
开　　本：720×960　1/16
印　　张：18
字　　数：283千
版　　次：2020年12月　第1版
印　　次：2020年12月　第1次印刷
书　　号：ISBN 978-7-114-16873-4
定　　价：80.00元

前言

PREFACE

城市公共交通是现代城市交通运输体系的重要组成部分，是城市内外客运转换的重要环节。优先发展城市公共交通能够有效缓解交通拥堵，引导城市走高密度、功能混合的集约紧凑型开发模式，提升城市综合承载力，是推进新型城镇化发展、落实城市公共交通优先发展、建设交通强国的战略选择。

城镇化战略推动了我国经济社会的发展。党的十八大提出走中国特色新型城镇化道路，推动工业化和城镇化良性互动、城镇化和农业现代化相互协调，实现四化同步发展。2012 年 12 月，中央经济工作会议进一步明确和细化了城镇化的历史定位和发展思路，提出“城镇化是我国现代化建设的历史任务，也是扩大内需的最大潜力所在，要围绕提高城镇化质量，因势利导、趋利避害，积极引导城镇化健康发展”。会议还强调，要构建科学合理的城市格局，大中小城市和小城镇、城市群要科学布局，与区域经济发展和产业布局紧密衔接，与资源环境承载能力相适应。要把有序推进农业转移人口市民化作为重要任务抓实抓好。概括来说，城镇化是我国全面建设小康社会的载体和实现经济发展方式转变的重点。2015 年，时隔 37 年，中央城市工作会议再次在北京召开。会议指出，城市工作是一个系统工程。做好城市工作，要顺应城市工作新形势、改革发展新要求、人民群众新期待，坚持以人民为中心的发展思想，坚持人民城市为人民。会议提出六个方面的重点工作，为今后一段时间城市发展指明了方向，给出发展预期。一是尊重城市发展规律；二是统筹空间、规模、产业三大结构，提高城市工作全局性；三是统筹规划、建设、管理三大环节，提高城市工作的系统性；四是统筹改革、科技、文化三大动力，提高城市发展持续性；五是统筹生产、生活、生态三大布局，提高城市发展的宜居性；六是统筹政府、社会、市民三大主体，提高各方推动城市发展的积极性。会议还指出，城市是我国各类要素资源和经济社会活动最集中的地方，全面建成小康社会、加快实现现代化，必须抓好城市这个“火车头”，把握发展规律，推动以人为核心的新型城镇化，发挥这一扩大内需的最大潜力，有效化解各种“城市病”。城镇化已成为我国经济和产业结构转型的有力抓手和中国经济增长持久的内生动力，这也对城市交通系统，尤其是城市公共交通系统的发展提出了更新、更高的要求。城市公共交通具有集约高效、节能环保等优点，优先发展公共交通是缓解交通拥堵、转变城市交通发展方式、提升城市承载力和环境的必然要求，是构建资源节约型、环境友好型社会，以及推进城镇化发展的战略选择。

2012 年，国务院发布了《关于城市优先发展公共交通的指导意见》，进一步树立了优先发展的理念，将公共交通发展放在城市交通发展的首要位置。然而，我国绝大多数城市公共交通发展表现出非常鲜明的局限性，与城市空间未能达成协同发展，二者脱节现象非常明显，尚未实现互为促进的局面。面对我国日益严峻的能源问题、环境问题和土地问题，破解城市公共交通和城市空间，尤其是土地利用的和谐发展难题，确立公共交通引导城市发展模式，实现城市的可持续发展已经迫在眉睫。2019 年，国务院发布《交通强国建设纲要》，提出要尊重城市发展规律，立足促进城市的整体性、系统性、生长性，统筹安排城市功能和用地布局，科学制定和实施城市综合交通体系规划。首次提出“推进城市公共交通设施建设，强化城市轨道交通与其他交通方式衔接”，再次表明了国家对城市公共交通优先发展，以及与城市协同发展的重视。

城市是一个复杂的、开放的系统，人类社会活动和自然空间在特定区域内辩证统一，社会活动和自然空间之间相互渗透、相互影响、相互作用、相互依存。

城市空间不可能是一种仅包含自然属性的纯粹空间，不可能脱离人类社会活动，完全独立地进行自我组织和演化发展；城市空间也不可能是一种纯粹的非自然属性的社会空间，坐落在一定的区域内，必然就有自然属性。城市的自然和社会双重属性共同作用在城市空间上，并且这种作用关系在时间序列上随着人类活动不断发展和变化。这些自然特征和社会特征也就自然而然地映射在城市空间上，并且作用在不同的城市子系统中。城市公共交通作为城市系统的一个子系统，与城市空间协同发展，是城市可持续发展的重要基础。研究城市空间异质性对于城市公共交通系统的影响途径和规律，可以厘清不同城市空间结构功能与城市公共交通系统动态变化及其驱动机制，有助于构建科学的城市发展模式。

人类活动的强度、类别、效率、规模等作用在空间上，体现出不同的空间异质性，例如城市用地布局与结构、城市用地类型和开发强度、交通运输系统的可达性和便捷度等。城市空间异质性既有物质环境类型的，也有非物质环境类型的，各类异质性特征又有不同的结构、时间和空间组合，进而加剧了城市系统的复杂性和不确定性。党的十八大以来，国家更加强调走"集约、智能、绿色、低碳"的新型城镇化道路。这对城市交通系统，尤其是城市公共交通系统的发展提出了更新、更高的要求。目前我国大多数城市和城市公共交通发展并未达到一种和谐共处的理想状态。城市与交通运输体系，特别是公共交通之间的脱节现象比较明显，未能做到协同一致发展。大力推进城市集约节约发展，需要明确城市公共交通与城市空间和谐发展策略和路径，确立并推动公共交通引导城市发展模式。因此，做好城市公共交通与土地利用整合发展，高效利用有限的土地资源，实现城市的持续、稳定、健康发展，是我国城镇化战略得以实现的重要课题。

本书从城市空间形态差异、城市空间布局结构、城市开发强度等角度，探析它们对城市公共交通系统发展的作用，提炼城市空间异质性与城市公共交通发展的相互作用规律，探索城市空间异质性下的城市公共交通发展模式、发展评价、结构优化、综合开发以及一体化发展策略。并且站在空间异质性的角度，遴选了城市公共交通发展评价、结构优化、用地综合开发、一体化发展策略等实际案例，力求为城市空间结构优化、科学发展城市公共交通系统、缓解城市交通拥堵和提升城市综合承载力提供科学的依据，从而避免城市发展所带来的城市土地无限制扩张，城市交通陷入拥挤与再拥挤的恶性循环中，从理论上和实践上支撑城市与城市交通可持续发展有序推进。

本书是笔者多年政策研究和决策支持工作中的思考和总结，是笔者和课题组研究人员共同智慧的结晶。本书各部分政策和方法研究参阅了相关学科领域已有的研究成果，相关案例借鉴了国内部分城市的实际工作。正是这些研究积累和实践工作推动了城市公共交通领域技术方法和政策制度的不断创新和发展。另外，本书的出版和相关研究工作得到了国家自然科学基金(41471459)的支持，笔者在此深表感谢。

由于笔者学识水平有限，且编写时间仓促，书中难免存在错误和不足之处，敬请读者批评指正。

作　者

2020 年 9 月

目录

CONTENTS

第 1 章

我国城市公共交通系统的发展

1.1 城市公共交通系统概述

1.2 城市公共交通发展阶段与特点

1.3 我国城市公共交通发展环境

1.4 我国城市公共交通发展现状及方向

1.1 城市公共交通系统概述

城市公共交通是在城市辖区范围内供公众出行乘用的公共客运交通方式的统称，由公共汽电车、地铁、轻轨、轮渡、索道等交通方式组成，按照核定的线路、站点、时间、票价运营，为公众提供基本出行服务（工作、生活、学习等），是城市客运的主体，是重要的城市基础设施，是关系国计民生的社会公益事业。城市公共交通是与城市私家车出行相对的一种机动化出行方式，具有运载量大、运送效率高、能源消耗低、相对污染少、运输成本低等优点，可以为城市居民提供低价、安全、环保的乘车环境，能缓解大城市的交通拥挤和污染。城市公共交通是城市赖以生存和发展的最基本条件，在城市政治、经济、文化、技术诸多活动之间起着桥梁和纽带的作用，同时还体现着政府行为，影响城市整体功能的发挥。《国务院关于城市优先发展公共交通的指导意见》（国发〔2012〕64号）提出，城市公共交通具有集约高效、节能环保等优点，优先发展公共交通是缓解交通拥堵、转变城市交通发展方式、提升人民群众生活品质、提高政府基本公共服务水平的必然要求，是构建资源节约型、环境友好型社会的战略选择。

城市公共交通具有公共性、网络性、正外部性等特征，并因而形成了与城市建设领域其他基础设施在供给制度和方式上的差异。城市公共交通是提供给城市全体居民使用的，其低廉的票价和连续的服务使公共交通的排他性较弱，具有较高的公共性特征。公共交通的网络性较强，网络密度与出行使用率成正比。一般而言，城市中心区的公共交通网络密度较高，站点间距较近，公众对其使用率较高；越接近郊区，网络密度越低，站点间距越大，公众对其使用率也就越低。此外，良好的公共交通系统可以在增强城市综合竞争力、提高社会公平、降低能源损耗、减少环境污染、促进技术进步等方面给城市带来巨大的社会效益、环境效益和经济效益，使公共交通系统具有较高的正外部性特点。

城市公共交通具有以下四个方面的作用：

(1)城市公共交通是城市经济和社会发展具有全局性、先导性的基础产业，是城市综合功能的重要组成部分。

(2)城市公共交通是社会生产生活的公用设施，直接保证城市经济生活的有序运转、城市经济的发展和居民生活质量的提高。

(3)城市公共交通是城市精神文明的窗口和城市的形象。公共交通服务水平的高低可以反映城市管理水平和精神文明建设水平的高低。

(4)城市公共交通是城市机动化客运交通系统的主体，是城市交通的血脉。它在很大程度上减少了居民的出行时间，缩短了城乡间时空距离。

城市公共交通系统是城市中供公众使用的经济型、方便型的各种客运交通方式的总称，即指在城市中运用各类公共交通工具在规定的时间、线路以及地段内，收取少量的交通费，把人们从一个地点运输到另一个地点的短途客运系统。

通常情况下，按运量大小，城市公共交通系统可分为大运量公交系统(单向客运能力大于 3 万人次/h)、中运量公交系统(单向客运能力为 1 万～3 万人次/h)和小运量公交系统(单向客运能力小于 1 万人次/h)。按照运载工具的不同，城市公共交通系统分为公共汽电车交通、城市轨道交通、城市水上客运和其他客运交通。

《城市客运术语　第 1 部分：通用术语》(GB/T 32852.1—2016)指出：城市公共交通方式包括城市公共汽电车、城市轨道交通、城市客运轮渡、缆车、索道等运营形式。城市轨道交通包括地铁、轻轨、单轨、有轨电车、磁悬浮、自动导向轨道、市郊铁路。交通运输行业标准对城市公共交通系统类别进行了划分，详见表 1-1。

按运载工具划分的城市公共交通系统类别　　表 1-1

分类名称	客运方式	主要指标及特征		服务特性	
		基本特征	适用范围	单向客运能力(万人次/h)	运送速度(km/h)
城市轨道交通	地铁系统	城市中封闭轨道上运行的速度快、运量大、行车间隔小的轨道交通方式。车辆通常采用 A 型车或 B 型车	超大城市、特大城市和大城市，市区重要交通客运走廊客运服务	3.0～7.0	30～60

续上表

分类名称	客运方式	主要指标及特征		服务特性	
		基本特征	适用范围	单向客运能力（万人次/h）	运送速度（km/h）
城市轨道交通	轻轨系统	采用电力驱动，在全封闭轨道线路上运行的中运量轨道交通方式	超大城市和特大城市，市区客运走廊或市区与近郊主要联系通道	1.0～3.0	25～35
	有轨电车系统	采用电力驱动，并在轨道上行驶的轻型中、小运量轨道交通方式，一般不采用闭塞信号控制系统。分为混合路权有轨电车、半封闭路权有轨电车和专用路权有轨电车	超大城市、特大城市，城市新区内部客运走廊；大、中城市，重要客运走廊	0.3～1.5	15～35
	单轨系统	车厢跨骑或悬挂在架空的单轨上，由电力驱动的中、小运量轨道交通方式，爬坡能力较强。分为悬挂式单轨系统和跨座式单轨系统	适用于中等以上城市，大客流集散点的接驳线；特定场合（受地形和用地条件限制），市郊与市区间联络线	0.8～3.0	20～35
	自动导向轨道系统	车辆沿着特定结构的导向装置行驶的小运量轨道交通方式	城市中客流相对集中的点对点的中短距离出行；城市机场专用线；中等城市客运走廊	0.3～1.0	≥25
	市郊铁路	利用铁路或修建专用线路开行的站距较大、行车密度较小的轨道交通方式	超大城市、特大城市和大城市，城市与卫星城镇之间，城市中心区与郊区之间，郊区与郊区之间以及城市与其他设施（如机场、开发区、旅游区等）之间快速交通联系	—	60～120
	磁悬浮系统	列车利用磁悬浮力在专用轨道上运行的低噪声、无碳、中运量轨道交通方式	超大城市、特大城市和大城市，特定场合（大坡度、小转弯半径）中、长距离高水平服务	1.0～3.0	60～300

续上表

分类名称	客运方式	主要指标及特征		服务特性	
		基本特征	适用范围	单向客运能力（万人次/h）	运送速度（km/h）
公共汽电车交通	公共汽电车	以公共汽车、无轨电车为乘客运载工具沿固定线路按班次运行的客运方式	各类城市，中、短距离出行	≤0.5	10～25
	快速公共汽车（BRT）	在快速公交专用道上运行的，快速、运营服务水平较高，由智能调度系统、优先通行信号系统和乘客信息服务系统控制的客运方式	超大城市、特大城市、大城市和中等城市，重要客流走廊	0.6～2.5	15～40（在高快速路段速度可适当提高）
	特色公交	为乘客特定需求开设的，小运量、多样化的客运方式	超大城市、特大城市和大城市，中长距离通勤出行或特定目的的出行	客运能力根据班线不同而不同	运送速度根据班线不同而不同
城市水上客运	轮渡	服务于水路运输城市居民出行及旅游	适用于跨江客渡	1.25	20～25
	水上巴士	服务于水路运输城市居民出行及旅游	适用于利用城市内河道沿河通行的客渡	0.03～0.06	10～15
其他客运交通	客运索道	由驱动电机和钢索牵引的客车（吊厢、吊椅）沿架空索道运行的小运量客运方式	山地城市、跨水域城市，克服天然障碍的短距离客运服务	—	≤0.72
	客运缆车	由驱动电机和钢索牵引的车厢，一般沿坡面轨道往复运行的小运量客运方式	山区城市，需要克服地域高差的短距离客运服务，也可用作旅游观光交通	—	≤0.3

续上表

分类名称	客运方式	主要指标及特征		服务特性	
		基本特征	适用范围	单向客运能力（万人次/h）	运送速度（km/h）
其他客运交通	客运扶梯	由驱动电机和尺链牵引的梯级和扶手带，沿坡面运行的小运量客运方式	山区城市或建筑物的不同高度之间，短距离客运服务	—	≤0.045
	客运电梯	由驱动电机和钢索牵引的轿厢，沿垂直导轨往复运行的小运量客运方式	山区城市或建筑物的不同高度之间，短距离客运服务	—	≤0.6

城市公共交通系统是城市系统的组成部分之一，是以城市为基本生存环境的，故城市公共交通系统发展必然受到城市各方面特性的影响。同时，城市公共交通系统内部组成部分众多，组织管理上只有协调统一才能顺利完成城市客运的交通功能，实现城市交通的高效运转，使城市系统秩序井然。

1.2 城市公共交通发展阶段与特点

城市公共交通系统作为城市社会经济系统的组成部分之一，会随着社会经济的发展变化而变化，会随着科学技术创新而不断改革发展。城市公共交通需求也是城市社会经济活动的派生需求，相应地也会对城市公共交通系统的运行效率和服务品质产生巨大的影响。世界上城市公共交通工具主要经历了以下五个发展阶段：

1)马车阶段

纵观世界城市发展过程和科学技术发展历程,人类社会的出行方式随之不断变化和演变。前近代时期的城市因为面积普遍较小,步行方式就能够满足出行需求,成为“步行城市”。1949 年之前的很长一段时间内,我国城市主要的公共客运交通工具是轿子或人力车,还没有公共交通。工业革命以来,随着交通技术的发展和城市人口规模的不断增长,以步行为主要方式的传统交通模式已经难以满足城市发展需要。1600 年,英国伦敦街头出现了第一辆出租马车,标志着城市公共交通的出现。公共交通不仅成为衡量城市现代化的重要标志之一,而且也是推进城市现代化的重要物质载体。“半机械化”公共交通工具人力车的引进也是与城市的迅速发展密切相关的。

马拉公共车(图 1-1)或轨道车是世界上一些城市除人力交通工具之外最主要的公共交通工具。1662 年,法国的巴黎出现了第一辆城市马拉公共车,其最主要的服务对象是贵族或有钱有势的人,速度一般为 4 ~ 5km/h。使用轨道的马拉轨道车,通常使用一匹或两匹马,运行速度比马拉公共车快,基本分布在中等规模城市的主要街道上。不过,由于马匹价格不菲且经营成本居高不下,再加上道路条件差、运量低、运距有限等局限性,马车的使用范围迅速缩减。1910 年,英国伦敦的马拉公共车、轨道车全部由公共汽车替代,宣告了马车时代的终结。

图 1-1　19 世纪初在美国运行过的马拉公共车

2)有轨、无轨电车阶段

1881 年,维尔纳・冯・西门子发明了世界上第一台电力牵引的有轨电车,德国柏林市附近的西特菲尔建设的有轨电车线路开通运营,标志着有轨电车作为客运交通工具投入使用。相比马车而言,它可以节约成本 50% ~ 70%。1901 年 7

月，公认的世界首个载客的无轨电车系统在德国开通运营。有轨、无轨公共电车具有速度快、载客量较大、票价低廉等优点，能适应城市不同社区的交通条件，陆续在世界上很多国家的城市里获得了较快发展，成为城市居民最普遍的出行方式。20 世纪 20 ~ 30 年代是有轨电车高速发展建设的黄金时代。1895 年，美国有轨电车运营线路达到 12100km。1930 年，法国共有 70 个城市开通了 3400km 的运营线路。1920 年，英国有轨电车线路总长达到 5000km，车辆数量达到 1.44 万辆。

1913 年，美国福特公司在世界上最先建立起流水线汽车装配系统，大量生产价格低、安全性能高、速度快的 T 型汽车，推动了世界汽车生产的规模化。与此同时，随着世界大城市经济水平的持续增长，居民出行交通需求量大幅度增加，私人小汽车以灵活、舒适的优势赢得了人们的青睐。有轨、无轨电车系统在城市中受到私人小汽车的强烈挑战，再加上其机动性差、架空线网影响城市美观等局限性，导致很多城市电车客运量大幅度下降，甚至有的城市拆除了电车系统。近些年来，随着政府对城市交通污染和交通能源问题关注度的增加，世界上部分大城市出现了“无轨电车热”，但是与上述鼎盛时期无法相比了。

3）公共汽车阶段

公共汽车是目前世界各国使用最广泛的公共交通工具。它起始于美国纽约，用以替代原有的公共马车，到 20 世纪 30 年代得到迅速的发展。常规地面公共交通系统具有设线建站容易、线路调整灵活、投资小等优点，很快就在世界上各大城市成为应用相当广泛的运输系统。早期公共汽车如图 1-2 所示。

图 1-2　早期公共汽车

随着城市规模的不断扩大，城市经济的不断发展，居民出行需求不断多样化，公共汽车也不断地向着大型化、环保化、智能化方向发展。城市公共交通运营模式也不断发展变化，快速公共交通系统（BRT）通过整合公共交通车辆、线路、场站以及先进的调度和管理措施，取得了运输量等同于轻轨交通的不俗成绩。巴西的库里蒂巴和哥伦比亚的波哥大等城市的快速公共交通系统在全球影响力很大和知名度很高。我国的常州、济南、郑州、宜昌快速公共交通系统也很有特色。但由于自行车和私人小汽车等个体交通工具的逐步普及，公共交通系统受到强有力的挑战，城市居民对公共汽车交通的服务水平要求越来越高，更加期盼城市公共交通工具行驶速度更快、运量更大和准点率更高的轨道交通系统。随着成网状分布的轨道交通系统的建设和运营，公共汽车交通的主体地位受到冲击。我国很多城市正在大力推进轨道交通建设，且进入网络化运营时代。

4）轨道交通阶段

第二次世界大战后，随着城市经济的进一步发展，国内外大城市的交通需求量迅速增加，高峰时段客流高度集中、流向大致相同的现象已很普遍，单纯使用常规公共汽车交通已很难适应现代化客运交通的需要，尤其是千万级人口以上的超级城市。另一方面，小汽车交通的迅速增加，造成了交通拥挤、堵塞等严重后果，甚至影响古老城市文化的保存。为此，超级城市开始寻找一种更加高效、快捷、大运量的出行方式，城市轨道交通应运而生。1863 年 1 月 10 日，世界上第一条地铁线在英国伦敦投入运营（图 1-3），专门用于满足城市内的通勤出行。轨道交通具有运送速度快、准时率高、运量大等特点，极大改善了城市环境，保证了乘客安全，降低了交通事故率，节省了宝贵城市土地，缓解了城市地面交通拥挤的状况。

图 1-3　世界上第一条地铁

5）地面公共汽车与轨道交通并重阶段

随着城市规模的持续增长，快速机动化和城市化进程持续加快，如何保持城市经济的可持续发展和满足城市不同层次居民的交通出行需求，是现代城市实现交通可持续发展的一大难题。单一的公共汽车系统难以解决客运量井喷式增长的需求,难以满足越来越多样化的出行需求。构建多模式、多层级的城市公共交通系统成为现代城市发展交通的主要方向:一方面改善和优化公共汽电车系统,提高公交覆盖率,改善与轨道交通的接驳效率;另一方面,结合城市财政实力科学规划建设轨道交通系统,搭建一个多模式、多层次的城市公共交通网络,充分发挥各类公共交通方式的比较优势,引导城市公共交通出行成为城市机动化出行的主体,进而确保城市整体交通功能的高效、安全、便捷和城市环境的高质量。该发展阶段的追求也就是通常所说的出行结构的公共交通化。它必将成为全球各大城市的共同追求。新型公共交通工具如图 1-4 所示。

图 1-4　新型公共交通工具

自 1600 年世界上第一辆出租马车在英国伦敦运营以来,在短短的 400 年时间里,世界公共交通技术发生了突飞猛进的变化,每一次重大变革都具有重要的里程碑意义(表 1-2)。随着互联网技术、物联网技术、新能源汽车技术、人工智能技术等快速发展,互联网 + 城市公共交通等模式也如雨后春笋般生长,进一步丰富了城市公共交通出行模式。相信随着科技的进一步发展,更多的新型公共交通工具将被研发,投入运营。

城市公共交通发展的主要里程碑　　表 1-2

年份(年)	国　家	城　市	事　件
1600	英国	伦敦	第一辆出租马车问世
1662	法国	巴黎	第一辆城市马拉公共车问世

续上表

年份(年)	国　家	城　市	事　件
1825	美国	斯托克顿-达灵顿	第一条铁路问世
1832	美国	纽约	第一条马拉有轨街车线问世
1863	英国	伦敦	第一条地下铁路问世
1873	美国	旧金山	缆车出现
1888	美国	弗吉尼亚	第一条电车线问世
1899	英国	—	第一辆公共汽车问世
1901	法国	巴黎	第一条无轨电车线问世
1910	英国	伦敦	马拉公共车全由公共汽车替代
1955	德国	杜塞尔多夫	第一辆现代铰接式有轨电车(轻轨)问世
1955	美国	克里夫兰	第一个大规模的停车换乘快速公交系统问世
1956	法国	巴黎	第一条胶胎快速公交线问世
1962	美国	纽约	第一条全自动快速公交线问世
1969	美国	华盛顿	第一条通勤车专用道问世
1972	美国	旧金山	第一个由计算机控制的快速轨道公交系统(BART)问世
1975	美国	(西)弗吉尼亚	第一个全自动无人公交系统问世
1978	德国	—	双能源无轨电车问世

资料来源:陆锡明,陈小雁. 客运规划与城市发展[M]. 上海:华东理工大学出版社,1996.

由表1-2可以看出,各种新式城市公共交通方式首次出现都在社会经济发展居前列的大城市,这说明城市公共交通的发展是社会生产力发展的结果,同样受社会生产力发展的支配。

1.3 我国城市公共交通发展环境

城市公共交通是一个具有高度开放性的系统,时刻与外部环境之间进行着物质、能量及信息的交换。影响城市公共交通系统的外部环境主要包括社会经济系统、城市交通系统、生态环境系统和政策体系等。另外,地域文化在一定程度上也会影响公共交通系统。城市公共交通在发展过程中所产生的文化也会在更广阔和深远的程度上影响着其自身发展的方向和深度。因此,在对某个地方公共交通系统的发展环境进行分析时,应当充分考虑当地文化的影响。

分析发现,我国城市公共交通系统发展过程中的外部环境条件可以概括为四类:一是经济环境,主要包括城市经济发展水平、城市产业结构调整、城市区域经济发展格局等;二是制度环境,主要包括城市交通运输管理体制、城市公共交通发展政策和文化习俗、基础设施投融资结构与政策等;三是技术环境,主要包括城市公共交通车辆技术、调度技术和信息技术等;四是市场环境,主要指的是由于城市规模、城市空间结构重组和城市土地利用模式的变化而引起的城市内部公共客运交通需求和运输市场规模的变化。如图 1-5 所示。

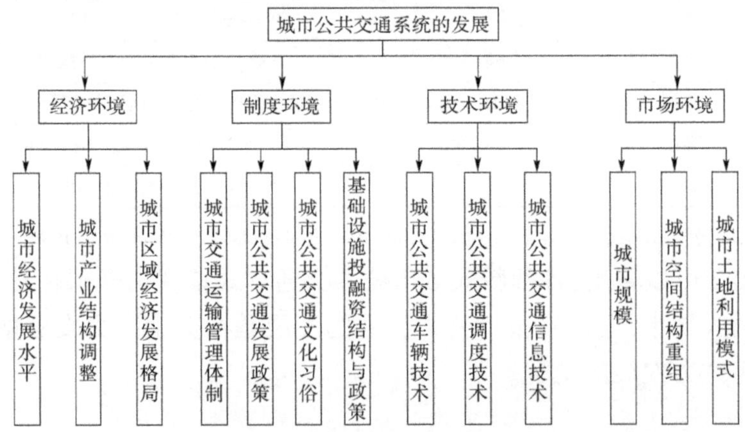

图 1-5　城市公共交通系统发展的外部环境

在这些外部环境中,经济环境是我国城市公共交通系统发展的基础,制度环境是公共交通系统发展的动力,技术环境是公共交通系统发展的保障,市场环境是公共交通系统发展的前提。这些外部环境条件与公共交通系统发展之间的关系如图 1-6 所示。

在实际中,上述环境涉及的许多因素并非相互严格独立的,而是相互关联和作用的。有些因素对公共交通的发展起关键性作用,有些因素起次要性作用,而有些因素本身就是另外一些因素的原因。所有这些外部环境条件将会通过其所包含的内容及其对应的评价指标表现出来。全面分析这些影响公共交通发展的外部环境条件,需要重点对各外部环境条件所包含的内容及其作用于公共交通发展的机理进行论述。

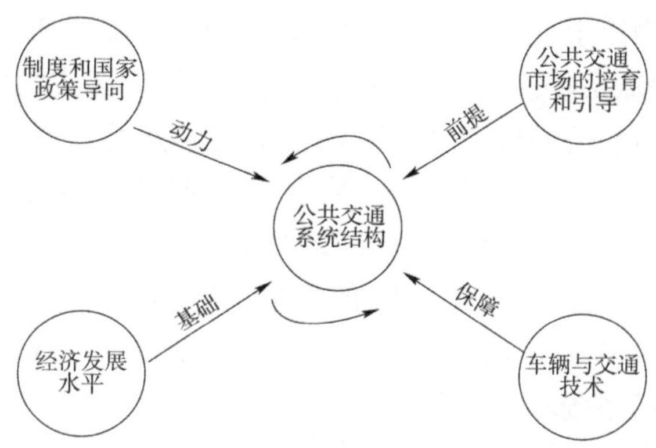

图 1-6 城市公共交通系统发展的宏观机理

1.3.1 经济环境

城市公共交通是城市经济发展到一定程度所产生的引致性需求,是城市经济发展到达一定阶段的产物。城市经济发展对交通运输在"质"和"量"两个方面的需求的变化是促进城市公共交通系统发展的重要因素之一。随着城市经济的发展,城市居民在公共交通系统的"质"与"量"两方面的需求会逐渐提高。从某种意义上讲,城市经济与公共交通运输业之间存在着一种交替"促进关系"和反馈机制,任何一方的变化都会对另一方产生影响。在适当的条件下,两者可以形成相互促进的良性正反馈机制,使双方协同发展,共同向更高水平的方向演化。两者间的发展机理如图 1-7 所示。

1)城市经济发展水平

城市公共交通的发展以及交通结构的演化是受客观规律支配的。对于任一公共交通方式来讲,"质"的改进与"量"的扩展都是有限度的。对于城市空间内任一特定的公共交通系统而言,其发展受居民出行在"质"与"量"两方面对公共交通的需求的影响,而居民出行需求改变又是城市经济发展推动的结果。居民出行需求在"质"与"量"方面的要求逐渐积累的初期,往往位于原公共交通方式"量"的扩展极限之内,可以通过对原公共交通方式功能的完善和线网的优化来满足居民出行需求。在此期间,交通运输业对经济发展的作用不明显或者比较隐蔽,集中表现为支持经济的增长。相反,如果原公共交通方式受到管理体制、政策和基础设施及配套设施建设不到位等因素限制其“量”的扩展,那么必定会跟不上社会经济发展的步伐,导致以交通拥挤、车速降低和环境污染严重等阻碍城市经济发展的消极方式显示其在经济发展中的地位和作用。此时,需要城市经济的发展来“拉”动交通运输业的发展,通过资金援助加大城市交通基础设施的规划建设力度,从而为实现公共交通系统功能的完善提供物质基础;另一方面,与经济发展同时进行的城市产业结构调整和城市空间结构重组,难以满足原交通方式“量”的拓展,急切需要对城市公共交通进行“质”的改进,但是很多城市由于历史欠账太多导致公共交通基础设施建设滞后,目前的公共交通系统基本上仍处于“量”的拓展阶段。

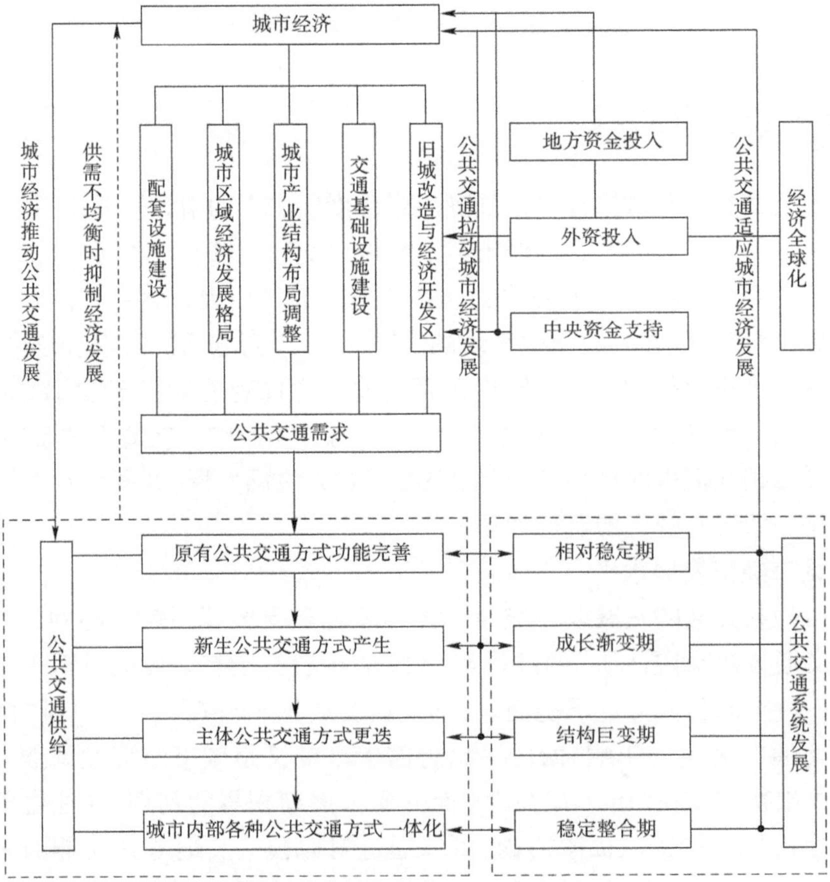

城市经济
城市经济推动公共交通发展
供需不均衡时抑制经济发展
配套设施建设
城市区域经济发展格局
城市产业结构布局调整
交通基础设施建设
旧城改造与经济开发区
公共交通拉动城市经济发展
地方资金投入
外资投入
中央资金支持
公共交通适应城市经济发展
经济全球化
公共交通需求
公共交通供给
原有公共交通方式功能完善
新生公共交通方式产生
主体公共交通方式更迭
城市内部各种公共交通方式一体化
相对稳定期
成长渐变期
结构巨变期
稳定整合期
公共交通系统发展

图 1-7　城市经济与公共交通系统发展机理

当城市经济发展阻碍城市公共交通系统发展时，不可避免地会产生新的交通方式。新交通方式的产生及发展，必然会对基础设施、管理设施及车辆等产生新的需求，从而造就一批新兴产业的形成与壮大，推动城市经济的发展。在这一阶段，交通运输业不仅支持经济的增长，而且会刺激经济的发展。随着新交通方式的诞生、成长和成熟以及原交通方式在“量”上的积累，不可避免地会造成新旧交通方式之间的竞争，在竞争过程中各交通方式必定会进一步提高各自的服务水平和配套基础设施的供给，从而进一步促进城市经济的发展和诱发更多的潜在公共交通需求，实现城市公共交通发展的良性循环。

2）城市产业结构调整

不同阶段城市产业结构的调整对城市公共交通发展的影响存在差异。

第一阶段，低级均衡阶段。该阶段的城市经济处于准封闭式的以农业为主体的低级阶段。这一阶段生产力低，社会经济发展以农业生产为主，城镇规模小，虽然城镇的经济在发展，但城市经济影响范围小，城镇职能单一，相互间的经济关联需求和供给少。因此，在这一阶段，城市经济表现为在一定范围内构成内部封闭循环的空间经济单元，公共交通需求仅限于城镇区域内部，客运需求小，公共交通配套建设资金投入少，基础设施不健全，难以形成规模效应。

第二阶段，极核发展阶段。这一阶段突出表现为城市工业快速发展，工业产值迅速增长，接近或超过第一产业的产值。但由于处于工业化初始阶段，资金还不充裕，有限的公共交通建设资金主要用于建设连接工业区和生活区的交通基础设施上，以培育城市区域内公共交通的“增长极”，通过改善这些区域内的公共交通服务水平促进该区域工业发展。这一阶段的城市区域经济发展与公共交通发展息息相关，公共交通主要服务于城市核心区域，努力实现城市核心区域内公共交通服务水平的均衡化。

第三阶段，点轴发展阶段。在这一阶段，城市区域内以工业为主的第二产业在产业结构中占据主导地位。第二产业的发展对经济的带动作用，促进了服务业发展，推动了城市公共交通投资环境的改观，加快了公共交通基础设施建设步伐，从而加速了第二阶段中极核城市发展的波及效应，促进城市次级中心的兴起。在这一阶段出现的许多极核结构，将通过公共交通或客运交通基础设施连接成带或者轴，形成以大运量公共交通为主导的多核心或点轴为特征的城市区域公共交通体系。

第四阶段,网状发展阶段。在这一阶段,经济发展处于后工业化社会,第三产业发展超过了第二产业,社会公益服务设施得到全面发展,尤其是公共交通、信息技术快速发展,使得各生产或服务部门的空间布局具有更大自由度。但是伴随着城市化和机动化水平的不断升级,环境污染、交通拥挤等城市问题逐渐凸显。人们开始追求和向往优美良好的生活环境和精神享受,原来处于城市中心区域内的"高污染、高消耗"企业陆续向郊区迁移,城市居民郊区化趋势明显,陆续出现的新兴高技术产业代替了原来位于城市中心的工业企业,从而进一步强化了第三阶段的多核心、点轴的波及和扩散作用。因而,该阶段,合理的城乡公交一体化,对于确保城市客运交通体系向着经济、环保、可持续发展等方向的均衡化发展具有积极推动作用,并对城市社会经济的发展产生极大的影响。所以,大运量公共交通为主体、枢纽换乘和多级公共交通方式网络化运营是此阶段城市公共交通系统的明显特征。

3)城市区域经济发展格局

城市服务的区域范围决定了城市性质、规模和城市公共交通发展。区域经济的发展是城市公共交通发展的基础。区域中心城市是各种社会经济活动的聚集点。作为区域空间组织的中枢,其发展依赖于区域经济的发展,也依赖于三大产业结构的调整和公共交通结构的演化与发展。

随着技术的进步、经济的发展,社会经济活动不可避免地产生空间聚集,而社会经济的空间聚集必然会改变城市区域经济的发展格局,以及在"质"和"量"上对公共交通提出更高的要求。在市场竞争条件下,时间上的竞争与均衡导致作为实现城市经济活动高效率的基础资源在产业间的流动与优化配置,进而导致了城市区域经济和城市公共交通系统发展的时间效率需求,即实现生产与消费的帕累托效率;空间上的竞争与均衡导致了生产要素在空间上的配置,从而产生了聚集经济,进而导致了城市区域经济和公共交通系统发展的空间效率需求,即实现空间配置的帕累托效率。

聚集效应对城市的规模、城市的公共交通结构以及城市区域经济的发展格局都具有影响作用。虽然自然、历史条件对城市的形成和发展起着重要的作用,但从根本上看,城市的形成和发展是人类社会经济活动空间聚集的结果,城市区域经济是空间集聚的经济,是城市客运交通效率的经济。不同交通工具的应用及主导交通方式的更迭又必然决定了城市的聚集经济效应及其演化趋势。

所以，聚集经济与城市交通结构的关系既反映了城市经济活动空间聚集的本质，也蕴涵着城市经济活动空间聚集的规律。

改革开放四十多年来，我国城市化水平迅速提高的同时，城市公共交通的发展也开始融入了越来越多的国际化因素，经济全球化浪潮中世界城市化发展的一些特征和趋势，也在一定程度上反映在了我国的城市化发展中。例如，我国大中城市的外向型经济功能和对外客运交通服务能力普遍增强。北京、上海、深圳等区域性中心城市的国际地位明显上升，在国际经济事务中的影响力进一步增强。以大城市为核心的城市群不断发育形成，推动着城市客运交通方式的巨大变更。随着经济全球化的发展和我国对外开放的深化，我国城市的经济活动将更直接地进入国际经济竞争与合作的舞台，城市发展的环境将更趋国际化，城市的发展机制和运行方式也将更进一步与国际接轨。在这种背景下，跨国经济组织进入中国市场的区位选择和中国城市适应国际化运行环境的区位条件和既有基础，将深刻影响未来一段时期我国城市和城市公共交通的发展。

1.3.2 制度环境

虽然城市经济发展是以大运量公共交通为主体的城市公共交通系统形成与发展的基础，但制度环境条件对公共交通系统的形成快慢具有深刻的影响。作为影响公共交通发展的制度环境是指在特定社会范围内统一的、调节人与人之间社会关系的一系列习俗、法律、戒律、规章等的总和。制度既包括具体的制度安排，即某一类型活动和关系的行为准则，也包括一个社会中各种制度安排的总和，即制度结构。制度在我国城市公共交通系统的发展过程至少具备以下三个功能：

(1)创造各公共交通方式协同发展条件的功能；

(2)激励公共交通发展的功能；

(3)降低出行成本的功能。

是否建立有利于我国公共交通发展的制度环境是决定我国城市公共交通系统发展快慢的一个重要因素。

1)公共交通管理体制与模式

随着我国城市公共交通结构不断向更高层次目标演化和优化，需要对公共交通管理体制进行根本性的改革以确保城市公共交通结构改革的科学性，通过改革使政府的主要职能转向制订交通运输业发展的中长期计划,完善有关的法规和产业政策,对资源配置实行强有力的导向,同时可以通过法律和经济手段而不是通过直接干预公共交通企业的经营活动,处理好国家机关行使权力和企业享有权利之间的关系。实行社会经济管理职能和国有资产所有者职能分开即政资分开的原则,通过清晰完备的、公开的、面向整个社会的法律、法规和政府政令等手段规范交通市场。另外,政府部门要对多种公共交通方式实施统一管理,即无论是技术管理、部门职能管理还是法律管理、政策管理、价格管理,在各个交通运输方式之间都应是统一的。

虽然世界上各大城市的公共交通组织和管理模式的选择与城市的经济、制度及社会特点密切相关,但大体可以分为以下三种组织和管理模式:

(1)公共所有,私企商业化运营;

(2)公共所有,以国有企业为主运营;

(3)私企所有,私企运营。

当前,我国大多数城市的公共交通组织和管理基本上都采用第二种模式。政府除了严格控制公交规划设计、场站设施、线网服务水平外,也负责公共交通服务的协调和衔接、制定票价及投资。由国有的公共交通运输企业负责具体的公共交通服务。与私人企业相比,国有企业运营成本高,缺乏降低成本、提高效益和对公众需求做出快速反应的动力。另外,由于公共交通服务价格往往低于投资回收水平,政府需要对企业实行高额补贴。

现阶段,为了提高我国城市公共交通服务水平,有必要对国有公共交通企业亏损的公益性交通服务给予合理补贴。在政策性亏损方面,我国大多数城市普遍存在补贴不规范现象,政策性亏损额的核定缺乏合理性和规范性,受人为因素影响较大,不利于企业加强管理、提高经济效益和逐步减轻财政包袱。目前国际上普遍认同的补贴经验主要有两方面:一是如果仅仅为了平衡收入和成本而向经营者提供补贴,那么会削弱经营者提高效率和服务水平的动力。应尽可能地直接向公交使用者提供补贴,如通过总体的福利计划向低收入人口提供补贴,以避免对公共交通运输体系的有效运作产生不利的影响;二是为了保证补贴使用合理和确保可靠的收入来源,地方政府应有权决定补贴水平,有权筹集必要的收入来提供补贴。

世界上最优成效的公共交通系统在组织和管理模式上通常都具有以下共

同点:由地方政府控制和制定公交服务的运营指标和票价,由具有自主经营能力的商业实体来负责公共交通服务的经营,与政府的规划管理部门严格分离,即采用第一种管理模式。

2)公共交通政策

我国城市公共交通政策是指国家和地方各级政府部门对城市空间内各种公共交通方式的发展速度、结构以及在城市区域内的布局进行合理的控制和引导,以促进城市地区或整个国家经济顺利发展而采取的政策。

改革开放以来,我国城市公共交通有了较快发展,但随着经济与社会的发展、人口的集聚和城市的扩大,一些城市交通拥堵、出行不便等问题日益突出,严重影响了人民群众的正常生活和城市经济与社会的发展。优先发展城市公共交通,不仅是缓解城市交通拥堵的有效措施,而且也是改善城市人居环境、促进城市可持续发展的必然要求。

早在1985年,国家科学技术委员会和城乡建设环境保护部编发的《中国技术政策·城市建设》中指出"大力发展公共交通,目前以公共汽车、无轨电车为主,发展出租汽车。"在随后的几年里,"优先发展公共客运交通"一直成为我国城市公共交通规划的战略目标。各级政府及交通主管部门也陆续颁发了一系列政策性文件鼓励公共交通发展,但多数都是一些"建议或意见",缺乏实施力度,并没有清晰完备的、公开的、面向整个社会的确保公共客运交通优先发展的法律、法规和政府政令,集中表现在随着城市经济和交通需求的持续增长,我国诸多大城市客运交通结构演化的方向不是公共客运交通出行比例加大,而是私人小汽车、摩托车、电动自行车以及自行车出行方式占比增加,公共交通行驶速度降低,服务水平下降,逐渐丧失了主导地位。

随着我国城市规模和经济的快速发展,城市化进程不断推进,城市人口急剧增加,导致出行和物资交流频繁,交通需求急剧增长,城市交通供需矛盾日趋紧张。探索合理的城市公共客运交通结构,规划轨道交通、常规公交、出租汽车及其他公共客运交通方式协调发展的公共交通体系,为城市居民提供安全、快速、舒适的交通环境,引导城市居民使用公共交通系统是国外大城市解决城市交通问题的成功经验,也是我国大城市解决交通问题的唯一途径。因此,轨道交通、常规公交等公共客运交通方式的演化政策对公共交通结构的演化历程和发展方向具有直接密切的关系。

另外，虽然我国各城市也都提出了交通与土地协调发展的战略，但是还缺乏有效的控制和实施措施。城市交通设施尤其是公共交通设施的建设与城市用地的布局结构、控制引导与开发设计方面缺乏有机的联系，在很大程度上制约着城市居民出行对公共交通方式的选择。因此，从宏观层次的战略制定、中观层次的控制引导和微观层次的开发实施等方面制定合理的公共交通政策，成为摆在各级政府交通主管部门面前亟待解决的问题。而这些政策的制定和实施也会为我国城市公共交通结构的演化指引正确的发展方向。

3）公共交通文化习俗

所谓文化习俗，是指一种包括习惯、情绪及认知要素的，不能轻易地被分解的复合物。文化习俗为一切类型的社会和经济制度提供基础，其中习惯、情绪、信仰和深思熟虑之间相辅相成、互为进退，彼此之间存在着强大的相互影响。现阶段，虽然我国与公共交通相关的法律制度在不断完善，但是还不能构成具有强制力的、可以在时空上任意移植的自给自足的复杂联合体，许多法律和制度在一定程度上可以被认为是依赖和集成过去的行为组合并对其合法化，即出于不同原因对习俗的法典化。有时候它遵循习俗而不是引导习俗，这一点是交通习俗和交通政策不相一致的地方。

作为一项公众参与的社会活动，城市公共交通系统建设除了引入法律法规强制的行为外，还要通过各种媒介和社会公众参与加强交通法律法规的宣传，倡导和推动社会各阶层参与城市公共交通系统的建设和管理，鼓励居民选择公共交通出行，通过多层面的宣传教育和公众参与，巩固人们的交通习俗，进而形成稳定的城市公共交通结构。

4）公共交通投融资结构与政策

城市公共交通建设属于资金密集型和技术密集型产业，需要大量的初始投资。为了确保有足够的资金来源发展城市公共交通，必须构建合理的投资结构和制定积极的投融资政策。

（1）公共交通投资结构。

所谓交通投资结构，是指城市交通系统内部各种投资的定性或定量的比例关系及特定的组合方式。

在计划经济模式下，我国城市政府既是投资者，又是管理者。其优势表现在有利于宏观调控，能够在短时间内集中人力、财力、物力进行公共交通重点项目、大型项目的建设,加快建设速度。但是其弊端也非常明显,投资效益差、易导致决策失误、难以保证资金使用效益、不利于各方面积极性的发挥等。特别是在资金分配问题上,往往不是依据公共交通系统中不同组成要素的功能特性和效用差异,而是“应急建设、应急投资”,因而有限的资金可能并未用在最为关键的地方,客观上加剧了道路交通系统与社会经济发展不协调的矛盾。

通过研究合理的投资结构,确定不同时期城市公共交通系统建设的投资标准,有利于形成合理的城市公共交通结构,促进城市公共交通与经济社会的协同发展。通常来讲,合理的投资结构具备以下标准:一是能够促进公共交通技术进步;二是能与城市空间内有限的交通资源能源、土地等相适应;三是具有不断刺激新技术转移和进步的功能,并有助于提高劳动生产率。

(2)公共交通投融资政策。

由于城市公共交通系统建设和管理对资金的需求量大,且投资回收周期长,直接经济效益低,从而难以吸引投资。交通建设项目按照经济效益、社会效益一级市场需求等情况,可以划分为竞争性项目、基础性项目、公益性项目三大类。

竞争性项目:投资盈利性较高,资金周转较快,市场调节力度较强,经济效益取决于市场需求,实行市场调节。项目投资由企业自主决策,自担风险,所需贷款由商业银行自主决定,自负盈亏。经营性融资是该类项目通常采用的方式,如出租汽车。

基础性项目:该类项目主要包括自然垄断性或建设周期长,或投资量大但收益较低的项目。该类项目投融资职能兼有盈利性和公益性双重特征,投融资的经济效益和社会效益介于公益性项目和竞争性项目之间,可采用政策性融资和经营性融资相结合的方式,如公共汽车、地铁等。应当拓宽基础性项目的投融资渠道,鼓励和吸引各方投资参与。

公益性项目:该类项目的社会效益高而经济效益低,以满足社会需求为主。建设项目的资产为公共所有,投资效益为社会共享,从而决定了政府部门对此类项目的投融资职责。通常该类项目只能采用政策性融资方式,主要包括交通管理设施等项目。对社会公益性项目的投融资,要广泛吸收社会各界资金,根据中央和地方责权划分,由政府通过财政统筹安排。

无论是哪种类型的公共交通项目,都需要适当的投融资政策,否则难以产生足够的公共交通服务,并且往往会浪费本来就有限的资金资源。合理的投融资政策应该包括：

①对于竞争性项目和基础性项目，应建立公共交通企业自主投融资机制，打破条块分割，形成规模经营。

②设立城市公共交通投融资机构，形成长期建设资金通融和分配使用系统，作为公共交通的投资主体，保证公共交通发展有稳定的资金来源渠道。

③在公共交通基础性项目和公益性项目建设过程中，可采用广泛的融资渠道，利用股票、债券、项目融资、“建设—经营—转让”BOT方式、海外金融市场等多种直接融资渠道筹集资金。要明确利用外资经营的停车场、收费桥涵等的经营范围。

④注重投融资政策的规范化和法制化，依法管理公共交通投融资。

⑤根据重视受益者投资的原则构建合理的收费体系，对交通设施使用者及受益者收费。

1.3.3 技术环境

随着我国城市不断发展，城市交通问题日益严重，在有限的城市道路和公共交通基础设施条件下，有效利用城市公共交通设施提高运营效率，最大化地满足城市居民不断增长的出行需求，已经成为很多城市尤其是大型和特大型城市所共同关注的问题。科技创新为城市交通运输系统提供了新的发展机遇，深刻影响着城市公共交通系统的发展，不断完善和充实着城市交通运输系统的功能。公共交通结构的演化速度和演化趋势在很大程度上也取决于技术的创新实践。

当今交通运输领域各种新技术的发展和应用主要集中在车辆技术和道路交通管理上。车辆方面主要包括提高安全度、提高运行速度、提高车辆容量、降低能耗、降低污染以及提升智能化水平，交通管理方面主要包括将先进的信息技术、数据通信传输技术、电子控制技术以及信息处理技术等有效地综合运用于交通运输的管理体系中，加强人、车、路、环境之间的通信联系，从而建立起一种在大范围内，全方位发挥作用的，实时、准确、高效的交通综合管理系统，实现对现有交通设施的充分利用，达到提高交通安全、缓解交通拥堵以及保护环境的目的。

1)车辆技术

(1)公共汽电车技术。

在公共汽电车技术领域，重点体现在车辆的节能减排方面，主要途径如下：

在传统燃油汽车上作技术改进,包括采用铝、塑料等一些新型材料降低整车重量,从而降低运输的能耗;采用新型材料如陶瓷材料制造发动机,降低热损,改进燃烧室以及对传统的燃烧过程进行改进,以提高燃料燃烧的效率等。

发展以液化石油气和天然气为燃料的绿色公共交通车辆,即采用汽油和压缩天然气两用燃料汽车改装技术,以及汽油液化石油气两用燃料汽车改装技术,发展所谓的双燃料动力汽车。绿色汽车将在降低污染排放、节约能源、提高汽车动力性以及延长发动机寿命方面带来显著效益。

开发一些更加经济和环保的新型替代燃料,如压缩天然气、液化石油气和液化天然气等醇类,甲醇、乙醇等氢气燃料,以及可充电的蓄电池、燃料电池和太阳能电池等。汽车使用天然气作为燃料,冷起动性能好,燃烧完全,不易产生积炭,不会稀释润滑油,可使发动机内部零部件磨损大大减少,成倍提高发动机寿命和润滑油的使用期限,降低汽车维护和运行费用,提高汽车使用的经济性;与现在的常用传统汽车燃料相比,高浓度的醇类燃料具有利用率高、污染小、臭氧形成较少等特点,同时液态的甲醇、乙醇还易于存储和携带;使用氢气燃料或电动动力的汽车几乎可以避免各种汽车造成的污染,真正达到零排放,因此将带来可观的环境效益。

(2)快速公共交通车辆技术。

可靠、快捷、方便、清洁和安全的地面公共交通车辆是全球最受欢迎的公共交通工具之一。从南美洲国家发展起来的快速公共交通(BRT)系统正在开创全球大容量、低成本、环境友好的城市地面公共交通新时代。其最显著的特征之一是采用了改良型的公共交通车辆,这些改进反映了当今世界地面公共交通车辆的发展趋势,主要包括:

采用低地板车辆,配置多车门和宽车门,以保证乘客快速上下车;

为了降低运营成本,提高车辆运力,车辆有大型化、双层化趋势;

为了提高乘坐舒适性和驾驶的安全性,车辆配备有高档化、信息化等趋势。

为了确保车辆行车安全,公共交通车辆有安装车辆定位系统和自动导向系统等高档装置的趋势。另外,不少车辆上配备有自动电子报站器、电子显示路牌、无人售票机、电子监视系统、IC 卡月票验票装置和 ITS 智能调度装置等,以配合车辆调度中心工作,实现车辆的智能化调度。

(3)轨道交通车辆技术。

城市轨道交通车辆是轨道交通系统最重要的组成部分,也是技术含量较高的机电设备。根据车辆所采用的电气牵引系统的不同,可将城市轨道客车的发展划分为三个阶段:20世纪50年代前采用直流调速牵引系统的凸轮调阻车、50~70年代采用直流调速牵引系统的斩波调压车、70年代至今采用交流调速牵引系统的调频调压车。随着车辆技术的不断提高,车辆系统克服了启动不平稳、维护复杂程度高、耗能多等弊端,从而进一步提高了轨道交通系统服务水平。

当前,我国城市轨道交通科研正在加速发展当中,为了适应城市轨道交通的运输特点,城市轨道交通车辆采用了以下新技术:单轨交通技术,磁浮轨道交通,直线电机车辆,转向架新技术——独立旋转车轮、内侧轴箱悬挂、橡胶轮车辆、单向转向架等,车体新技术——新材料车体、碰撞吸能车体等。

速度是引领轨道交通技术的发展的核心动力,下一代高速列车、高速磁悬浮轨道交通、真空管道轨道交通将成为未来轨道交通技术在高速方向重点发展的三个领域。

2)智能交通系统

狭义上的智能交通系统是指智能化和信息化的道路交通运输系统,是把先进的电子、通信、自动控制和计算机技术综合应用于汽车和道路。其本质是在传统的交通运输领域引入若干当今的高科技技术,这些技术将加强道路、车辆和驾驶员之间的联系。借助于系统的智能化,驾驶员对道路、车辆和实时交通状况了如指掌,管理人员则对车辆的行驶状况一清二楚,从而提高道路的安全性、系统的工作效率和环境质量等。

与城市公共交通系统相关的智能交通技术主要包括:

(1)先进的出行者信息系统。

先进的出行者信息系统(Advanced Traveler Information System,ATIS)采用先进的通信、电子、多媒体和计算机网络技术,为出行者提供道路交通、公交出行及其他与出行者有关的重要信息,如包括出行前信息、行驶中驾驶员信息、个性化信息、路径诱导及导航信息、交通流动态诱导等,从而达到提高出行效率、提高出行安全性、提高空气质量、提高运输系统整体效率的目的。各种形式的信息为规划最佳出行提供辅助决策服务,降低迂回出行和因此造成的延误,避免交通拥挤,并可保证驾驶的安全性,避免事故的发生,通过路径诱导以及交通流信息导航，减少车辆在道路上的逗留时间，并且实现交通流量在各个路段上的合理分配，缓解部分路段交通量过于集中的状况，有效防止交通阻塞的发生，达到路网畅通、高效运行。

(2)先进的公共交通系统。

公共交通具有大运量和高效率的特点，在城市交通结构中具有主导和优先的地位。先进的公共交通系统(Advanced Public Transportation System，APTS)有助于进一步提高公共交通服务的质量和效率，促进城市交通结构的更加合理化，以尽可能高的效率高来满足乘客的出行需求。

例如，在公交运营系统中采用车辆自动定位系统能够实时监测车辆的位置，并把信息传送到控制中心，从而利于车辆的运营调度。通过IC卡刷卡系统不仅能够节省大量的点钞人员和劳动强度，而且可以收集乘客上下车时间和地点，并将这些数据直接用于公交系统的实时和后勤管理及交通规划中，以制定更加合理的运营计划，提高公交的运营效率。借助各种公交运营的软件系统以及App可以实现多种公交方式和多种公交运输功能的自动化、流水线化和一体化运营，使运营调度、线路规划、乘客服务的效率更高。交通信号优先控制是在规定车辆通过交叉口时，让交通信号提前变成绿灯，从而让车辆更快地通过交叉口。对公共交通车辆采用信号优先控制，可以保证公交调度运行的准时性，提高公共交通的服务质量。

(3)先进的公共交通联运系统。

公共交通联运系统主要围绕综合交通枢纽对公共交通客流的组织，因此综合枢纽的功能和换乘衔接服务质量就代表和体现了联运系统所能带来的对城市公共交通效益和效率的改善情况。其功能的实现通常还要借助以下条件：①需要从运输主管部门及运输企业获取静态和动态的相关数据，并对数据进行实时更新。②提供综合枢纽的交通信息，方便出行者选择出行或换乘模式、时间和路线，让各公共交通系统根据需求情况主动调整运力配置，从而达到供需的最佳配置和平衡。联运系统通过枢纽多方式混合交通流预测、多方式混合交通流分配、多方式路线优化给出最优出行或换乘的模式、时间和路线，引导乘客做出既照顾系统全局又有利于个人的选择，从而提高出行的机动性；综合枢纽协调中心在对各种交通信息综合处理后，对各交通方式进行控制。管理中心发出协调计划指令，以调整各交通方式的控制管理计划，并从政策和策略上对各交通方式控制管理中心及其枢纽进行协调指导，以平衡市场供需关系，这样既可充分发挥各种运输方式的优势，又能提高枢纽整体和各公共交通系统联运的运输效率。

1.3.4 市场环境

新中国成立以来，我国城市公共交通的发展经历了一个繁荣、衰缓到现在多元化发展的过程。在这几十年中，城市社会经济结构发生了巨大变化，经济文化活动空前繁荣，城市居民出行的基本需求成倍增长。然而，城市公共交通却整体发展缓慢，公共交通客运量增幅不大，甚至出现下降趋势，公共交通出行比例一般仅维持在20%~40%，出行时间显著增加。造成这种局面的原因是多方面的，其中最主要的因素之一是我国城市公共交通管理部门和规划部门未能根据城市规模、城市空间结构、城市土地利用模式等的演化而适时加大对城市公共交通运输市场的培育和正确引导力度。而城市规模、空间结构与土地利用等决定着城市交通需求特征，进而影响人们对交通方式的选择。城市公共交通政策、城市经济发展、公共交通基础设施建设水平和公共交通工具的使用与发展等决定着城市公共交通供给特征，进而制约或诱导人们对公共交通方式的选择。此外，城市的地形、地貌、气候环境等自然条件，城市资源与环境条件以及城市的性质等因素，也对城市公共交通结构演化有着重要影响。图1-8给出了这些因素对城市公共交通运输供需市场的培育和引导的作用机理。而公共交通运输市场的合理培育和引导是公共交通结构演化的前提。

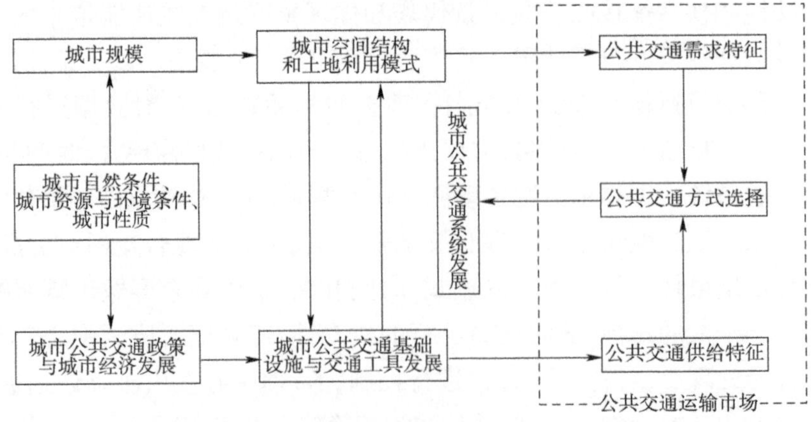

图1-8　公共交通运输市场的培育与引导作用机理

1)城市规模

所谓城市规模,是指城市地域空间内聚集的物质与经济要素的量,主要包括城市人口、经济活动及其能力、建成区土地面积这三个互相关联的有机组成部分。不同城市在数量上存在差异及层次性。一定的经济规模吸纳一定的人口规模,而一定的人口规模又要求有一定的土地规模。三者相互作用,互为因果。其中城市人口是表征城市规模大小的最显著的参数。根据2004年国家统计局依据城市规模进行的城市分类以及《国务院关于调整城市规模划分标准的通知》(国发〔2014〕51号)将城市规模划分为五类(表1-3)。

城市规模划分 表1-3

序号	城市类型	亚类	人口规模(万人)
1	小城市	Ⅰ	20~50
		Ⅱ	<20
2	中等城市		50~100
3	大城市	Ⅰ	300~500
		Ⅱ	100~300
4	特大城市		500~1000
5	超大城市		>1000

注:以上包括本数,以下不包括本数。

据参考资料显示,当今世界的平均城市化水平约为47%,发达国家和地区约为75%,发展中国家在38%左右,最不发达国家大约为22%。我国目前的城市化水平是58.52%(国家统计局2017年数据)。

总体来看,我国城市化水平还比较低,城市化规模还在不断扩大,公共交通需求不断增长,需要加大公共交通市场的投资力度,确保公共交通系统规划目标的顺利实现,缓解日益匮乏的资源条件对城市化和工业化发展的影响。

未来城市化发展模式及其对资源的匮乏、社会及经济的可持续发展所产生的影响正成为当前国际环境领域研究的热点之一。澳大利亚学者纽曼(Newman,1992)和肯沃西(Kenworthy,1989)在对全球各大城市进行研究的过程中,比较了人均石油消耗量与人口密度的关系,研究发现城市人口密度与人均能耗量之间存在着某种规律性的联系。人口密度最低且能耗最高的城市大都在美国,其次是欧洲,而我国香港作为人口密度较高的城市,却依靠庞大的公共交通系统产生了最经济的效能。由此,他们得出结论,如果要降低能耗及尾气排放量，就必须改善公共交通。

2）城市空间结构

城市的发展和城市化进程总是与一定的经济发展水平联系在一起，具体表现在城市空间结构的演化以及城市人口规模及分布的变化上。这种变化从根本上决定了城市公共交通出行的强度、密度和时空分布特性，进而影响城市公共交通系统的效率。由城市空间布局和密度相互影响、相互作用形成的城市空间结构的整体形式决定了城市形态，城市形态影响城市交通发展，城市交通条件的改善又会促进原有城市同心圆区域内的产业结构的调整。特别是通过城市内不同地段的交通环境改善和城市整体交通通达能力的提高所产生的交通便捷性差异，极大地影响着各种行业和不同类型消费者的土地利用模式，而局部范围内交通条件的改善，城市内部原有的相对区位均衡优势被破坏，必然会被新产生的优势均衡区位配置所取代。因此，城市内部交通条件，尤其是公共交通条件的改善，会从两方面对城市形态带来影响：一是同心圆式的城市空间结构被打破，城市由单中心向多中心的模式演化；二是形成沿主要交通走廊的外向和内向交替扩展的方式，如果交通走廊内采取的是高速公路或者高架轨道交通线路通行的话，为了保证其高速、安全行驶，实行封闭运输，聚集效应改善的只是那些拥有道路出、入口的地方，其他地方并不能享受交通改善所带来的实惠，于是，城市交通走廊沿线连续带状的土地开发模式将会向间断、组团式布局发展。城市形态的演化对城市公共交通需求的影响情况见表1-4。

城市形态的演化对城市公共交通需求的影响 表1-4

城市形态的演化		交通需求时空分布	道路交通运输系统
单中心	多中心	单位需求产生强度下降，密度上升，需求出现空间分级	交通流向心性减弱，但由于通达性上升，网络内交通总量上升，应注重均衡交通流的管理模式
工业型城市	高新技术型城市、商业金融性城市、旅游城市、文化消费型城市	需求呈现多样性，休闲娱乐等出行需求增加	客运交通时效性增强，要求网络及管理有很高的效率，同时需求的不确定性增强，要求道路运输系统与管理体系有很高的需求适应度，并应加大对需求的引导和管理力度
单一城市	多级中心城市群	需求呈现专业化分工，需求空间分布呈现明显的通道特性，需求实现需要借助一级或多级交通方式	需求的专业化的空间通道特性将城市道路交通体系与城际交通联系起来，对交通运输转运和联运的需求增强，同时要求确立区域交通走廊

近年来，随着市中心区居住人口和工业企业的外迁、分离程度很高的居住地区和就业地区的逐渐形成，以及建成区外围新的次中心的开发，居民的出行距离持续增加，平均出行次数相对减少，主要的交通干道开始出现潮汐式交通流。这些都对我国大城市公共交通系统产生了新的影响。总体而言，我国大城市公共交通市场需求与城市空间结构的协调发展模式受到以下因素的影响：

(1)市场经济条件下，城市土地和交通发展更多地遵循经济规律，市场经济释放出的巨大能量对城市化水平的提高和城市人口的聚集具有推动作用。

(2)个人收入的增加提高了出行选择权，推动了居住区位的变化和邻区土地的开发。个人经济条件的提高促使人们更倾向于追求出行的便捷性和舒适性，从而推动了大运量、高速度及多元化公共交通出行方式的形成。

(3)城市第三产业的高速发展对城市产业结构和就业岗位分布具有推动作用，使交通出行的空间分布和出行距离发生改变，进而改变公共交通结构。

(4)随着我国新型城镇化进程的推进，城市人口增长必然会导致城市的土地和交通供给长期处于供不应求的状态。

今后相当一个时期内，我国城市土地、人口和基础设施投资的压力仍将存在。在经济发展速度较快、人口稠密的大城市，可能会由于城市与郊区城镇的协同发展而形成同心圆加适度郊区化的城市模式。随着我国经济的转型，大部分城市因土地资源和经济发展的约束，导致城市的第二产业和第三产业向郊区扩散，从而带动人口的向外迁移。同时，由于郊区较大的农业人口密度以及郊区非农业化的快速发展，会促进城市公共交通向多元化方向发展，以满足更多城市居民不断增长的基本出行需求。未来我国大城市用地依然会保持相对混杂，城市中心区仍然会保持商务、零售、行政管理和居住等多种职能共存，为我国大城市交通系统形成以大运量公共交通为主体的交通体系提供充足的客流支持，进而会逐渐形成“强市中心”或“限制交通”战略的城市空间结构。

3)城市土地利用模式

城市交通网络结构影响城市的发展形态(urban form)，城市土地利用形式反过来又对交通需求产生重要的影响。1954年，美国联邦援助公路建设通过立法，使得小汽车成为各大城市主要的交通运输方式，随之而来的是日趋严重的交通问题。严重的交通问题造成运输效率的降低，进而导致生产力的下降。随着交通问题、能源危机的增加，美国政府也在不断尝试改变城市客运交通结构，试图恢复公共交通的主导地位。早在20世纪60年代,美国政府希望运用立法手段来鼓励城市公共交通发展,通过立法形式将私人交通逐步转变为公共交通,引导大城市交通向大容量、快速度的公共交通转化。20世纪80年代,出台的环境保护法要求通过发展公共交通来代替小汽车出行,但代价极其巨大。每年向公共交通建设投入60亿美元以上的投资,但也只能解决1.5%~2%的小汽车乘客转移量,收效甚微。

近年来,随着我国大城市经济的高速发展和城市人口规模、城市建成区面积的不断增大,城市道路、场站等基础设施的建设也获得了较快的发展,私家车拥有量和使用量呈现快速增长趋势,但是我国大城市尚未出现私人小汽车"独霸天下"的局面。为了适应城市经济发展和满足城市居民不断增加的基本需求,以城市公共汽电车交通为主体的公共交通经营部门不仅新增设了多条公交线路,而且还添置了更多的公共交通车辆。然而城市公共交通出行量占城市客运总量的比值却普遍出现滑坡现象(详见1.4节),大量的客流转向占用道路时空资源较多的个体交通方式(主要是自行车和私人小汽车),严重地加大了城市道路负荷,政府花巨资修建道路设施所扩充的容量很快被新增长的机动车和非机动车交通量填充。针对目前城市个体机动方式主要是私人小汽车、摩托车和电动助力车齐头并进的局面,应当及时把握改善城市客运交通结构、抓住大力发展城市公共交通的最好时机。

1.4 我国城市公共交通发展现状及方向

1.4.1 我国城市公共交通现状

1)城市公共汽电车现状

截至2018年底,我国城市公共汽电车运营车辆数67.34万辆(折合76.79

万标台),比 2017 年增加 2.22 万辆(折合 2.86 万标台),同比增长 3.4%(标台数同比增长 3.9%)。其中,新能源运营车辆数(包括纯电动客车、混合动力车)34.19 万辆,占城市公共汽电车运营车辆总数的 50.8%,比 2017 年增加 8.47 万辆,同比增长 32.9%;BRT 运营车辆数 9110 辆,占城市公共汽电车运营车辆总数的 1.4%,比 2017 年增加 308 辆,同比增长 3.5%。运营线路 60590 条(比 2017 年增加 3804 条,增长比例为 6.7%),运营线路长度 119.95 万 km(比 2017 年增加 13 万 km,增长比例为 12.2%)。其中,公交专用道 12850.2km,比 2017 年增加 1935.7km,增长比例为 17.7%;无轨电车运营线路长度 1137km,比 2017 年增加 122km,增长比例为 12%)。截至 2018 年底,我国公共汽电车场站面积 7849.7 万 m^2,较 2017 年减少 727.6 万 m^2,减少 8.5%;车均场站面积 102.2m^2/标台,比 2017 年减少13.8m^2/标台,同比减少 11.9%。经营企业 4013 户,其中个体经营企业 137 户。全年完成运营里程 346.1 亿 km,较 2017 年降低 9.1 亿 km,降幅为 2.6%。城市客运量 697 亿人次,较 2017 年减少 25.87 亿人次,降幅为 3.6%。使用公共交通一卡通的公共汽电车客运量占公共汽电车客运总量的比例从 2017 年的 48.3% 提升至 2018 年的 51.9%,增幅为 3.6%。2018 年我国城市公共汽电车发展情况,详见表 1-5。

2018 年我国城市公共汽电车发展情况　　表 1-5

数据类型	单位	2018 年	比 2017 年新增	同比增长率(%)
运营车辆数	辆	673430	22222	3.4
	标台	767908.7	28589.5	3.9
新能源公交车辆数	辆	341869	84684	32.9
BRT 运营车辆数	辆	9110	308	3.5
运营线路条数	条	60590	3804	6.7
运营线路长度	km	1199455	130078	12.2
BRT 运营线路长度	km	5119	1694.5	49.5
场站面积	万 m^2	7849.7	-727.6	-8.5
经营企业数	户	4013	48	1.2
运营里程	亿 km	346.1	-9.1	-2.6
客运量	亿人次	697	-25.87	-3.6
BRT 客运量	亿人次	15.87	-6.09	-27.7

资料来源:中华人民共和国交通运输部. 中国城市客运发展报告(2018)[M]. 北京:人民交通出版社股份有限公司,2019.

2）城市轨道交通现状

截至2018年底，我国共有35个城市开通轨道交通，比2017年新增了乌鲁木齐市。

我国共有城市轨道交通运营线路171条，比2017年增加18条，同比增长11.8%。运营线路长度5295.1km，年度新增运营线路长度达711.9km，同比增长15.5%。车站3408个，比2017年增加361个，同比增长11.9%。其中，换乘站为319个，比2017年增加47个，同比增长17.3%。运营车辆共计34012辆，比2017年增加5305辆，同比增长18.5%。

全年累计完成客运量212.77亿人次，占城市客运系统总客运量的16.9%，比2017年增加28.47亿人次，同比增长15.4%。全年运营车公里共计35.26亿车公里。

2018年我国城市轨道交通发展呈现运营规模持续增长、设施装备逐步完善、客流量屡创新高、系统制式多元化、网络化运营趋势愈发明显等特征。2018年我国城市轨道交通总体发展情况见表1-6。

2018年我国城市轨道交通总体发展情况 表1-6

数据类型	单位	2018年	同比增长	同比增长率(%)
开通运营城市数	个	35	1	2.9
运营线路条数	条	171	18	11.8
运营线路长度	km	5295.1	711.9	15.5
车站数	个	3408	361	11.9
换乘站数	个	319	47	17.3
运营车辆数	辆	34012	5305	18.5
经营企业数	户	50	1	2
客运量	亿人次	212.77	28.47	15.4
旅客周转量	亿人·km	1795.21	207.56	13.1

资料来源：中华人民共和国交通运输部. 中国城市客运发展报告(2018)[M]. 北京：人民交通出版社股份有限公司，2019.

1.4.2 我国城市公共交通系统发展战略

1）“以人为本”的发展理念

虽然我国提出“优先发展城市公共交通”的政策已有十几年了，但是公共交通客运分担率却一直呈下降趋势。面对城市日益严峻的交通形势，需要充分利用已有的交通资源，把公众出行从私家车吸引到公共交通上来。这就要求首先要面向公众，深入了解人们对公共交通服务的需求，在此基础上，根据需求谋划公共交通发展，尽量满足公众的需求。

2）倡导平等、和谐的公交文化

公共交通在缓解城市交通压力和环境污染方面具有积极的作用。大力发展公共交通是实现城市可持续发展的重要举措，也是推动城市健康快速发展的关键。另外，有助于加强人们之间的沟通，消除由于经济及竞争压力带来的冷漠。公共交通应以人为本，服务公众，平等地接纳每一个人，并给人们提供一种和睦相处的环境。

3）立足国情，发展大运量公共交通

以轨道交通和 BRT 为代表的大运量公共交通，具有运量大、速度快、单位耗能低、运营费用省、准时性好等特点。由于不同的交通方式在建设和运营成本方面存在很大差别，因而城市在选择发展公共交通方式时，必须立足城市发展状况和未来发展规划。

4）构建完备的公共交通信息管理系统

为了能够在保证安全的情况下最大限度地提高公共交通的效率及服务质量，应充分利用现有交通基础设施和交通设备，构建完善的公共交通信息管理系统，利用信息技术、通信技术和大数据技术，结合交通科技对公共交通系统的运营进行管理调控，其中最重要的是信息的采集、分析、处理和发布。

5）土地利用规划和公共交通规划有机结合

城市土地利用情况决定了城市经济活动在不同区域的集聚程度和分布特性，也决定了城市交通分布，对城市公共交通需求、公共交通网络布局具有决定性的影响。同时，城市公共交通系统的发展又影响城市土地利用，促进用地结构的调整。因此，公共交通规划应与土地规划进行有机的结合。

6）完善枢纽换乘功能

交通枢纽是实现乘客在各种交通方式之间有效换乘的关键环节，现代化的交通枢纽多采用综合立体换乘枢纽。因此，加强综合交通枢纽建设是实现一体化交通的关键措施。公交枢纽的建设应立足于高效、快速、简洁，可以渗透一些文化艺术的气质，通过改善出行视觉效果提高出行的舒适性。

7）制定扶持公共交通系统投融资政策

公共交通系统的建设、维护需要大量资金的投入，仅靠政府的力量远远不够，必须改革以政府为主体的公共交通投融资体制，制定投融资政策，可以引进民间资本和外资，引入竞争机制，改善、提高公共交通服务水平，在服务大众出行的同时实现自身的发展。

1.4.3 我国城市公共交通技术发展方向

1）大力发展新能源公共交通工具

发展新能源汽车是实现节能减排的重要举措。当前我国的产业环境和政策环境已具备推广新能源汽车的条件，公共汽电车交通领域作为重要的交通工具使用者亟须更新新能源车辆。为了实现这一目标，国家正全力推进新能源汽车商业化进程，公交车辆无疑是新能源汽车商业化的先锋。谁能最先解决新能源客车的商业化问题，谁就能在未来公交车市场占主导地位。另外，随着国家充电基础设施的完善，纯电动客车凭借在环保性能和节约能源方面的优势，将成为国家主推车型。

2）进一步加强公共交通工具的安全保障

《营运客车类型划分及等级评定》（JT/T 325—2018）对公交客车进行了细分管理。其中将公共汽车单独划分出来，另外将公路客车的小型车长度调整为 $6\text{m} \geqslant L > 4.5\text{m}$，将13.7m双层客车划入特大型公路客车。之所以将营运客车、公共汽车进行区分，主要是考虑到长途客车、旅游客车和公共汽车的配置、使用年限各不相同，所以质保期也应该有所区别，从而可以进一步提高城市公交客车的安全性。有关专家明确要求从技术、标准两个方面进一步提高公交客车的安全性，并将其落实到公交优先的发展战略上来。

3）打造综合公共交通系统

随着社会经济的持续发展，城市功能和社会活动的多样化决定了城市交通需求的多元化。这既包括不同时间和区域的交通需求，又包括不同人员和目的的出行需求，以及出行方式上的需求。城市大多数出行的范围需要穿越多个不同的区域，甚至兼顾不同的出行目的。由于交通需求构成的多样性和复杂性，发展城市公共交通必须考虑动态资源上的合理配置，构建多元化、多层次和立体化的综合公共交通系统发展模式。

综合公共交通系统是综合运输系统客运部分在城市范围内的浓缩与升华，是市域范围内公共交通体系内部的紧密关联，是建立在完善的交通运输网络基础上的各种运输资源要素的有效整合，由交通方式、基础设施、发展规划、运营管理四大部分构成，如图1-9所示。其中，交通方式是系统构成的基本要素；基础设施是公共交通充分发挥作用的物质保障，包括各交通方式所需的线路、场站等；发展规划是根据城市社会经济的发展、人口的增长等，运用先进经济技术手段对城市公共交通现状和未来发展趋势进行研究后制订的城市公共交通发展目标、规模，为城市公共交通发展提供方向性指导；运营管理包括两个层面的含义，既包括宏观层面政府管理机构对于公共交通行业的行政管理，也包含公共交通企业管理。良好的管理机制是公共交通充分发挥作用的前提与保证。综合公共交通系统与外部因素的关联主要表现为：公共交通与城市发展互相结合，公共交通与经济发展互相适应，公共交通与生态环境互相协调，公共交通与社会文化互相促进，以及城市交通与对外交通紧密衔接。以综合公共交通系统为核心的城市交通的发展将引导城市有序扩展，充分重视人的生命与安全，促进生态城市建设，实现城市的可持续发展。

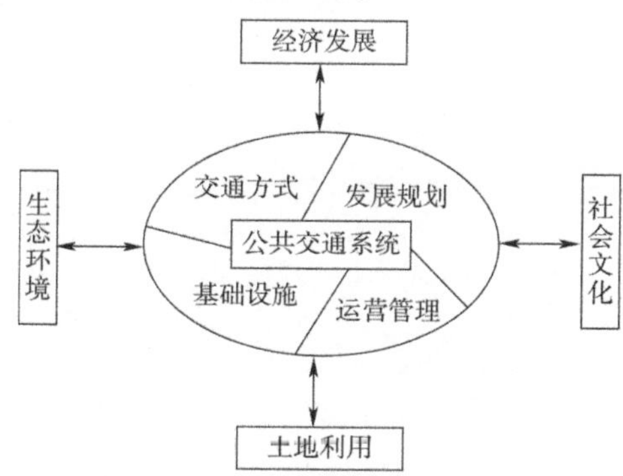

图1-9 城市综合公共交通系统结构

第 2 章

城市空间异质性与公共交通相互关系

2.1　城市与城市空间异质性

2.2　城市与城市公共交通

2.3　城市空间异质性与城市公共交通

2.1 城市与城市空间异质性

从城市形成的原始动力来看,城市包括“城”与“市”两个部分。“城”主要是为了防卫,并且用城墙等围起来的地域,《管子·度地》中有“内为之城,外为之廓”。“市”则是指进行交易的场所,“日中为市”。从现代城市的定义来看,城市也叫城市聚落,一般包括住宅区、工业区和商业区,并且具备行政管辖功能。城市空间是城市各类功能和各种活动的载体。各种活动要素及其相互作用直接影响并制约着城市空间分布格局和运动过程。法国新马克思主义者亨利·列斐伏尔开创了空间生产思想,认为“空间具有社会性,它内含于财产关系(特别是土地拥有)之中,也关联于形塑这块土地的生产力。空间是弥漫着社会关系,它不仅被社会关系所支持,同时也生产社会关系和被社会关系所生产”。

城市空间不仅是“物质空间”,而且是“社会空间”。城市空间作为人类活动的主要容器,表现为容器的特征,就是各类组成城市空间的实体要素载体。城市空间要涵盖城市中存在的道路、建筑、绿地等组成要素的布局和这些要素以各种关系进行组合的形态。空间作为一种组合的容器,反映了组成要素的总体形态。城市的空间内包含着各种生产关系、各种用地布局的关系,以及这些关系的协调机制等,具体包含价值观念、文化观念以及各种伦理的和秩序性的观念等。这些信息不是以具体的物质形态存在的,是看不见摸不着的,是由生活在其中的人类在社会的生产活动中产生并传播开来的。实体的物质要素和虚体的各种观念性要素互相重叠在一起,构成了城市空间。从某种意义上来说,城市空间就是“在特定的时空范围内的各种生产关系的总和”。

2.1.1 城市空间异质性形成要素

城市空间构成要素分解图如图 2-1 所示。

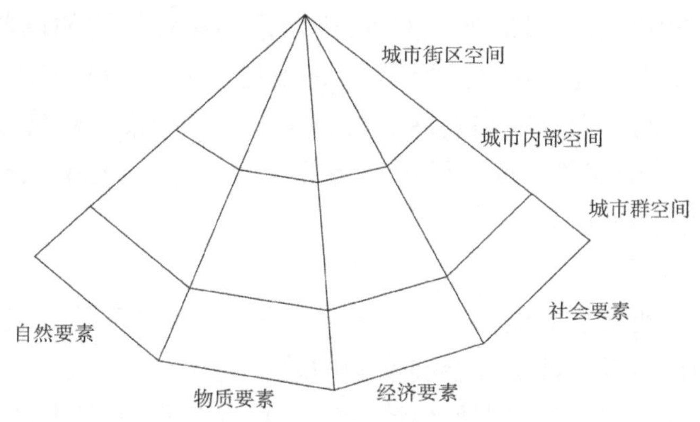

图 2-1　城市空间构成要素分解图

资料来源：冯维波. 试论城市空间结构的内涵[J]. 重庆建筑,2006(6):31-34.

1) 自然要素

城市的自然要素主要包括城市区域范围内的城市的地质地貌、大气环境、水文情况、土壤特性、植被情况等。城市的自然要素是城市空间形成的基本性要素。其他的任何物质性要素的实体最终都要落实到城市的自然环境要素当中去,任何的城市中的社会生产关系都要反映到城市的物质要素上。大气环境、水文情况是城市得以运转的基本保证,土壤特性、植被情况是城市的粮食得以供应的基本条件,而地质地貌则在城市的建设过程中,往往在形成城市的空间形态方面起着先导的作用。

2) 物质要素

城市的物质要素是城市空间形成的最直接、最基本的条件。城市的空间对外展示以及城市的空间得以运行在最基础的层面必须依靠城市的物质要素。城市的物质要素包括城市的居住空间、公共设施的用地空间,对外交通的用地空间、道路广场的用地空间、市政公用设施的用地空间,各种科技园和各种开发区的用地空间,以及各类的绿地和水域用地等十大土地利用类型,为各种用地空间服务的各式各样的建筑和各种级别的道路以及各种使用类型的广场等。所有的用地类型的空间、各种建筑以及道路广场、绿地、水域构成了城市空间的物质基础。

3)经济要素

经济是城市空间发展的主导性因素。城市的空间结构和城市的经济结构是直接相关的,其中最直接的联系就是城市的地租。城市空间结构的改变促进了城市的用地效益的增长,并直接作用于经济要素的空间布局区位、方式和形态,在增长区域内实现要素的最优配置,进而推动经济结构的调整和优化。城市空间的聚集带来了经济效益的聚集,经济聚集又带来了城市空间的聚集。聚集效应是城市空间得以延续和发展的最直接动力。城市的经济要素主要体现在二、三产业经济的聚集方面。城市经济的发展要有后劲,第二产业必须占有主动地位和主要的地位。

4)社会要素

城市的社会要素主要包括城市中人口规模、城市中阶层分级、城市中文化认同以及感知认识等。其中社会要素中的政治要素在城市空间形成的过程中起着不可估量的作用。我国古代城池"旁三门、方九里、九经九纬"的城市格局就是政治要素对城市空间形成影响的真实写照。在当前我国城市空间营造的过程中,尤其在经济欠发达的地区,政治要素在城市空间形成的过程中还发挥着重要的作用。城市中的阶级分层以及城市中的文化认同对城市的空间布局模式,特别是城市中的居住空间的布局模式起着重要的作用。

2.1.2 基于空间异质性的城市空间扩展驱动机制

1)经济发展是城市空间扩展的主导作用力

经济发展对城市的空间扩展起着至关重要的作用。城市的空间最基本的属性是人造物质资源的属性,即通常所说的建成环境和建成区环境。因此,尽管城市空间必然以初始的自然环境资源为基础,但其更具有社会产品的属性,并且与自然资源不同,城市的空间既包含了生产的过程(建设或者重建),也包含了交换和消费的过程(从建设到满足不同用途的使用),既是人类社会生产的必须载体,也是维系社会生产和社会关系的重要工具。城市的空间从建设到使用在每个时间段和时间点上都充满着经济的因素。从土地的有偿流转到现今的房价居高不下,可以说经济因素在城市的发展中扮演着重要的角色。经济发展的周期性决定了城市空间扩展速度的周期性,城市空间扩展的速度所表现出来的周期性与经济发展速度的周期性相吻合。在经济的大发展时期，城市的扩张因素表现得异常活跃，经济的增长直接刺激了城市空间的扩张，因此在这个时间段有足够的资金去炒作房地产，去建新开发区。在经济的大萧条期，城市的扩张也表现得比较低迷，因此在这个时间段内即使有政策的刺激，城市的扩张和新区的建设也表现得萎靡不振。从经济的视角研究城市空间的发展以及城市空间的使用效率有着足够的依据。

2）自然或地理环境的基础作用力

城市都是坐落在具有一定的地理特征的地表上，其形成、发展和衰落都与自然地理因素的变迁有着密切的关系。楼兰古城的消失以及兰州城市带状的发展都说明了气候特征以及地形地貌对城市的存在以及对城市发展的重要影响。自城市形成之日起，自然地理环境就成为城市空间扩展十分重要的基础条件。它通过各要素反映出来自然的地理环境特征，直接影响着城市空间扩展的潜力、方向、速度、模式及空间结构。山地中的城市不可能像平原城市那样以“摊大饼”式的圈层环状模式向外扩展。北方的城市也不可能像南方的城市那样玲珑剔透。某些时候地形地貌是城市发展的动力，而某些时候这些因素的发展又成为城市空间发展不可逾越的门槛。像南通市，在城市前期的建设中，长江的水运条件为其提供了便利的条件；而城市后期的扩张中，长江又成为其难以逾越的屏障。

3）交通设施建设的指向力和各种交通技术进步的刺激力

城市的发展离不开道路，城市每个地块的开发都要有道路作为先行的条件，每个区域的开发都要通过道路和外界互通资源。因此，交通的发展促进了城市空间的扩展并改进了城市的外部形态。城市的交通是城市扩展的牵引力，城市交通的建设对城市的扩展具有指向性的作用。城市的每一次大范围的扩张都和交通建设有着密切的关系。每一次交通设施的大范围建设都和交通技术的进步有着密切的关系。从马车时代到有轨电车时代，再到汽车时代，到今天的地铁和高速铁路时代，每一次交通技术的进步都为城市空间的扩展带来了大变化，从最初的半径 5km 到今天的特大城市群半径上百公里，以及城市群内的各个城市的紧密联系，都说明了交通技术的进步对城市空间的扩展造成的巨大影响。

4）秩序性因素和规划的调控力

秩序可以说是人类社会作为系统而非众多独立的个体的集合存在的一个最为重要的标志。它既约束着能动者的行动和互动，又蕴含了能动者互动中的地位关系,同时还是能动者行动和互动的结果。政策和规划对城市空间的发展有明显的调控作用。在粮食安全日趋重要的情况下,城市空间的发展无疑在很大程度上受到土地政策的制约,基本农田某些时候成为城市空间扩展的障碍。国家的土地有偿使用制度的推行,为城市的建设提供大量的资金,巨额的资金投入到城市基础设施的建设又可进一步地引导城市空间的发展。政策支持或鼓励某一产业在某一地域的集群发展将带来城市产业园区的快速扩张,从而使城市的建设用地出现非均衡式的发展,使城市的空间形态发生急剧的变化。另外,行政区划的调整也会引起城市空间的变化。城市规划作为一项公共政策,也是体现政府意志的一种秩序,在某种程度上对于调整城市空间的资源、引导城市的发展也起着一定的作用。

5)人文意识的回归

随着城市经济的发展,城市居民生活条件的改善,人们的消费心理以及对居住环境的要求也会产生一定的变化。现代城市中环境质量的恶化,城市的交通拥堵成为一种常态,居民追求良好的居住环境的愿望和需求日益增强。居民逐渐地从市区搬迁到郊区,在城市的边缘地带形成郊区化的现象,这种现象也称为逆城市化现象。郊区良好的自然环境和不拥堵的交通吸引了中产阶级以上的人群居住,促进了郊区的繁荣。同时由于这类人的大量外迁,也使城市中心区的持续发展面临着大的挑战。逆城市化现象对城市空间的建构又是一次新的冲击。

2.1.3 基于空间异质性的城市空间扩展模式

城市空间的扩展是多种因素组合作用的结果。政治制度的变迁,技术的革新,工业化、信息化的发展,产业结构的演进,人口空间的集聚等多种因素都对城市空间的扩展起着重要的作用。但由于城市所在的自然环境、资源生态条件、社会政治背景、经济基础、科学技术水平等方面的差异,使得城市的空间扩展表现出多种多样的形式。根据城市空间的增长过程,城市空间扩展的形式主要包括以下的几种类型。

1)单中心块状聚集模式

这种空间的扩展模式是以形成的主城区为核心,以放射形道路和环状道路作为基本骨架分层扩展(图2-2)。这种空间扩展的模式也叫“摊大饼”式的扩展,是我国目前大部分城市空间增长的典型模式。单中心块状聚集的扩展模式最明显的优点就是聚集效益高,地块的紧凑度高,各个地块的发展机会均等,各个地块间的通勤压力小,便于加强城市各地区之间的联系以及城乡之间的交通联系。缺点是当城市的规模达到一定级别的时候,其聚集的边际效应为零,造成了聚集的不经济。另外,城市的环状布局在城市化的过程中又加快了社会的活动对城市的核心的"聚集",加重了旧城运转的负担,使本来就落后的各项基础设施还得承受更大的压力,加剧了各种矛盾的产生。

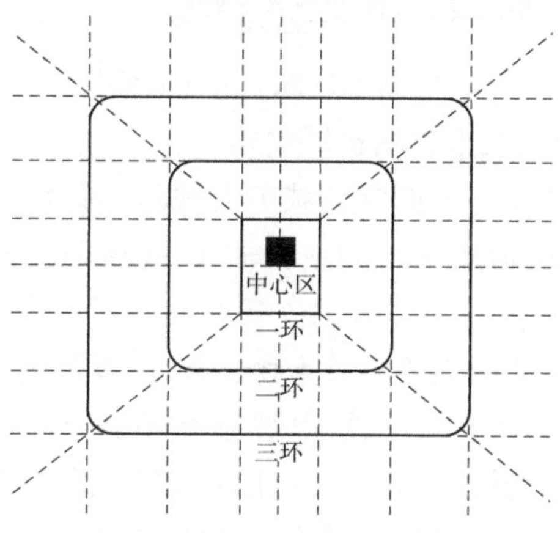

图 2-2 单中心块状聚集扩展模型

单中心块状聚集的扩展模式是中等城市和小城市的空间扩展模式的首选模式。在城市空间半径小于 5km 的情况下和城市人口规模小于 50 万人时,单中心块状的城市空间扩展模式是其最佳的选择(图 2-3)。

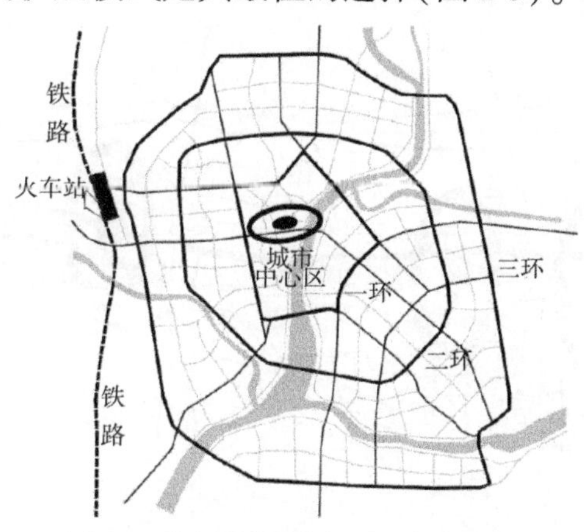

图 2-3 某中等城市单中心块状聚集扩展

2）轴线带状城市空间扩展模式

轴线带状城市空间扩展模式可分为沿交通干线或其他交通要道的主动式轴线带状城市空间扩展，以及由于地形条件的限制被动式轴线带状城市空间扩展两种（图2-4）。

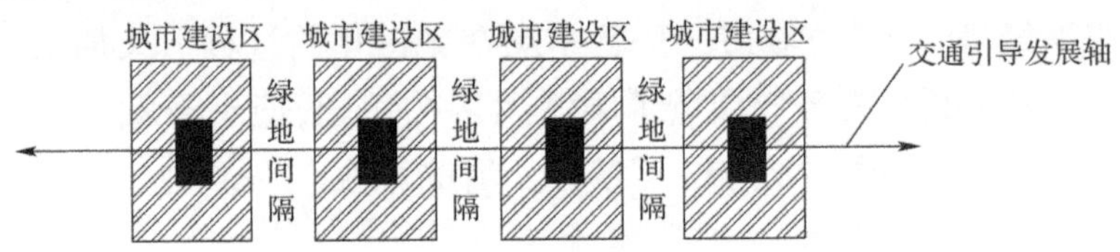

图2-4　轴线带状城市空间扩展模式

（1）主动式轴线带状城市空间扩展模式。

主动式轴线带状城市空间扩展是城市沿铁路、河流、主要的道路等重要的交通基础设施向外伸展，形成突出的生长轴线，向道路的两侧和向道路的指向方向推进发展。轴线带状扩展的成因主要是交通沿线具有潜在的高经济性。轴线带状扩展是以现代化的交通手段为物质条件，通过建立大容量的交通线路（如地铁和轻轨）来助长城市的扩展，以缓解市区由于聚集块状扩大引起的道路拥挤的压力。另外，沿轴线带状扩展可以在城市的新区和老区之间以天然的河流或其他的地形地貌作为绿色的屏障，促使城市的多中心模式的形成。这样有利于城市生态环境的保护，并为市民就近提供游乐环境和场所，也避免了对农田和绿地的侵占和破坏。带状城市空间扩展模式也为大运量的公共交通运营提供了充足的客源（图2-5）。

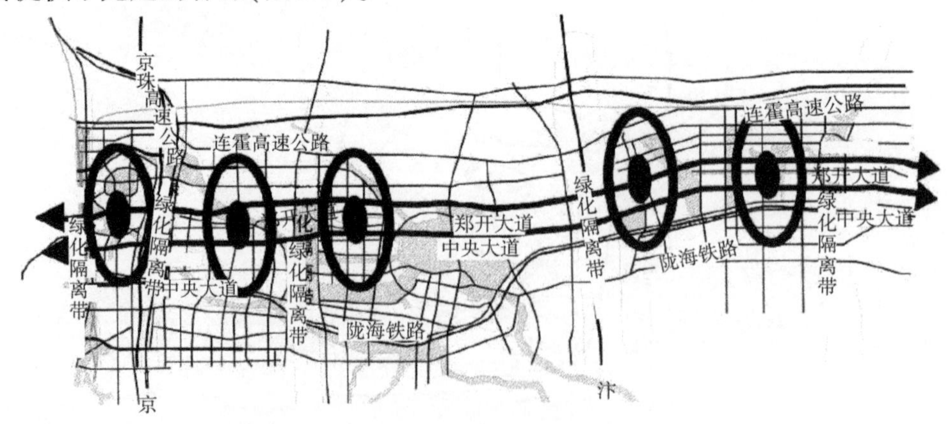

图2-5　交通带动下的郑汴一体化轴线带状城市空间扩展

(2)被动式轴线带状城市空间扩展模式。

被动式轴线带状城市空间扩展,主要的原因是由于地理条件的限制。这种情况一般出现在山区,是地形条件限制下的一种不得已而为之的城市空间扩展模式。可以说,在两个山岭之间的狭长地带寻求城市的发展空间是这类山地城市空间扩展的唯一选择。又因为在山岭之间,通常状况下在带状的山地地形中会有河流的出现,城市空间的扩展一般是沿河流在两个山岭中呈带状扩展(图2-6)。

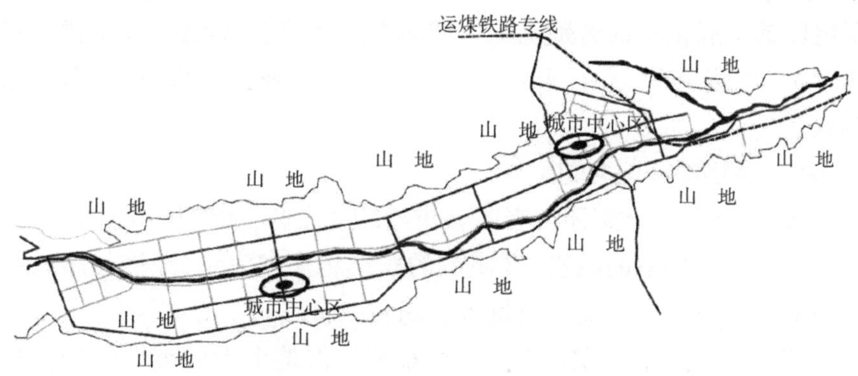

图2-6 地形条件限制下某小城市轴线带状城市空间扩展

3)主次中心组团模式扩展

主次中心组团模式扩展是城市的发展跳出原来的城区而建设新的城区。这种模式是单中心的城市格局发展到一定的阶段后向多中心城市过渡的发展模式(图2-7)。

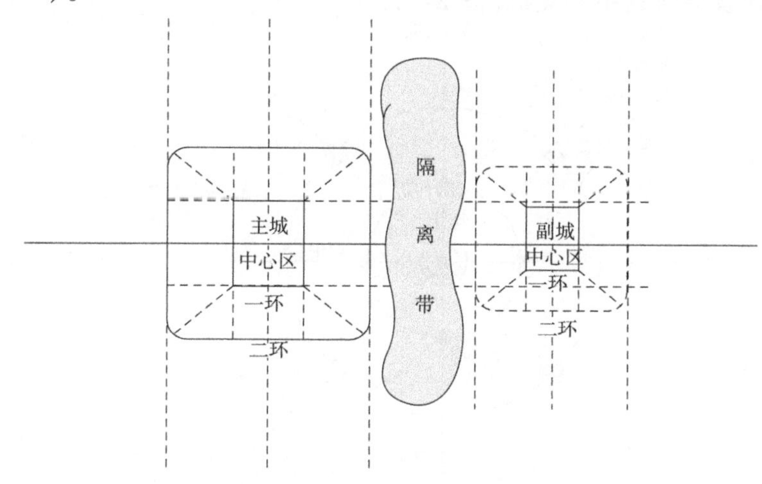

图2-7 主次中心组团模式扩展模型

跳跃式的组团的扩展模式是一种不连续的城市空间扩展模式。这种模式是在城市的郊区逐步形成城市新中心,新中心又促使形成城市新区。这些新城市中心的形成减轻了原有城市中心人口、交通、市政设施和环境等方面的压力,同时,分中心的建设可以集中力量进行,充分发挥城市基础设施的聚集效应,避免投资的分散和低水平的开发建设,有利于社会经济容量的迅速提升。卫星城的模式以及开发区的模式是主次中心组团模式扩展的其中两种形式。卫星城和跳跃组团的扩展模式的区别是卫星城离主城区的距离较远,又承担一定的和主城区分工与协作的关系;而开发区则是以某种产业为主导,从而形成成片开发的模式。

4)多中心网络(开敞)式模式

卫星城,原有的新建组团或者是城市的新开发区,随着公共服务、市政基础设施的完善和生态环境的改善,其城市的职能越来越完备,经济的增长甚至使其有能力对中心城区的职能提出挑战。随着卫星城与中心城区的进一步融合,卫星城已逐渐发展成中心城区"较大的郊区",占整个大城市地区的住房和就业岗位的比例不断地上升。卫星城,原有的新建组团或者是城市的新开发区,在这个阶段有能力组建新的城市发展副中心。一系列的城市发展中心形成城市带或者是城市群。城市带或者是城市群是城市化发展到高级阶段城市地域的空间组织形式。城市带或者是城市群是中国城市化建设的重点内容,也是与先进城市建设接轨的主要契机(图2-8)。

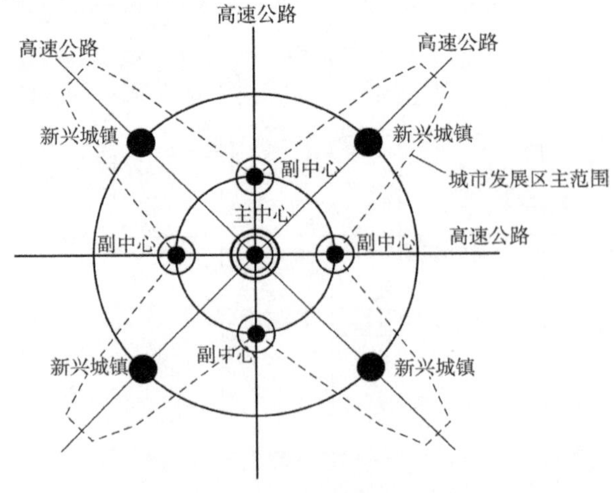

图2-8 多中心网络模式扩展模型

2.2 城市与城市公共交通

 城市与交通

德国人文地理学家 F. 拉采尔曾指出“交通是城市形成的力”。交通作为国民经济和社会事业发展的基础性和先导性产业,是经济和社会各项事业发展的重要支撑和保障。交通基础设施的建设和发展也将为城市社会经济发展带来更多的发展契机。纵观古今中外城市发展的历史,无数实例都证明了交通对城市发展有着重要的作用。城市空间布局、产业发展与城市交通基础设施之间有着复杂的相互作用关系,影响着城市经济社会发展质量和人民生活水平品质。

城市产业发展及空间布局与交通系统的关系如图 2-9 所示。

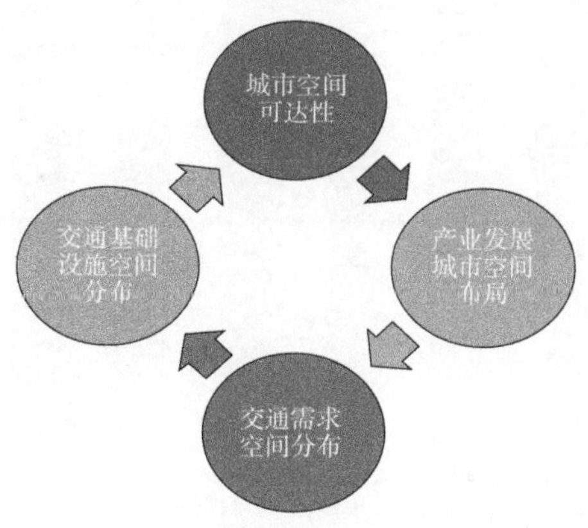

图 2-9　城市产业发展及空间布局与交通系统的关系

1)城市产业发展及空间布局决定着交通出行需求分布及出行方式

在城市生活的主体是人,除了居住小区以外,城市主要的交通出行需求及

分布就来自居民上班的场所。而城市内部各种大的功能产业区正是这些上班场所的主要部分,同时城市产业布局也是构成城市空间布局的一个重要部分。因此,不同的城市空间布局,直接影响城市产业布局,最终导致城市内部除居住空间以外的交通出行量的生成地不同。同理,不同的城市产业布局以及空间布局也会导致城市交通出行的方向和线路不同,而这又直接决定了大部分城市交通出行的分布情况。

城市活动半径大致等于人在一小时内所能达到的距离,因此城市空间布局的变化以及城市规模的扩大都会影响城市交通的出行方式。以北京市为例,新中国成立时城市活动半径为 4 ~ 5km,与此对应的出行方式以步行和畜力为主。2009 年,由于交通基础设施的建设和完善及交通工具的发展,城市活动半径范围不断扩大,达到 20km 左右。与之对应,北京市机动化出行比例达到了 81.9%,自行车出行比例下降到 20% 以下,通勤出行距离大约在 7.3km。2019 年《北京市通勤出行特征与典型区域分析》报告数据显示,北京六环内,通勤出行约占每天全部出行量的一半,有 2300 万人左右,平均通勤时间为 56min,平均通勤距离为 12.4km。北京市 2010—2018 年交通出行方式分布如图 2-10 所示。

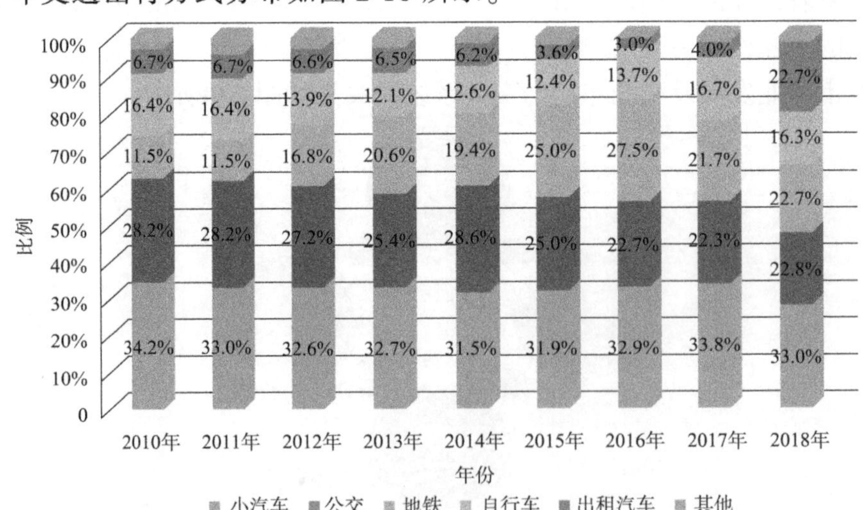

图 2-10　北京市 2010—2018 年交通出行方式分布(不含步行)

不同的城市产业类型和城市功能区对城市交通基础设施的要求不尽相同。可按照不同的功能对城市产业区进行分类,根据各类产业区不同的特点分析对交通基础设施不同的需求和影响。下面以北京为例加以说明。

国民经济行业分类与代码见表2-1，国民经济行业分类按照产业归类见表2-2。

国民经济行业分类与代码（GB/T 4754—2017） 表2-1

代码	类别	代码	类别
A	农、林、牧、渔业	K	房地产业
B	采矿业	L	租赁和商务服务业
C	制造业	M	科学研究和技术服务业
D	电力、燃气及水的生产和供应业	N	水利、环境和公共设施管理业
E	建筑业	O	居民服务、修理和其他服务业
F	批发和零售业	P	教育
G	交通运输、仓储和邮政业	Q	卫生和社会工作
H	住宿和餐饮业	R	文化、体育和娱乐业
I	信息传输、软件和信息技术服务业	S	公共管理、社会保障和社会组织
J	金融业	T	国际组织

国民经济行业分类按照产业归类 表2-2

所属产业类别	分类名称	涵盖行业类型	涵盖用地类型
第一产业	农、林、牧、渔业	A	E
第二产业	工业	B、C、D、E	M
第三产业	金融商务办公	I、J	B
	交通服务	F、H、K、L、O、N、S	B、G
	教育文化卫生	G	W、S、U

城市产业区可分为第一产业区、第二产业区、第三产业区，其中第三产业区又分为金融商务办公、交通服务、教育文化卫生三类。由于北京第一产业所占比例较少(2018年,0.4%)，且空间分布位于城市边缘区域，对交通基础设施影响较少，因此以下重点阐述北京第二产业区、第三产业区对交通基础设施的影响。

北京第二产业区主要是以电子信息、光机电、生物医药、汽车制造、新材料等高新技术产业和现代制造业为主，还包括服装、食品、印刷、包装等都市型工业。第二产业区的交通生成量是以客流为主，货流为辅。第二产业区交通基础设施水平也是产业区发展水平的重要标志，因此第二产业区需要建立一个与其发展目标和进度相适应的便捷、安全、舒适、经济并有利于环境保护的多层次综合交通客运系统，以大容量公共客运交通系统为主，其他多种公共客运方式为辅。该系统还应具有较强的前瞻性，着重考虑未来5～20年该产业区用地功能发展的需要，谋求长远利益和区域可持续性发展。以中关村科技园区为例，需要强调土地使用与交通运输的协调关系，对中关村大街进行重新定位和道路空间的重新整合，建立大容量公共客运交通系统为主，并整合多种公共客运方式的方案和措施，促进中关村产业园区与相应的交通基础设施的协调发展。

北京第三产业区含三个方面，即金融商务办公、交通服务和教育文化卫生。

金融商务办公产业区以商业办公的公司和单位为主，开展的业务多为员工商务，一般不存在大量货流交通需求。金融商务产业园区里的公司和单位员工出行需求主要是通勤交通。这一点不单需要完善的交通基础设施来满足，更需要良好的交通运营组织手段来提高通勤时各种交通基础设施的服务水平。这需要在交通基础设施规划建设初期就考虑未来各种交通情况的需要，才能更好满足通勤高峰客流的服务要求。

交通服务产业区主要分交通枢纽区域和物流园区。交通枢纽区域包括铁路、公路、航空、公交枢纽，本身即为交通基础设施，对其他交通基础设施主要是衔接性需求，是以大容量公共客运交通系统为主、多种公共客运方式辅助发展的城市客运系统。提高枢纽内外的交通系统运行效率，需要良好的交通运营组织手段。

物流园区与交通关系非常密切，物流园区交通生成与许多因素有关。其产生交通量可分为两部分：一是绝对交通量；二是诱增交通量。绝对交通量指货运交通量，是城市物流园区内部因素生成的交通量，主要是由进驻的各物流企业和工商企业的运输货物所产生的。物流园区诱增交通量主要由园区内企业职员的上下班集散及相关公务出行，周边区域社会闲散资源（配载车辆、中介等）、物流需求客户的吸引等生成。诱增交通量与物流园区外部环境有密切关系。通常，物流园区的可达性越好，其产生的交通吸引就越多，经济聚集程度越高，额外吸引的交通量越多。

物流产业园区产生的交通需求主要包括货流和客流两个方面：一个是满足货流进出物流园区的货物集疏运系统，另一个则是满足客流的城市交通运输网络。这两个网络在基础设施的道路层面上可以共用，但是在基础设施的交通方式选择上则有所区别。前者主要采用的是道路和航空运输;后者则推荐采用大容量的公共交通方式。这样才可以缓解物流园区中货流和客流对城市交通造成的双重影响和压力。同时,匹配物流产业园区的交通基础设施建设还需要留有进一步建设的空间,以满足由于物流产业园区发展而增加的货流和客流的需求。

教育卫生产业区是北京城市重要的交通吸引和发生区域。尤其是中小学校和大型医院,存在大量客流需求,部分与通勤交通需求重叠,加重了城市交通基础设施的压力。这些产业区对城市客运系统和道路系统提出了较高的要求。文化旅游产业区的主要经营对象是文化产业和旅游产业,不会产生太多货物交通生成量,不需要每时每刻提供超高的运力及服务水平,但却要在平时能够满足随时到来的小批量旅客出行的运输能力和服务质量。有些有特色的休闲旅游产业区还会对配套的交通基础设施提出一些体现特色的建设要求。

2)交通基础设施影响着城市产业布局和空间布局

《雅典宪章》指出,城市功能可以划分为居住、工作、游憩、交通四类,进而提出了城市功能分区的思想。《马丘比丘宪章》弥补了《雅典宪章》的不足,认为人的相互作用与交往是城市存在的基本根据,强调了人与人之间的相互关系对城市发展和城市规划的重要性,提出人与人的作用与交往就是城市活动,在空间上的表现就是城市交通。交通可达性是人们进行产业区选址等城市活动的重要因素之一,选址的好坏又是直接影响产业发展的主要原因。由于可达性的不同是由交通基础设施分布不同导致的,所以影响城市产业发展的最终原因在于交通基础设施的建设和分布。城市交通基础设施的建设对城市产业的发展有着重要的影响作用,主要体现在其对产业发展的引导和促进作用。

交通基础设施的线路能将各种产业的产品通过辐射线路分散输出到各地,加强了原材料地、加工地和消费地之间的联系。交通枢纽则承担线路、运输方式的转换功能,能从多条线路或多个方位聚集各种生产要素。在交通枢纽周边及交通线路沿线易形成沿线产业密集区,在一定程度上是可以引导产业园区的选址和布局,对于货流和客流交通需求的满足能力又能引导产业园区的进一步发展。以大连快轨为例,大连快轨3号线(快轨金石滩线)规划线路走向是大连远郊。很多人提出异议,认为其走向沿线的交通需求不大,没有必要投巨资进行这么大型的轨道交通建设,但建成以后,不仅吸引了越来越多的客流,还吸引了各种产业在其沿线布局，最终形成了大连各种产业密集分布的开发区，为大连的产业发展带来了巨大的投资和商机。很多产业的选址、建设和投产的主要原因正是大连快轨 3 号线(快轨金石滩线)的建成通车。

交通基础设施对城市产业发展有促进作用。城市产业要发展，必然需要将其产业在空间上进行扩展扩散，而城市交通基础设施对城市产业在空间扩散能起到一定的作用。城市交通基础设施的建设会刺激沿线产业发展，使人口和主要产业活动逐渐向城市交通主线路集聚，促使沿线产业中心的形成。同时，良好的城市交通基础设施可以使得产业区产品运输成本、人员出行成本下降，为产业区空间服务范围的扩大和产业的集聚、扩散提供了可能性。以东京为例，东京轨道交通建设促进了其线路和枢纽周边各种各样丰富产业的形成和发展。东京中心以西郊区的高档社区由赫赫有名的大财团和拥有著名的大百货公司(如东急 Tokyu 和 Odakyu、庆应 Keio 和Seibu)建设。这些开发商实际上都是从铁路公司起家，逐渐扩展到其他与铁路工业有关的行业，包括房地产开发、零售业、公共汽车业和电力工业等。这种产业的扩张是有其原因的：在火车站附近建造购物中心、公寓和娱乐中心可以吸引公众使用轨道交通；反过来，轨道交通可将顾客送到其目的地。因此，轨道交通的建设刺激了其站点附近的商业圈发展。

交通可达性同样也直接影响着城市功能布局和开发模式。巴黎西郊的拉德芳斯新区成为交通基础设施提升空间可达性的典范。经过多年的建设和发展，拉德芳斯从一片僻静的无名地区发展成为高楼林立，集办公、商务、购物、生活和休闲于一身的现代化城区。拉德芳斯具有高架交通、地面交通和地下交通三位一体的交通系统。地下有地铁 M1、RER-A 线，将拉德芳斯与巴黎市中心区紧密联系起来；地面 1 ~ 3 层是车行快速干道、立交桥和停车场，其中地下停车位共有 2.6 万余个。地面 3 ~ 5 层的平台上建有人行道，步行系统总面积达到 67hm^2。拉德芳斯交通系统的另一个特点就是公共交通相当发达，是欧洲最大的公交换乘中心，连接巴黎市区的 RER-A 高速地铁、地铁 M1 号线、A14 号高速公路等在拉德芳斯交汇，公共运输服务系统每天运送通勤者达到 35 万人次，超过八成的人进出拉德芳斯选择乘坐公共交通。拉德芳斯通往市中心的地下通道如图 2-11 所示。

图 2-11 拉德芳斯通往市中心的地下通道

2.2.2 城市交通发展模式

城市交通模式是在用地布局、人口密度、经济水平以及社会环境等特定条件下形成的交通发展方式、策略,以及在此策略下的城市交通规划、建设、运行、管理等功能要素的综合。通常情况下,城市交通发展模式可以用主导交通出行方式来定义。从国内外城市发展历程来看,城市居民的出行结构相对比较丰富,主要的交通方式可以归纳为小汽车(含出租汽车)、公共交通(公共电汽车、BRT、轨道交通等)、慢性交通(自行车、步行)以及各种方式的组合。根据每种出行方式的频率分布,可以总结出各城市的主导发展模式:①小汽车导向模式;②公共交通导向模式;③慢行交通导向性模式。

1)小汽车导向模式

小汽车的广泛使用是城市郊区化和空间大拓展的先决条件,但并不是唯一因素。与其他交通方式相比,小汽车的灵活性更强,可以更加自由地出行,实现门到门服务。小汽车出行使得出行郊区的时间和空间可达性迅速提高,进而促使交通的指向性发生变化。通常情况下,由于城市边缘地价便宜、生活环境优越等因素影响,随着城市的发展,居住用地首先逐渐向郊区转移,然后是商业设施、办公设施、工厂等向郊区转移,最终引起城市向四周低密度蔓延,规模扩大,形成松散、多中心的城市结构。同时,由于小汽车的广泛使用,使得能源消耗和环境污染严重。低密度的开发和公路建设导致农田被侵占,工业用地外迁,新的城市开发又集中在郊区,造成大量的土地,尤其是农田被破坏。

小汽车导向模式比较典型的国家是美国,城区向郊区的低密度蔓延是美国典型的城市空间拓展模式。第二次世界大战后,美国的郊区化进程进入大规模快速扩展阶段,依次出现了住宅郊区化、产业郊区化和办公活动郊区化的特征过程。小汽车的广泛使用促进了美国的公路建设,反过来,发达的公路系统又为郊区化发展推波助澜,使人口居住郊区化、产业布局郊区化、经济活动郊区化极为普遍。小汽车导向模式导致用地无序蔓延和松散,同时郊区化的初期土地使用的布局过于单一,不能满足附近居民各种就业、购物和娱乐出行的需要,居住与就业失衡明显,从而加大了居民的长距离出行,进一步增加了对小汽车的依赖,形成一个不良循环。相应地,汽车尾气排放量和空气的污染会大大增加,而修建和维护道路的开支也会加大。

2)公共交通导向模式

公共交通导向模式与小汽车导向模式之间的差异很大,城市公共交通的服务对象不是私人而是公众。这也是两者最大的不同,城市公共交通提供的是大众机动化出行服务,小汽车提供的是个体机动化出行服务。城市公共交通是定点、定线为居民服务的,为保证客源,用地必须紧凑开发。

欧洲城市普遍采用了公共交通导向的城市发展模式,城市空间围绕快速方便的公交线路,尤其是大容量的轨道交通线路,进行轴向布局与拓展。一般规律是:在公交站点步行可达的范围内进行适度高密度的土地开发,并设计居住、办公、商业、公共等用地的功能混合与高强度开发,尽可能实现居住与就业、就学的相对平衡,从而减少长距离交通出行,降低城市中心区的交通压力,引导城市空间有序增长。

常规公交的出行距离一般不超过10km,轨道交通的出行距离稍长一些,因此以公交主导的城市规模通常小于小汽车为主导的城市规模,城市空间通常为紧凑轴向拓展模式,呈高密度、簇状发展特征。这种发展模式适合于高速成长的城市,且中心城区人口密度较高,采用以公共交通为导向的组团式发展,以公共交通引导为先机,促使城市空间和城市功能、结构的同步优化整合,在组团内部为城市公共交通或者慢行交通等绿色出行方式主导,在组团间为大运量的快速公交方式主导。

丹麦的大哥本哈根地区采取了典型的公共交通导向发展模式,丹麦中央政府非常重视大哥本哈根地区的城市发展规划,分别发布了《手指规划2007》和《手指规划2012》两版国家规划指引,目的是通过限制城市蔓延和更精确地定义车站近邻区发展来加强指状城市结构。整个大哥本哈根地区沿着轨道交通系统和放射性道路网络呈现手指状布局、发展,各手指之间由楔形的绿色开敞空间分开,发达的轨道交通系统沿着这些走廊从中心城区向外辐射,轨道交通沿线的城市土地混合高强度开发,并与轨道交通服务紧密结合,形成手指状的高强度开发地带,为更多的市民使用公共交通方式提供有利条件。这一战略确保了哥本哈根市民方便地进入自然休憩区,提高了哥本哈根市中心对整个大哥本哈根地区的可达性。

我国《城市综合交通体系规划标准》(GB/T 51328—2018)规定:应利用城市公共交通引导城市开发,依托城市公共交通走廊、城市客运交通枢纽布局城市的高强度开发。

3)慢行交通导向模式

慢行交通是城市中、短距离出行的重要方式,慢行交通导向模式是指把步行、自行车等慢速方式作为城市出行的主体,营造舒适、安全、便捷、清洁、宁静的城市环境。步行交通是城市最基本的出行方式。自行车方便、灵活、经济,对于解决城市交通拥堵起到了巨大的作用,但同时由于自行车交通量大,时间集中、占用道路面积大以及与机动车混行不安全等缺点,它的使用与发展受到了较大的限制,我国《城市综合交通体系规划标准》(GB/T 51328—2018)规定:城区内生活出行,采用步行与自行车交通的出行比例不宜低于 80%。

进入 21 世纪,我国机动化和城镇化进程明显加快,城市框架的逐步拉大,公众出行距离不断拉长,不得不求助于机动化出行方式,慢行交通系统得不到足够重视,很快暴露出诸多问题,如人行道宽度不足、局部缺失、宽度设置不合理、过街设施数量不足等问题,致使慢行交通设施服务水平不高,制约了城市道路的运行效率。为改善行人和非机动车交通环境、促使城市交通模式由"车本位"向"人本位"转变,2013 年,住房和城乡建设部印发了《城市步行和自行车交通系统规划设计导则》,旨在倡导绿色出行,改善居民出行环境,指导各地科学编制城市步行和自行车交通系统规划,加强城市步行和自行车交通系统建设。地方城市也逐渐加大了对慢行交通系统规划建设的重视力度,2010 年北京市发布了《北京城区行人和非机动车交通系统设计导则》,2016 年上海市发布了《上海市街道设计导则》。

通常情况下,普通人步行的平均速度是 4 ~ 6km/h,普通人骑普通自行车的平均速度是 15 ~ 22km/h。可以看出,慢行交通的合理出行距离比较短,大城市单纯以这种模式发展不太现实,这种模式适合于建成区面积较小、地势比较平缓的城市。相关资料显示，建成区人口数在20万左右的中小城市适合这种模式。2014年10月29日，国务院印发了《调整城市规模划分标准的通知》（国发〔2014〕51号），对原有城市规模划分标准进行了调整，明确了新的城市规模划分标准以城区常住人口为统计口径，将城市划分为五类七档，我国Ⅱ型小城市（城区常住人口小于20万人）有着最适宜此模式的城市尺度。

2.2.3 城市与公共交通

城市交通模式的选择决定了城市发展的可持续程度。随着经济社会快速发展，居民生活水平提高，出行舒适度、便捷性要求相应提高，使得城市小汽车拥有率也在以前所未有的速度提高，进而带动了以小汽车为主要交通方式的客运发展方向，这是经济高速发展的产物，也是经济繁荣的象征。但是，这样的发展给城市带来的越来越严重的问题，特别是城市交通拥堵、交通噪声和汽车扬尘等已经成为普遍存在的城市病，其中最突出的城市病就是城市交通拥堵带来的一系列严重后果。

与快速城镇化并行的是汽车产业的蓬勃发展，1994年国家《汽车工业产业政策》颁布实施，鼓励个人购买汽车；2004年国家《汽车产业发展政策》颁布，继续“培育以私人消费为主体的汽车市场”；2009年国家《汽车产业调整和振兴规划》，明确提出“汽车产业是国民经济重要的支柱产业”，要求“开拓城乡市场，稳定和扩大汽车消费需求”；2014年，国家密集出台一系列新能源汽车发展政策，鼓励新能源汽车快速发展。汽车快速进入百姓生活，进一步加速了城市交通拥堵的提前到来。

北京市机动车保有量发展历程见表2-3。

北京市机动车保有量发展历程（单位：辆）　　表2-3

年份(年)	起始年保有量	终止年保有量	用时(年)
1949—1997	2300	100万	48
1998—2003	100万	200万	6
2004—2007	200万	300万	4
2008—2009	300万	400万	2
2010—2012	400万	500万	2
2012—2018	500万	600万	6

注：北京从2011年开始对小客车实施总量调控，2011年和2012年额度指标均为24万个，从2014年起至2017年额度指标降至15万个，2018年开始额度指标降至10万个。

目前,我国许多城市都面临着交通拥堵的影响,已经成为常态,如果不加以治理会进一步恶化。我国大多数的中心城市正迅速进入"拥挤时代",全国的城市交通拥堵呈现了三个主要趋势:由特大城市、大城市向中小城市蔓延的趋势,由点拥堵向线面拥堵蔓延,由高峰时段拥堵向全天候、常态化拥堵转变。城市交通拥堵带来了拥堵、耗能、污染的恶性循环,严重影响着城市的可持续发展:一是造成资源的不可持续,增大能源消耗,加剧能源危机;二是造成经济的不可持续,降低城市运行效率,给社会经济造成损失;三是造成社会的不可持续,影响社会公平,小部分富裕的小汽车群体占有大量的道路资源与城市资本,会减少其他出行方式的空间,伤害弱势群体的利益;四是造成环境的不可持续,增大汽车排放量,加剧环境污染,危害公众的安全和健康。

城市可持续发展是实现人类可持续发展目标的重心和焦点,也是科学发展观对城市发展的内在要求。党的十八大确立了以人为核心的新型城镇化道路,其基本特征为以人为本、四化同步、优化布局、生态文明和文化传承,实现农业转移人口市民化、城镇布局和形态优化、城市可持续发展能力提高和城乡一体化发展的四大任务。党的十九大报告以新的高度强调了坚持以人民为中心,"新时代中国特色社会主义思想,必须坚持以人民为中心的发展思想""使人民获得感、幸福感、安全感更加充实、更有保障、更可持续"。这既是习近平新时代中国特色社会主义思想的重要内容,也是新时代坚持和发展中国特色社会主义的基本方略。城市交通的可持续发展就要坚持以人为本,避免以车为本。

从国际上的城市发展来看,选择以公共交通为主的城市交通发展模式,坚持以人为本发展,是世界公认的城市可持续发展路径。城市公共交通作为城市交通系统的重要组成部分之一,是城市赖以生存和发展的最基本条件,在城市政治、经济、文化、技术诸多活动之间起着桥梁和纽带的作用,同时还体现着政府行为,影响城市整体功能的发挥。城市公共交通在解决就业、节约能源、减少时间成本方面的作用显著,"全美公共交通系统效益报告"调查数据显示,每 1 美元的公共交通投资将直接带来约 4 美元的经济效益,每 1000 万美元的公共交通投资将带来 3000 万美元的企业销售增长。从 2006 年到 2011 年,如果位于高品质的公共交通服务附近,其社区住宅、物业价值,相比全区域平均值要高出 42% 的增长。公共交通是一个直接年产值 570 亿美元的行业,创造约 40 万个直接岗位,还为私营企业创造了数十万个就业岗位。根据得克萨斯州交通研究所的报告,美国人使用公共交通系统每年节省8.65亿小时的出行时间,以及4.5亿加仑❶的燃料。

推进公共交通导向的城市发展模式,就是要平衡好城市居住、就业与公共交通之间的整合发展,平衡城市功能用地布局和优质社会公共资源分配,推进紧凑型和混合用地的城市发展模式,以基于职住平衡的理念,减少通勤出行距离,降低私家车的使用率。因此,城市公共交通,尤其是轨道交通与城市土地开发融合发展对交通可持续发展至关重要,对城市可持续发展也至关重要。为此,需要处理好以下五个方面的关系:

1)交通规划与城市空间规划的整合

从城市空间策略即土地利用结构出发来寻求交通问题的解决,是对交通问题产生根源的锁定。两类规划的步骤和内容上需要建立良好的沟通和信息反馈机制,不应只是交通规划考虑如何最大限度地配合城市空间规划,城市土地利用规划也必须充分考虑土地新开发后所产生的交通量及其在空间上的作用效应。应充分发挥交通的先导作用,将交通建设作为引导城市拓展的重要手段,优先建设联系新城的大运量快速公共客运走廊,沿大运量快速公共客运走廊发展新城,实现城市的理性增长,高标准编制新城的道路、公共交通、场站枢纽、交通管理等交通规划,为建设功能完善的现代化新城创造必要的交通条件。只有这样,才能将被动的交通发展模式转变为主动的公共交通引导模式,使土地使用布局与交通发展相协调。

2)科学规划和严格控制市域范围内的土地开发

城市在重点发展新城和轨道交通等大容量公共交通的同时,还要对非重点开发地区的土地开发进行科学规划和严格控制,否则遍地开花式的无序发展会导致事实上的低密度蔓延,与发展模式和战略取向相背离。这也是纽约三次区域规划带来的经验和启示。除了集中建设重点新城外,对其他新城及城镇的开发,应科学界定其规模和增长边界。

对土地开发的控制还包括对新城和中心城之间轨道交通沿线的土地控制。如果不对大容量交通沿线的土地利用进行控制,则会造成事实上的沿线蔓延发展,进而由线及面,又回到"摊大饼"式的老路上来,交通拥堵不仅得不到缓解,反而会因为通勤区域的扩大而愈发严重,违背了新城建设的初衷。世界大城市

❶ 1加仑约合3.78541dm^3,下同。

在新城建设过程中,为了防止城市沿大容量交通线蔓延发展,都把新城与中心城之间的空间规划为公共绿地而加以严格控制,科学合理地规划大容量交通站点周边地区的开发范围,防止沿线蔓延发展。

控制大容量公共交通沿线的土地开发,还必须保证土地开发的高效有序。应遵循 TOD 的发展模式,以大容量公共交通站点为圆心,使土地开发密度逐渐由高到低。如果大容量公共交通站点建在低密度住宅区内,大运量优势无法发挥,则降低了交通效率。此外,大容量公共交通站点是重要的交通换乘枢纽,站区内应设置公交站点和停车场,以便于交通换乘、提高整个交通系统的效率。

3)实行土地利用与交通政策一体化

城市土地利用与城市交通是共生互动的关系,土地利用不存在也就没有交通发生,而交通是为土地利用服务的,否则交通就失去了存在之本,因而两者在本质上是一致的。从空间维度探讨交通问题就需要将土地利用规划与交通政策设计一体化,即需要在土地利用规划中考虑中心城交通拥堵的疏解。在当前的实践中,两者往往是脱节的。城市交通的规划与设计虽然是以土地利用为核心的城市总体规划中的一部分,但在实质内容上两者的衔接还需要加强。总体规划偏重于土地使用功能的空间安排,对由此产生的交通压力考虑不够,也缺乏利用空间结构优化来提高交通效率的意识。在具体制定中心城交通发展战略和交通政策时,也多局限于交通供给与交通需求的维度,对空间策略的关注较少。因此,在制定相关政策时,需要打破以往解决交通问题与空间规划脱节的做法,在体制上做到两者的并轨,使交通政策设计与市域城镇体系格局相结合,切实推进新城的建设,疏解中心城人口,以此缓解中心城的交通拥堵。

4)制定提高公共交通运行效率的扶持政策

城市要将公交优先发展战略始终高位贯穿于城市发展过程中,强化公共交通综合服务,提高公共交通综合服务水平,扩大公共交通综合服务范围与内容等。持续完善和改进各类优先扶持策略,在规划、投资、建设、运营和服务等各个环节,为公共交通发展提供优先条件。包括设施用地优先,即优先安排公共交通设施建设用地,确保公交站场设施与土地开发项目同步建设,各阶段城市土地使用规划中均须为公共汽电车站场、地铁车站、换乘枢纽和车辆维修维护设施留足建设用地;投资安排优先,即提高公共客运交通在交通建设投资中所占份额,重点支持轨道交通、大容量快速公交系统(BRT)和综合交通枢纽建设,在以城市道路资源分配和交叉口路权分配上给予公共交通方式优先权；财税扶持优先，即对公共交通实行与居民日常通勤承受能力相适应的低价格政策，给予公交企业税费减免、政策性运营补贴以及其他有利于公交企业良性发展的扶持政策，通过价格手段提高居民通勤出行中对公共交通的使用频率。

5）制定和实施合理使用私人交通的政策

加大需求管理力度，协调公共交通与私人交通关系，是提高城市交通客运效率的有效方式。应改善私人交通对公共交通的替代关系，合理限制和引导私人交通工具的使用，提高现有公共交通系统利用率和短途通勤的自行车使用比率。

要加大交通需求管理，在大力发展公共客运为主体的综合运输前提下，制定合理的汽车消费政策，调节小汽车的使用，参照国内外经验，采取使用者付费原则，即根据交通使用者使用公共资源的额度进行付费。据此可以采用的手段包括：①分阶段实施区域收费政策，近期可以在早晚高峰分地区进行收费，中远期结合交通拥堵状况进行全天收费，同时结合拥堵区域调整区域范围；②停车收费政策，在控制，甚至减少中心城区停车泊位的同时，提高停车收费价格，并根据政策收效评估进行价格调整；③征收小汽车使用税，增加使用者的使用成本；④鼓励政策，奖励少开车的人一定的免费停车时间等。

此外，要合理控制出租汽车的数量，防止出租汽车过度发展导致公共交通的利用率过低。而且，相对于公共交通，出租汽车不便合乘、利用率较低，应该在时间和空间层面予以合理调节其使用。

2.3 城市空间异质性与城市公共交通

2.3.1 城市空间异质性与交通需求

城市是一个开放的复杂巨系统。城市发展的特殊性、复杂性和不确定性往往反映在城市空间上,城市空间的混合开发、城市土地的空间布局与结构、人的出行行为多样等因素造成了城市空间的异质性。这种异质性主要表现在空间类型、功能的多样性以及空间尺度的差异上。城市空间异质性既有物质环境类型的,也有非物质环境类型的。城市空间异质性对城市交通系统的影响侧重在产生交通需求的源(土地利用)与交通需求之间的相互作用关系,涉及的学科包括地理学、城市规划、交通工程、生态学、管理学、社会学和心理学,越来越成为社会关注的热点和焦点。

城市空间异质性与城市交通出行需求、城市公共交通之间相互依存、相互促进与抑制。城市空间异质性集中体现在城市土地利用上,而城市土地是城市内外部各种社会活动、经济活动的平台,城市土地利用涉及组成城市的方方面面,土地的使用类型、土地开发强度、土地所承载的居住人数及货物流通量都与城市土地利用密切相关;城市发展水平高,城市土地利用的利用率就高,城市的空间构成和空间形态也就越趋向于平稳,城市土地所承载的各种客流、物流等社会经济活动效率也就越高。城市交通系统是城市系统的必要组成部分,交通系统直接影响着城市内外部的能量流动,交通系统发达,其所产生的社会效益、经济效益就高。城市交通系统作用于城市的土地利用,交通的可达性、快速性和交通工具的先进性很大程度上决定了土地利用的空间分布、空间形态。反过来,城市的土地利用性质和空间分布也影响着城市的交通系统,引领交通网络系统的产生、发展方向和发展程度。土地利用与交通需求的耦合关系如图 2-12 所示。

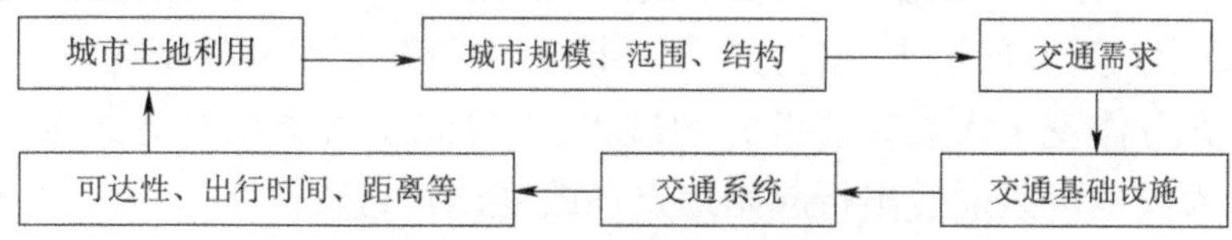

图 2-12　土地利用与交通需求的耦合作用关系

城市土地利用是城市交通需求产生的根源,两者之间的相互作用关系已经被认同。从哲学角度来看,人是交通需求产生的主体,而土地利用及其特性是相对客体。作为主体,人们可以根据自己的出行目标以及结合当时的环境(自身环境和出行环境)选择一定的交通方式、一定的出行时间;作为客体,土地利用通过空间分布和形态、开发强度等来影响主体的出行选择。

人作为交通出行的主体,具有认识和改作世界的能力,这是方法论的基本体现。居民出行的主要矛盾就是解决在各种外界条件限制下,如何达到出行目的的问题。在解决主要矛盾的过程中,人类充分发挥自身的主观能动性,以出行目标为中心,努力改造出行环境,使其更加有利于出行目的的实现。出行主体在改造客体的内容中,可以大致分为两个方向:一个方向是出行主体交通方式的(组合)选择,另一个方向是出行主体通过改造土地利用布局而改变出行环境。

出行主体对客体的能动改造如图 2-13 所示。

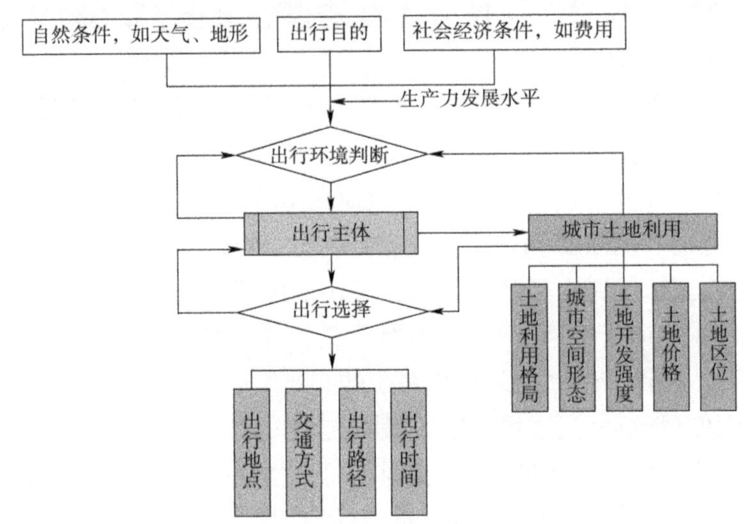

图 2-13　出行主体对客体的能动改造

出行主体改造出行环境和出行目的的过程是一个渐进演变程序。不同的生产力发展水平下,人们实现出行的方式是有所不同的,而且是随着生产力的提高而改变。回顾人类发展历史,出行方式从步行、自行车到后来的摩托车、小汽车等机动设备,充分体现了人类改造世界的过程,也反映了人类出行方式选择的多样性。另外,人类也可以通过出行起始地点而改变出行过程。

根据“点-轴”发展理论,沿交通线发展是城市,乃至区域发展中的普遍现象。道路交通是组成城市物质实体的骨架,各种不同性质的用地是依存这些骨架的肌体。因此,土地利用结构决定城市交通需求及其空间分布,道路及交通设施的改善又反过来改变土地利用的强度和模式。两者相互的作用演变过程是随着城市发展阶段的不同而改变。人类通过对居民出行过程机理的理解和认识,人们能动地从事改造客体的活动,以达到对土地利用对交通出行影响——客观事物本质与规律的掌握,从而指导城市总体规划和交通综合规划,使居民出行趋于合理,进一步促进城市系统的可持续发展。城市居民的交通需求如交通方式、交通量等发生巨大变化,使城市内部交通方式改进和交通基础设施建设加速,从而推动城市空间格局的演化。第一,交通方式的改进和交通基础设施的建设提高了交通速度,节约了交通时间,改变了出行可达区域大小,引起整个城市空间可达性的变化,进而引起各种生产、生活活动的区位重新选择,并直接表现在土地利用上,引起土地价格、土地区位、空间分布等特征变化,使整个土地利用布局发生改变。第二,由于城市土地的开发利用一般是沿交通线展开,各种社会基础设施也大多集中于交通干道两侧,交通线网的建设势必引起土地利用布局的变化。受此两方面的影响,土地布局的变化带来了城市空间格局的演化。随着城市空间重构日益平稳,逐渐形成了稳定的城市空间格局,又开始孕育下一轮空间格局的演化。

2.3.2 城市空间异质性对公共交通的影响

城市空间的多种属性影响着城市内部交通出行总量、交通需求的空间分布和城市居民交通出行方式,这些特征包括土地利用模式、土地利用空间结构、土地利用开发强度等。城市土地利用异质性对交通出行、城市公共交通的影响,是指伴随着城市空间规模的扩张,城市土地利用类型、布局、结构、强度等及其各种组合在影响城市发展的同时,也影响着城市交通出行,以及城市公共交通系统的建设和运营。城市土地利用异质性扩展模式与公共交通之间的关系,基本上是以土地利用为中心开展分析,研究交通系统特征与土地利用扩张和开发之间的关系。1979 年,Nithin 研究了土地利用对交通系统的四个主要影响因素:规模(人口、住宅和工作岗位)、密度、设计(街区空地、商业服务设施等)、布局(土地利用结构等);1997 年,Simmonds 等指出土地利用混合程度是影响城市交通的主要因素;同年,Giuliano 和 Genevieve 等研究了住宅、人口和工作岗位等因素对交通系统的作用和影响。

1)土地利用性质

土地利用性质也可以理解为土地利用类型的划分,城市土地利用性质是由其所负载的社会经济属性决定的,即其在城市发展中所扮演的角色和起到的作用。不同的用地类型,它所表现出的社会属性、自然和经济属性有所不同。从土地的物理属性来看,城市土地的物理本底和自然表征大致相同,然而当融入不同的人类活动后,土地利用所体现的外部社会经济特征将远远超出其自然属性,成为支撑城市形成、发展的基本。

城市土地利用的性质(类型)是根据城市土地的用途、利用方式等,将城市土地依照一定的层次等级体系划分为若干不同的土地利用类型。根据我国《城市用地分类与规划建设用地标准》(GB 50137—2011)的规定,我国城市建设用地分为八大类型,详见表2-4。不同的用地类型产生的城市需求有所不同,居住用地、工业用地、商业用地往往产生的交通需求要高于其他用地类型。不同类型用地产生的交通需求也存在不同,商业用地产生的交通出行以就业出行为主,居住用地的交通出行需求以居住出行为主。不同居住用地类型的出行方式也不尽相同,普通居住区基本以公共交通、自行车等方式为主,高档社区以小汽车出行为主。

我国城市建设用地分类(GB 50137—2011) 表2-4

代码	用地类型	定义与内容
R	居住用地	包括住宅用地及其服务设施用地
A	公共管理与公共服务用地	行政、文化、教育、体育、卫生等机构和设施的用地,不包括居住用地中的服务设施用地
B	商业服务设施用地	商业、商务、娱乐康体等设施用地,不包括居住用地中的服务设施用地
M	工业用地	工矿企业的生产车间、库房及其附属设施用地,包括专用铁路、码头和附属道路、停车场等用地,不包括露天矿用地
W	物流仓储用地	物资储备、中转、配送等用地,包括附属道路、停车场以及货运公司车队的站场等用地
S	道路与交通设施用地	城市道路、交通设施等用地,不包括居住用地、工业用地等内部的道路、停车场等用地
U	公用设施用地	供应、环境、安全等设施用地
G	绿地与广场用地	公园绿地、防护绿地、广场等公共开放空间用地

2)土地利用空间结构

城市空间结构的变化能够改变交通需求的空间分布状况和交通流量。具体来说,城市空间结构能够引起交通出行产生与交通吸引的变化,改变城市内部交通需求的总量和交通出行的时间和空间分布,在此基础上反作用于城市交通基础设施的建设和道路网络、轨道网络、公交网络的布局,从而引起城市交通需求的派生变化。土地利用空间结构体现两个方面的内容:一方面是各种土地利用类型的数量比例结构,另一方面是空间分布结构。前者反映了城市内部多元类型的比例结构,即城市内部土地利用的类型组成,以及各种土地之间的比例结构;后者体现了各种土地利用类型在城市空间上以某种方式分布和布局(组合方式),这种布局既有局部的微观特征(不同土地利用的空间布置),又有宏观的城市形态特征。

某城市土地利用空间结构如图 2-14 所示。

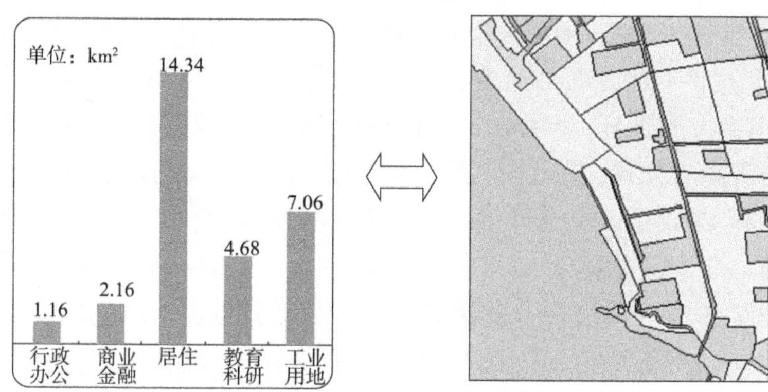

图 2-14　某城市土地利用空间结构

城市土地利用空间结构具有时间序列特征和空间序列特性,反映城市土地利用静态和动态特性。城市土地利用空间结构是在人类历史发展过程中,人类活动长期作用的结果。同时,城市土地利用空间结构还受自然地形、地貌的影响。现代城市在某种程度上受城市总体规划的作用明显,通常人们会按照生态系统的均衡发展来布置城市土地利用比例结构和空间分布。在城市土地利用空间分布的整体效果上,在地形、土地利用空间组合作用下,不同的城市呈现不同的空间形态——城市用地在空间上的投影,如圆形、格网状、条带状等。在城市用地总量既定的情况下,土地如何在各种等级、各种类型和各个地区之间进行合理的配置,关系到区域内城市土地总的利用效率。

3) 土地利用规模和强度

土地利用的开发规模与强度体现了数量与质量的特征。开发规模通常指城市空间拓展的范围,突出反映了城市的用地面积,是城市建成区与非建成区之间的土地配置结果,反映了一个城市的经济发展水平。开发强度是指土地在三维空间上的开发力度,容积率可以很好地反映这个特征。开发强度越大(容积率越高),反映单位面积上承担的社会经济活动越多,土地利用的价值越高。城市土地强度对交通需求的影响主要体现在交通发生与吸引总量上,土地利用容积率越高,其上所承载的人口就大,居民出行的比例就高,从而引发大量的发生与吸引交通量。然而,土地利用的高密度开发常常带来大量的交通出行,往往会导致周边交通拥挤、交通污染等问题。

Pusbkarev 和 ZuPan 等通过对土地利用密度和公共交通系统之间的关系进行定量研究,得出每英亩[1] 7 幢住宅的密度是发展公共交通的临界值,而当密度达到每英亩 60 幢住宅的临界值时,公共交通会成为这一地区主要交通方式的结论;Smith 进一步发展了这方面的研究,指出当居住密度由每英亩 7 幢上升到 16 幢时,运输需求会急剧上升。Newman 和 Jeffery 分析了全球 32 个大城市的交通系统与土地利用两者的关系,进一步证实了高密度与公交之间的强依赖关系。

Cevero 和 Kockelman(1984)认为高居住密度,配合以邻里设计,可有效减少交通出行。Cevero 依据 1955 年 AHS(Automated Highway Systems)数据分析,发现密度对工作出行和出行方式影响很大,且大于混合土地利用产生的影响,因此要减少交通出行距离和机动车拥有水平,提高土地利用密度,加之混合土地利用的配合是可行的方法之一;Cevero 和 Kockelman 等经研究发现高居住密度,配合以邻里设计,可有效减少交通出行。Handy 对土地利用与居民出行进行了研究,分析了土地利用对出行特征的影响,指出随着土地利用密度的提高,交通出行次数减少,但随着出行速度的降低将有可能引起出行距离的增加,土地混合程度对交通出行类型影响微弱。

Cevero 研究指出郊区中心的岗位密度影响工作出行方式选择,即居民出行采用共乘车的可能性随着郊区中心岗位密度的增大而增大,每增加 5000 个工作岗位,出行共乘车的比例会提高 3.5%。Frank 和 Pivo 发现从私人交通向公共交通转移的岗位密度门槛值是每英亩 20~50 个岗位,当每英亩有超过 75 个岗位时会引起私人交通向公共交通转移的显著变化。Shimek 在前人研究的基础上,认为 CBD 区域和郊区内部不断增长的岗位数促进了公共交通分担率的提高。

城市土地利用最基本的特征是其自然属性,即具有特定地域特性的物质组分,不同的地域由于其所处的地理纬度、气候以及成土年代等因素的影响,形成不同物理化学性质的土壤。土地利用另外一个重要特征是社会经济属性,它是人类在认识改造世界时对土壤的作用过程和结果。由于人类的创造性活动,使得城市土地利用性质产生一系列的变化,进而给城市土地利用带来不同的属性特征:①可变性。随着时间的推移,人类根据城市的发展,对土地利用的性质加

---

[1] 1 英亩约合 4046.86m^2,下同。

以转变,使之从一种用地类型转换成另外一种用地类型,如绿地转化为居住用地,并且土地利用的强度越低,其可变性越高。②土地价值。由于在原生土壤中注入了某些社会经济特征,使得土地具有价值属性,而且会随着周边环境特征的改变而发生改变,如由于土地周边的交通可达性发生改变,或者由于土地所在的空间区位优势,周边土地的价值高于其他地区的土地价值。

2.3.3 公共交通对城市空间异质性的影响

城市空间异质性与城市交通之间是相互作用的关系,城市交通特性同样也影响着土地空间异质性,通常情况下包括三个方面:交通系统对城市空间形态的影响、交通系统对土地利用布局的影响和交通系统对土地价格的影响。

1)对城市空间形态的影响

城市与郊区城镇、工业矿区主要是通过交通来联系,生产资源、经济要素,尤其是劳动力要素的流动都是通过交通来实现的,因此,交通技术的发展是城市土地利用扩展的主要推动力。纵观世界城市的发展历史,从步行、马车、有轨电车与市郊铁路时期、小汽车与高速公路时期到小汽车与轨道交通时期,城市土地利用经历了集中式团块状发展、沿交通轴呈指状或星形扩展、跳跃式低密度蔓延到多中心组团式发展的发展历程。交通技术的发展使得交通与土地利用的关系,如公共交通方式与土地利用价格的关系,不断向距离市中心更远的地方推进。这种互动反馈关系的向外推进,使得大量的土地规划到城市发展的范围中,推动了城市土地利用的进一步扩展。

交通技术发展与城市土地利用扩展的演变如图 2-15 所示。

Schaeffer 和 Elliot Sclar 等系统地探讨了城市交通系统与城市空间形态的关系,指出城市交通系统在城市空间形态演变中的影响作用,发现城市形态在交通系统影响下经历了由步行城市到轨道城市直至汽车城市的过程。Newman和 Kenworthy 等将城市形态划分为三个阶段,即步行城市、公交城市和汽车城市,深入研究了交通系统对城市空间形态的影响。Cevero 和 Landis 等经研究发现公交导向政策可能会促使产生一个围绕轨道线路的紧凑的多核心城市。

2)对土地利用布局的影响

城市交通系统对城市土地利用的影响,主要体现在空间形态、空间布局等的影响。Knight(1977)研究了交通对城市土地利用的影响,指出城市异质性土地利用扩展模式对土地利用影响的因素包括土地可得性、土地连片的难易程度、区域的社会和物理特征、经济条件、通信支持及土地利用政策等,强调可达性是影响土地使用的最重要因素之一。Baker 研究发现,1979—1982 年,54%的非居住用地建设都发生在大都市地区离地铁车站0.7km 的范围内。Green 和 Jose 等研究发现大部分用地密度增长区域都集中在邻近车站的地方。

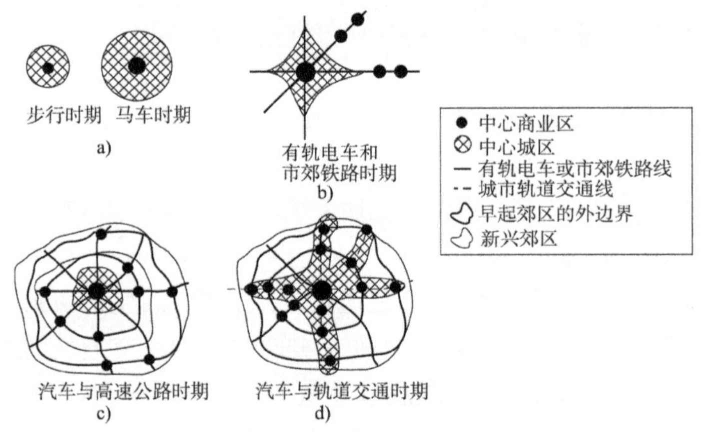

图 2-15　交通技术发展与城市土地利用扩展的演变

在 20 世纪 90 年代末期,哥伦比亚首都波哥大吸取巴西库里蒂巴著名的公交专用道的成功经验,开始运营一项快速的、大运量的公共汽车系统,并大力投资人行道和自行车道,有效地塑造城市的空间形态,被公认为是世界上最可持续发展的城市之一。波哥大的成功源于对交通的长期投资,其目标是实现城市的精明增长,使城市具有丰富的文化供给和可以享用的公共空间,拥有足够的营养、娱乐、教育、体育设施、绿色空间和一个尽可能避免机动车辆的生存环境。波哥大 BRT 极大提高了人行道和自行车的可达性。42km 长、包括 3 条线路的公交专用道是波哥大庞大的公共汽车网络的核心,公交车道位于大道的中间,每 500m 左右设置车站,能避风雨的车站设计非常吸引人。双车道的设计使得公交车可以超车,站台的容量也非常大,上下车非常迅速。BRT 运量达到单向 3.5 万人/h 左右,超过了许多地铁系统。波哥大 BRT 线路如图 2-16 所示。

波哥大重视自行车和步行的可达性建设,垂直于 BRT 通道的自行车道和步行道将一些最贫穷的区域和非正式的居住区与公交专用道联系起来,将最需要选择公交出行的人群吸引到 BRT 系统中。波哥大 BRT 建设的成效也是异常显著的。在最繁忙的两条公交走廊上,公交车平均速度提高了近15km/h,达到27km/h。系统乘客的平均出行时间减少32%,事故率降低了93%左右,空气污染得到了明显改善:从1999年BRT开通到2001年,公交服务走廊沿线的损伤和碰撞降低了75%~80%,二氧化硫、氮氧化物和颗粒物质分别降低了43%、18%以及12%。

图2-16 波哥大BRT线路

3)对土地价格的影响

交通系统对城市土地价格的影响具体体现在交通容量与土地价格之间所存在的一种共生关系。由于土地价格依附于交通容量而存在,所以某地区交通容量的提高,会在很大程度上促进土地价格的上升,但是若没有交通设施的支持,该地区土地价格则会呈现下降的趋势。

此外,Knight(1977)研究认为,交通设施的建设也影响着城市土地价格。新交通设施的建设提高了城市土地的交通可达性,相应地也提高了周边土地的吸引力,使得土地价格得到提高。Workinan和Brod等研究发现城市土地价值与距离车站的远近有关,越靠近铁路车站的地块,地价越高,但是越靠近高速公路,地价却反而下降。

2016年的数据显示,武汉地铁"首末站"房价涨幅最大,最高达30%。地铁开通前一年和开通后两年,沿线区域房产升值速度最快。然而,不同地段开通地铁对房价的影响是不一样的。离地铁站500m内的近郊物业,价值提升20%~25%,远郊区物业价值提升10%~15%。

城市空间异质性和交通需求之间是一种循环作用与反馈关系,两者具有较强的耦合作用机制。两者相互联系又相互制约,不同的城市土地利用决定着不同的交通需求。对于单中心模式的城市,市中心交通需求量大,远离市中心的地方需求量小;而对于多中心城市,交通需求则分散在各个副中心,交通需求分布相对比较均匀。不同的城市土地利用状况,都有不同特点的交通模式与之对应,这是交通在城市活动中的功能所决定的。城市交通系统所具有的实际运行水平会对城市空间结构及城市的发展规模产生影响,从而影响到城市土地利用状况,特别是城市交通可达性对城市居住、商业和文化活动用地的空间分布具有决定作用。以公共交通引导城市发展的城市土地利用异质性模式(TOD)是随着新城市主义和精明增长等为核心引申出来的。这一领域的研究集中在城市土地利用与城市公共交通整合发展方面,是目前社会各界公认的城市可持续发展方向。

1993年,Peter Katz组织成立了"新城市主义大会",对TOD模式达成普遍共识,认为TOD能够有效地解决城市无限制蔓延而造成的交通出行时间延长、交通拥堵等城市问题,促进城市形态从低密度蔓延向更高密度的、功能复合的、人性化的"簇群状"形态演变。TOD模式主要倡导形成以公共交通为中枢、综合发展的步行化城区,沿着公交线路(地铁、轻轨等轨道交通及巴士干线)等,以公交站点为中心、以500~800m为半径建立中心广场或城市中心。其特点在于具有集工作、商业、文化、教育、居住等为一身的"混合用途"。1996年召开的第四次新城市主义大会通过了新城市主义宪章,强调利用新的社区规划设计理念,并从区域的层面来综合考虑城市的发展问题;2000年,美国规划协会联合60家公共团体组成了"美国精明增长联盟"(Smart Growth America),TOD模式为城市精明增长起到了很好的促进作用。精明增长要求用足城市存量空间,减少盲目扩张;加强对现有社区的重建,以节约基础设施和公共服务成本;城市建设相对集中,密集组团,生活和就业单元尽量拉近距离,减少基础设施、房屋建设和使用成本;美国加利福尼亚州是应用TOD模式进行城市精明增长的一个典型案例,主要措施包括适中或更高密度的土地利用,将居住、就业、商业混合布置于一个大型的公交站点周围适于步行的范围之内,鼓励步行交通,同时不排斥汽车交通。

公共交通导向模式是突出交通引导城市可持续发展的重要体现,也是城市公共交通与城市空间异质性实现高效、绿色的融合发展的具体体现,有形态的(如放射性形态、条带状形态等)城市发展形态,都是公共交通引导城市发展的典型实践:公共交通建设提高了区域区位优势,增加了对用地者的吸引,导致区域土地价格的提升,产生交通廊道效应,引起不同土地利用类型空间布局变化,进而改变了区域土地利用,提高了城市土地的价值和使用效率。

第3章

城市空间异质性对交通出行影响分析

3.1 分析方法设计

计算机技术的发展推动了相关学科的发展,而空间技术就是其中的受益者之一。这里所谈的空间技术主要是指地理信息系统技术、遥感技术和全球定位技术,考虑到遥感技术和全球定位技术在获取交通规划方面数据方面还不够成熟,本章重点研究的是地理信息系统技术在城市土地利用与交通需求相互作用关系中的应用。鉴于 3S 技术之间的关系,地理信息系统(GIS,Geographic Information System)提供强有力的技术分析支持,遥感技术与全球定位技术提供重要的数据源,而由于交通需求的时间周期性限制,使得遥感技术和全球定位技术还达不到提供实时定量数据的程度,但随着遥感技术和全球定位技术的日趋完善,3S 技术将为城市规划、综合交通规划提供强有力的空间数据和空间分析支持。

随着数字时代的到来,未来的发展必将使 GIS 有更加广泛的适用性,也更适用于城市交通规划的发展要求。GIS 无论是在数据获取、数据共享、标准化、数据库结构方面,还是在多媒体技术方面,都将取得巨大的进步。如数据源的多元化,可使交通规划数据更加容易与其他社会经济系统数据实现数据、信息共享,交通规划人员能按需要很容易地建立专用的交通规划信息系统。GIS 技术已经广泛应用到国民经济的各个部门,那么针对城市土地利用与城市交通需求的互动性,GIS 技术究竟在哪些方面能够展示或提供强有力的支持呢?下面对 GIS 在两者的互动研究中的应用地位进行分析。

3.1.1 城市尺度的空间问题

提到空间问题,最基本的知识就是:整个城市所承担的一切社会经济活动,如楼房等建筑物都是建立在土地之上的,而且占据一定的空间范围,土地本身就是一个空间概念，不同的空间尺度范围内土地所体现出来的特征也有所不同。换句话说，在某种意义上，人类认识和改造世界最为显著的成果是：城市是一个空间实体。这种空间实体不仅具有纯粹的物理空间意义，还具有时间性，即历史发展演变过程。

作为城市系统中的两个子系统——土地利用子系统和交通子系统，不可避免地拥有空间特征。两个子系统之间的相互作用在城市内部不同的空间范围内体现出各异的结果。作为交通子系统的重要组成部分，交通需求与城市土地利用之间的相互作用也体现在城市尺度的范围上，由于城市系统具有开放性，此处所谈的交通需求也包含城市对外的交通需求。城市土地利用与交通需求所共有的空间特征为空间技术的使用提供了可能。

城市土地利用与交通需求的耦合作用牵涉的空间数据涵盖城市系统的方方面面，无论是常规的统计数据，还是抽象为点、线、面的空间数据，这些数据既有空间特性，又具有属性特性。如何有效地存储、管理、分析和表达这些海量数据，成为各种分析研究的巨大挑战。统计数据的空间性问题，焦点集中在空间位置上，无论是行政范围还是天然的分割范围，统计数据都是基于空间位置或者空间范围的，如图 3-1 所示。而空间性为人们进行空间分析提供了最基本的前提。

在地理信息系统中，地表数据抽象成为点、线、面数据。对于城市土地利用数据来说，它包括三种抽象数据，如枢纽是点状特征，道路可以抽象为线状数据，土地利用抽象为面数据。同样，城市交通需求数据也可以抽象为以上三种特征数据。它们之间除了具有属性数据方面的相关分析，还具有空间层次的叠加分析，尤其是基于位置的空间分析，而常规处理方法很难实现。

图 3-2 给出的是统计数据空间表达的一个示例，在不同的土地利用范围内，居住点被表示为空间点，而统计数据可以与空间点数关联，从而建立属性数据的空间表达。图中给出了不同区域内三个年龄段(小于 18 岁、18～64 岁、65 岁以上)的人口总数。

这里提到的分析不仅是属性数据方面的统计分析和空间分析，还包括空间数据的统计分析和空间分析，相对于空间分析和空间统计来说，传统的处理手段基本上从统计角度入手，没有很好地考虑到城市尺度内部的空间问题和空间分析，空间技术的引入无疑给人们认识两者的耦合机制提供了一个崭新的手段。

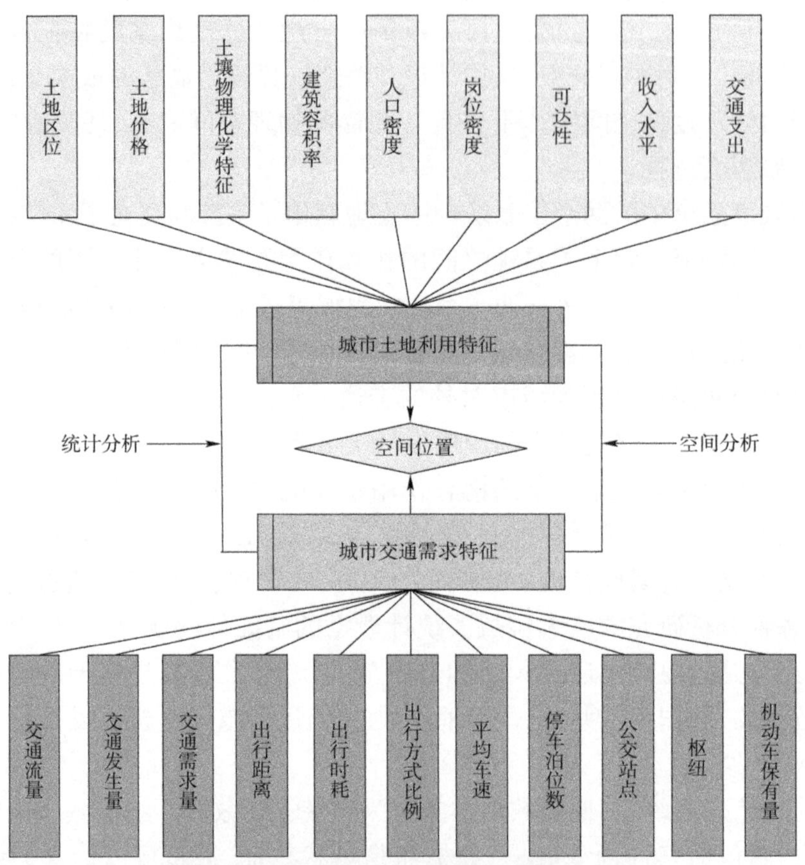

图 3-1　土地利用与交通需求空间性

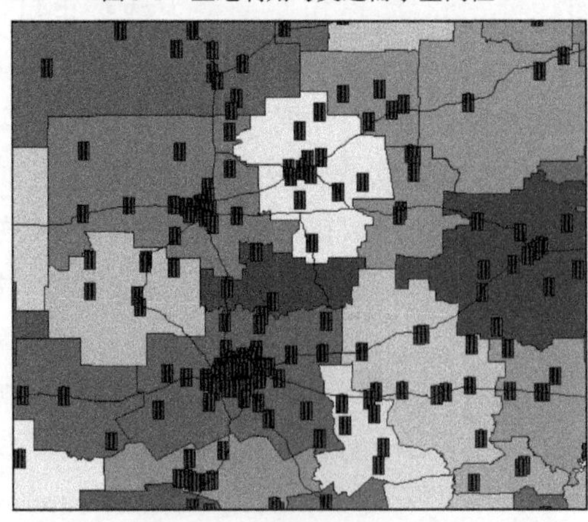

图 3-2　属性数据的空间表达

城市交通系统的复杂性,不仅给处理数据、分析数据和远景规划提出了挑战,而且往往造成了规划者和分析者的思维惯性。尤其是新技术出现后,一些规划人员仍然没有改变传统的思维定式,仅把新技术作为解决问题的另一种方法,使得新技术与规划设计、分析的结合处在一个交叉并行的状态。

在我国交通系统规划设计和土地利用规划中,由于受到传统规划思想的束缚,地理信息系统技术与规划分析基本上是相互独立的,GIS 没有很好地用于土地利用和交通的互动关系研究。此外,既然土地利用与交通都可以认为是城市系统内部的两个子系统,那么就应该从系统的整体性来考虑,利用 GIS 技术把两者有机地结合起来,使得 GIS 技术在城市土地利用与城市交通系统得到更广泛的应用。

3.1.2 GIS 的数据管理和表达

GIS 的数据管理和表达是其最基本的功能之一。数据管理体现了 GIS 的数据库功能,它可以与数据库软件联合使用,从而达到专业数据库软件的功能;GIS 的表达功能,主要体现在对原始空间数据、属性数据以及分析结果的二维或者三维的可视化表达,其中还包括多媒体表达以及对城市空间的虚拟现实表达。

GIS 是收集、存储、管理、分析、处理和表达空间信息的软硬件系统,它在城市土地利用与交通系统互动研究中具有重大的意义。这主要归功于 GIS 的多种处理分析技术,尤其是空间分析技术。而这个特性源于 GIS 是集空间数据和非空间数据于一体的数据管理、分析处理系统。

GIS 不仅能够处理静态的交通特征,而且还能够处理动态的交通特征。图 3-3给出了一个简单的示例,表达了 GIS 能够处理的静态和动态交通需求特征。静态交通特征与动态交通特征都具有空间特点,这些空间特点包括空间位置、空间距离、空间方向和空间拓扑。下面分别对这几个方面展开说明,举例如图 3-4 所示。

(1)空间位置。

表达空间所处的地理位置。例如第一个客运枢纽位于东经 113°23′和北纬 N36°40′,从空间坐标来看,该城市处于我国的北部。

（2）空间距离。

表达两个空间实体之间的长度。它包含两个方面的含义：一个是两个空间实体的直线距离，另一个是两个空间实体的最短距离。

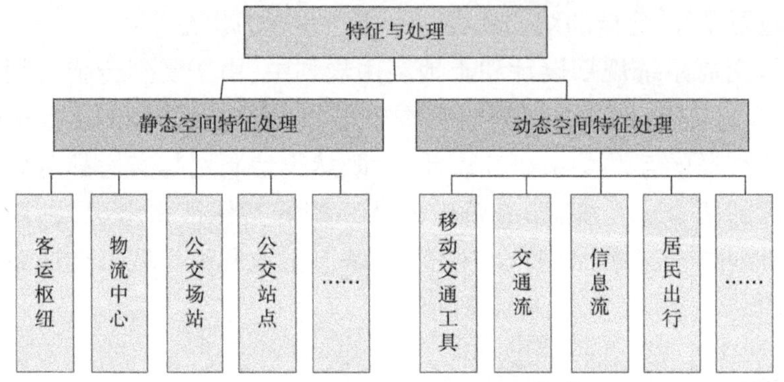

图3-3 GIS处理静态和动态交通特征

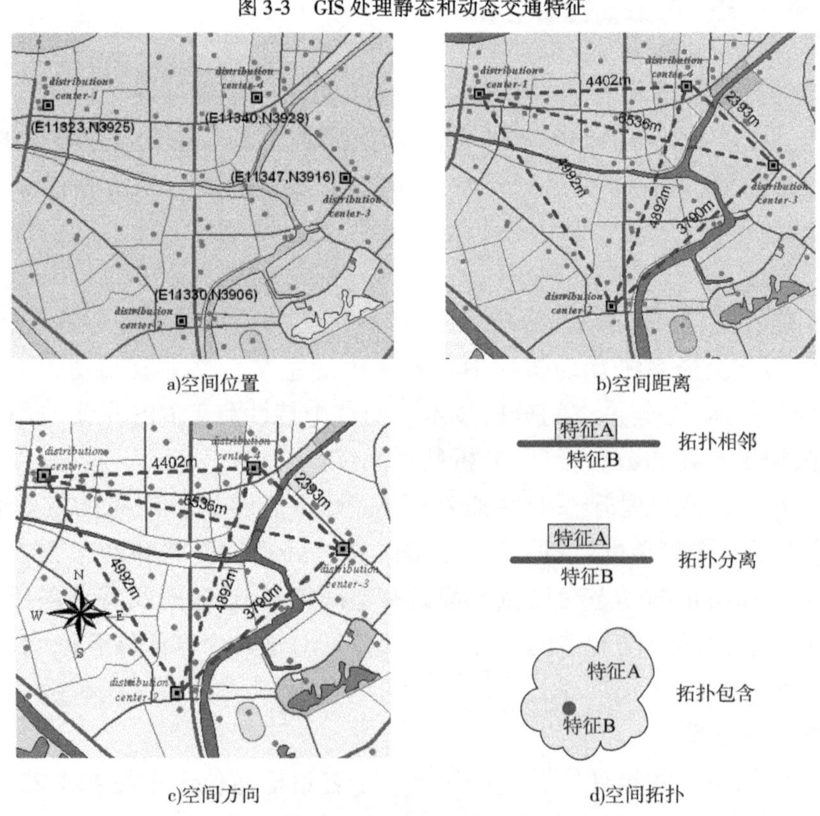

a)空间位置　b)空间距离

c)空间方向　d)空间拓扑

图3-4 GIS实体的空间特征

(3)空间方向。

表达两个空间实体的位置关系。根据空间方向关系,可以清晰地看到两者之间的相对位置。

(4)空间拓扑。

表达两个空间实体的空间拓扑关系。包括空间拓扑相邻、空间拓扑包含、空间拓扑分离等。

目前GIS所支持的数据类型主要有矢量数据和栅格数据,其中属性数据能够集成在两者当中,空间数据与属性数据的结合是GIS有别于其他信息系统的关键之一。前文已经提到城市土地利用数据属于面数据,城市交通数据大部分属于线数据和点数据,这两种数据属于常规的GIS数据格式——矢量数据,都可以转化为栅格数据进行管理分析。GIS管理两种空间数据是其特性之一。GIS中的数据管理是基于数据库技术的,它具有数据库技术的管理功能,数据的存储、查询、检索等都能容易地实现。

GIS的表达功能主要体现在可视化表达方面,在研究城市土地利用与城市交通互动研究过程中,可以通过不同方式(如地图、视频、动画及虚拟技术)对两者的互动关系进行可视化表达,使结果一目了然,让观察者很容易领会其中的意思。

3.1.3 GIS的空间分析定位

空间分析功能是GIS最重要的特征和功能之一,也是评价一个GIS成功与否的一个重要标志,它极大地丰富了传统分析方法的手段。在GIS中,常用的空间分析有缓冲区分析、叠加分析等。

空间分析是基于地理对象的位置和形态的空间数据的分析技术,其目的在于提取和传输空间信息。空间分析是指一切涉及空间位置要素的分析或区域性分析,用以提取地理空间信息乃至关于地物时空分布、组合、联系和发展的知识。按此理解,空间查询检索、空间操作、地图学分析、空间统计分析、空间分析模型等,都属于空间分析的范畴。在地理信息系统中常用的空间分析有缓冲区分析、叠加分析、三维分析和空间聚类分析等。下面给出本节重点运用的两个空间分析功能。

1）缓冲区分析

缓冲区分析是根据数据库中的点、线、面实体，自动建立其周围一定宽度范围的缓冲区多边形。它是GIS重要的和基本的空间分析功能之一，如城市内部各物流配送分中心的5km空间覆盖范围。GIS缓冲区功能示例如图3-5所示。

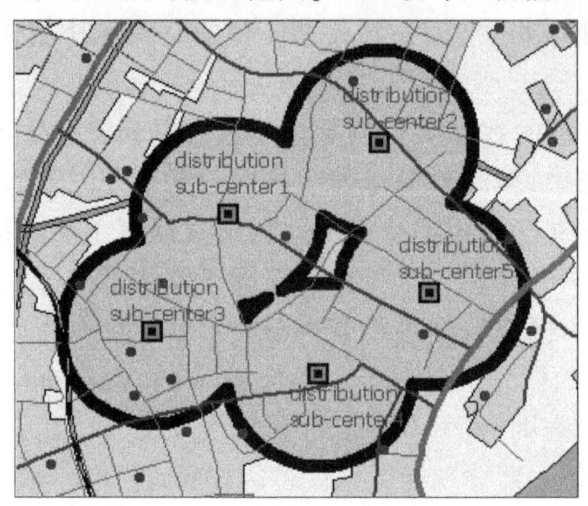

图3-5　GIS缓冲区功能示例

2）叠加分析

将同一地区、同一比例尺的两组或更多的多边形数据或者线数据进行叠置，根据两组多边形边界的交点来建立具有多重属性的多边形或进行多边形范围的属性特征的统计分析。如道路分布图与土地利用分布图叠置，分析道路面积在各类土地利用区所占百分率。本节采用的方法是基于基本网格单元（cell）的空间统计分析。GIS叠加分析功能如图3-6所示。

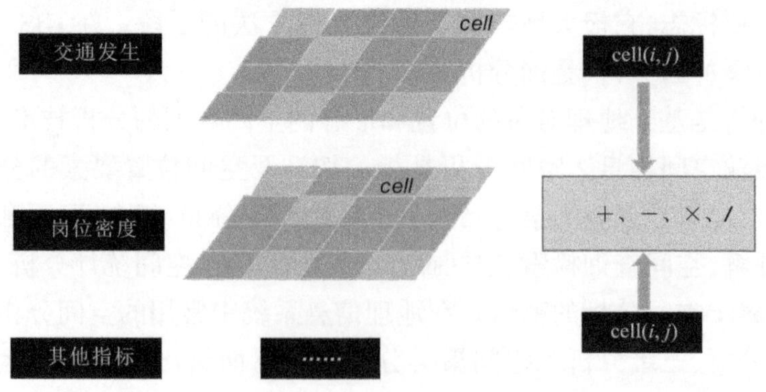

图3-6　GIS叠加分析功能

3)基于交通小区和交通线路属性数据的空间化

为了充分利用空间技术开展城市土地利用与交通需求之间的耦合关系研究,必须使大量的统计数据、居民出行调查数据空间化,变成空间数据,才能作为空间分析、空间统计分析的输入变量。

在 GIS 环境下,空间实体被抽象为点、线和面。对于点状实体和线状实体来说,由于在空间上不连续,无法进行基于网格的空间统计分析,因此必须对空间不连续的点状实体和线状实体进行空间连续化处理,使之变成空间无缝的面状数据。对于面状数据,由于具有空间无缝特征,只需直接生成面状特征 GRID 即可。

在 GIS 环境下,对于点状实体,可以使用多种空间插值方法,如反距离权重法、克里金法、样条法等,使之直接转化成 GRID 网格数据;对于线状实体,可以采用类似的方法,也可以采用不规则三角形到 GRID 网格数据的转化流程。图 3-7 和图 3-8 分别给出了点状特征和线状特征的转化示例。

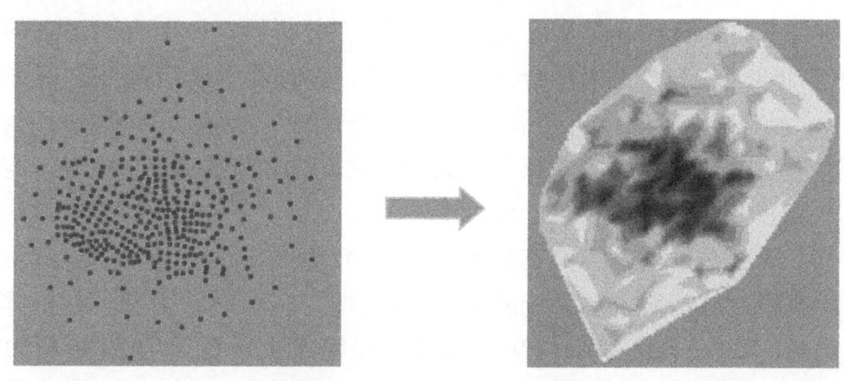

图 3-7　点状实体空间化处理示例

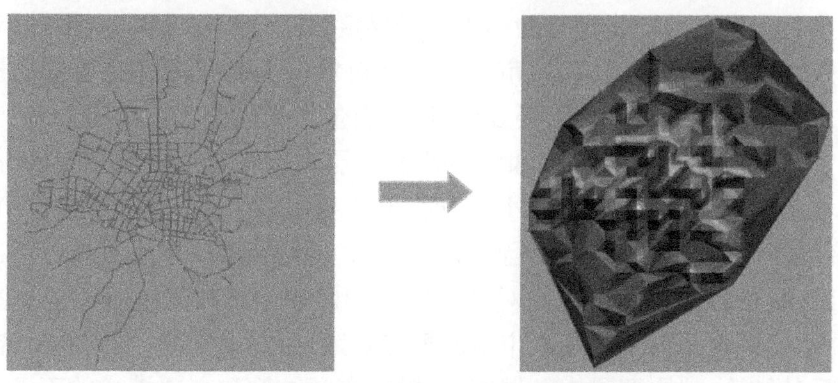

图 3-8　线状实体空间化处理示例

3.2 城市空间形态对交通出行的作用

城市空间形态是城市复杂系统的外在特征之一,也是城市土地利用的重要特征之一。空间形态体现的是城市土地利用的宏观整体效果,可以从形状、混合度和可达性方面展开阐述。城市交通生成反映了城市生产和生活的活力,定量研究城市空间形态对城市交通生成的影响,有助于理解城市土地利用宏观特征对交通需求的影响。本章从宏观层面入手,在分析界定城市空间形态的基础上,提出空间形状、土地利用混合熵和可达性三方面作为描绘城市空间形态的主要指标,运用 GIS 空间分析功能,选择国内不同地区的城市为研究对象,分析探讨城市空间形态三个指标与城市交通生成之间的相互关系,寻找城市空间形态对城市交通生成作用的一般过程。

城市空间形态是城市各种有形组分在空间上的布置,它是人类社会、经济和文化长期积淀的结果。从系统的角度来讲,城市空间形态是城市有机体内外矛盾激化的产物,也是人类各种活动与自然环境因素相互作用的外部体现,特定的地理环境和社会经济塑造了特定的城市空间形态。国内外学者从不同角度对城市空间形态的性能评价指标进行了界定,其中城市交通是衡量城市空间形态可及性性能的重要内容,城市空间形态对城市交通需求具有重要的影响,它直接或者间接作用到城市交通发生量、吸引量及交通方式选择等方面。

各领域学者分别从"宏观"和"微观"两个层次上研究了城市空间形态特性对交通需求的影响,包括城市大小、密度、土地利用混合度、公共交通供给和城市系统结构等,如城市密度对出行行为的影响、土地利用混合度对出行的影响、可达性对出行的影响、城市规划对交通需求的影响。总的来说,研究结论基本能够达成一致,但是对于某些城市空间形态要素,如城市密度,不同的研究却得出了相反的结论,这主要是由于城市地域性、空间结构和交通模式的不同所致。

城市空间形态清晰地反映了城市发展的脉络，也反映了城市交通需求特性，能够为城市规划和交通规划提供直接的指导原则，为此本章从城市空间形状、交通可达性、土地利用混合度等方面对我国城市空间形态对出行需求的作用进行了研究，探索我国城市空间形态作用于出行需求的一般规律，为城市交通规划、城市公共交通规划提供理论支持。

3.2.1 城市空间形态评价指标选取与计算

城市空间形态主要选取了三个指标：城市空间形状、土地利用混合度和交通可达性。城市空间形状指标考虑了城市整体的空间形态，土地利用混合度指标考虑了各种城市土地利用类型的协调程度，土地利用可达性指标考虑了城市土地利用的方便程度。

1）城市空间形状

城市空间形状是指建城区的外围边界，即建城区多边形。我国幅员辽阔，各种地貌类型错综复杂，导致城市空间形状千差万别，具有较强的不规则性。通常情况下，很难使用规则多边形对城市空间形状的不规则多边形进行定量的描述，为此，采用一个简单且易操作的方法来定量描述城市空间形状，即选择一定的规则几何图形作为不规则城市空间形状的参照系，计算两者之间的特征值并进行比较，以此获得不规则边界的形状参数，表达城市空间形状。城市空间形状指数计算公式如下：

$$Q=\frac{4\times\pi\times S}{P^{2}} \tag{3-1}$$

式中，Q 为城市形状指数；S 为建城区多边形面积；P 为建城区多边形周长。城市空间形状指数考虑了建城区面积和周长之间的关系，能够比较清晰地反映出建城区的近圆率和紧凑程度。对于一个区域，呈圆形时，形状指数为 1；呈正方形时，形状指数为 $\pi/4$。对于呈现带状分布的城市，形状指数均小于 $\pi/4$，离散程度越大的区域，形状指数越小。

2）土地利用混合度及其空间化

土地利用混合度是影响交通需求的重要因素。衡量土地利用混合应当考虑两个方面，一是种类的多样性，二是混合强度，为此本书采用信息论中的熵来计算土地利用混合度。熵是信息论中度量随机事件在某项试验中不肯定程度

的概念,基本的计算公式如下:

$$H = -\sum_{k=1}^{n} P_i \ln P_i \tag{3-2}$$

式中,H 为随机变量熵;P_i 为土地利用类型 i 占土地总面积的百分比。将土地利用数据空间化,在 GIS 环境下生成土地利用 GRID 数据,网格大小为 0.5km×0.5km,并使得 GRID 属性值为土地利用混合熵,计算原理如图 3-9所示。

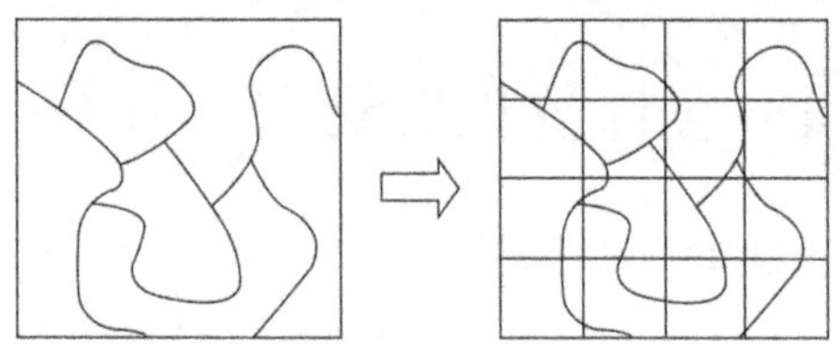

图 3-9　土地利用数据空间化

3)交通可达性及其空间化

交通可达性用来衡量城市道路的供给能力和方便程度。城市道路可达性定义为城市内部某一个地点道路交叉点相连通的道路数量,它反映了单位空间内道路的连通度。将可达性指数空间化是指统计每一个网格中可达性指数之和,计算原理如图 3-10 所示。具体步骤如下:

(1)将路网数据矢量化;

(2)建立空间拓扑关系;

(3)统计交叉结点道路数量,并赋予属性;

(4)将交叉节点数据网格化,确保 GRID 属性值为网格单元内节点属性之和。

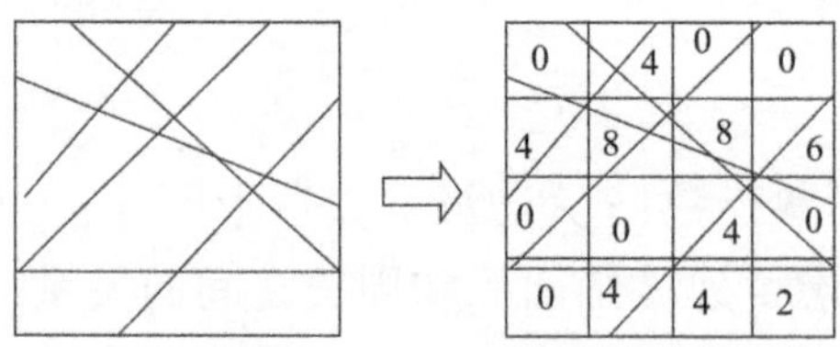

图 3-10　可达性空间化

3.2.2 城市空间形状与交通生成

城市空间形状指数对交通生成的影响作用研究选取了三个城市:沈阳、大连和济宁,其中沈阳和济宁属于平原城市,大连则属于丘陵城市。这样选取的目的是比较分析不同地形地貌条件下,城市土地利用如何对交通生成产生影响的。

首先，按照3.2.1节给出的指标计算方法，分别计算三个城市的空间形状指数。从计算结果来看，沈阳和济宁城市空间形状指数大于0.5，而大连的城市空间形状指数为0.072。相对于前两个城市，大连的城市形状近圆率比较低，城市边界比较复杂，见表3-1。图3-11～图3-16中定性地展示了交通发生与吸引的空间分布状况，沈阳和济宁两个城市比较集中，而大连虽然有大部分集中在城市中心区，但是在中心区周围仍然分布了若干发生和吸引较高的聚集点。

沈阳、济宁与大连城市空间形状指数　　表3-1

城市名称	面积(km^2)	周长(km)	形状指数
沈阳	1932.7	214	0.530
济宁	131.2	54	0.569
大连	249.6	209	0.072

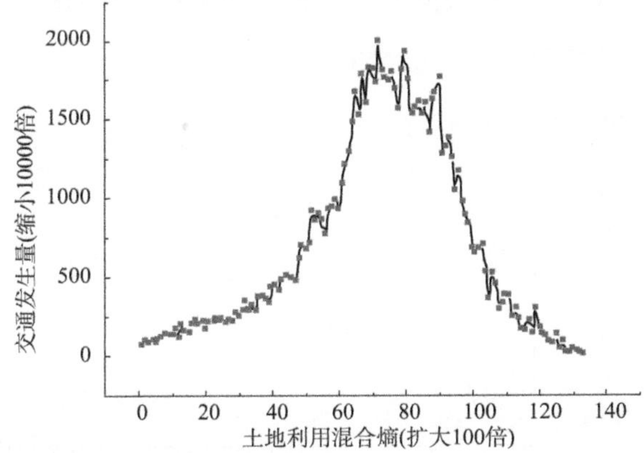

图3-11　大连市交通发生与土地利用熵空间分布统计

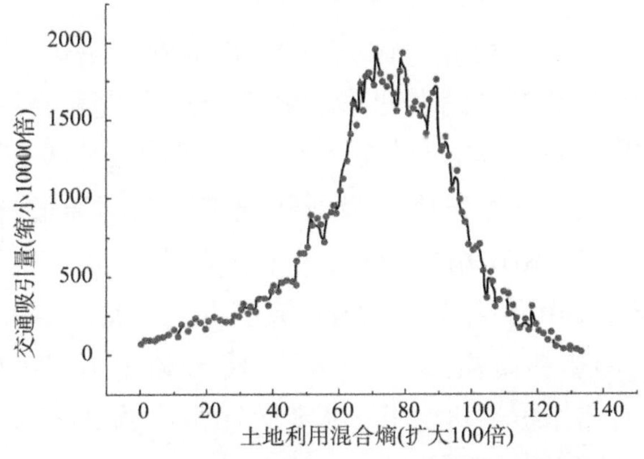

图3-12　大连市交通吸引与土地利用熵空间分布统计

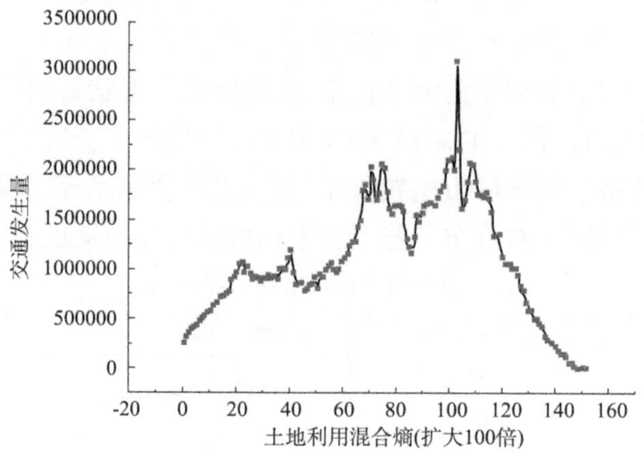

图 3-13　济宁市交通发生与土地利用熵空间分布统计

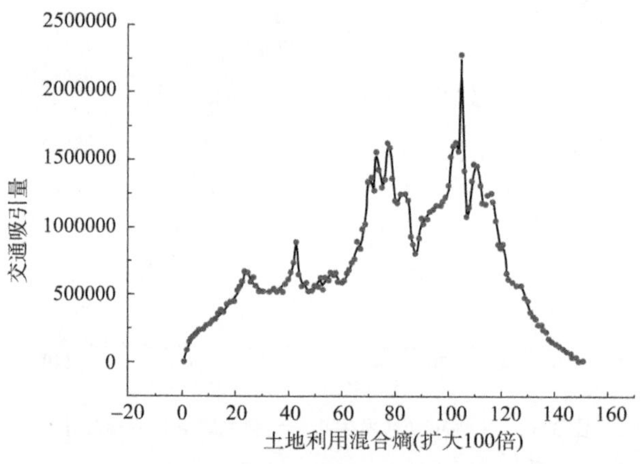

图 3-14　济宁市交通吸引与土地利用熵空间分布统计

其次,从定量的角度来讨论空间形状对于交通发生和交通吸引的影响,为了更好地统计比较,运用 GIS 空间分析功能——缓冲区分析。缓冲区分析采用栅格数据方式,对各城市交通发生和吸引数据进行空间插值,插值采用反距离权重方法,生成相应的 GRID 格网数据,其中沈阳市交通发生和吸引量 cell 值大小为 500m,大连市 cell 值大小为 122m,济宁市 cell 值大小为 50m。综合考虑三个城市空间分布形态和面积大小,以大连、济宁和沈阳三个城市的边界为中心,向城市多边形内部作缓冲区分析,设定缓冲距离为 2km。各缓冲区内部交通发生量和吸引量见表 3-2 和表 3-3。

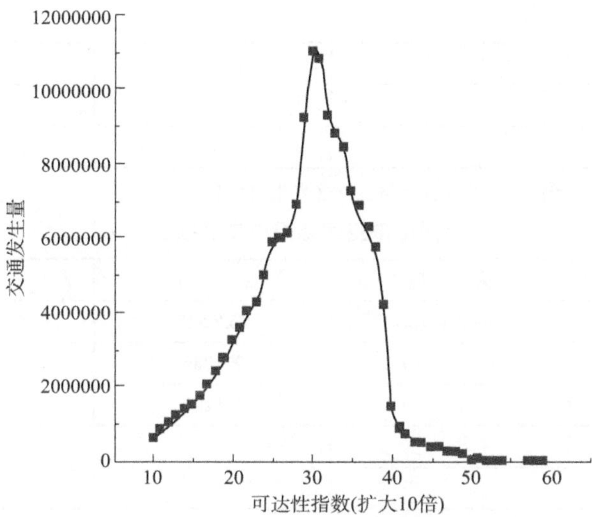

图 3-15 济宁市交通发生与可达性空间分布统计

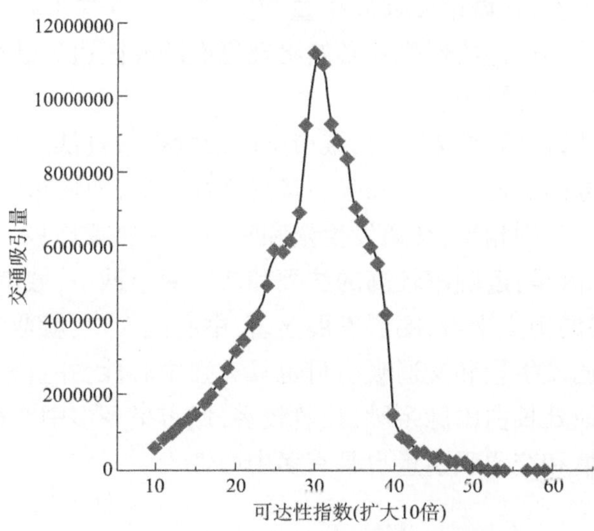

图 3-16 济宁市交通吸引与可达性空间分布统计

不同城市空间范围内交通发生 表 3-2

距中心距离	大　连	济　宁	沈　阳
距缓冲中心 2km 以内	49049068	2544873	14005800
距缓冲中心 2～4km	176053357	931036	3911600
距缓冲中心 4～6km		280755	1338300

续上表

距中心距离	大　连	济　宁	沈　阳
距缓冲中心 6 ~ 8km			1323200
距缓冲中心 8 ~ 10km			425200

注:交通发生量总和计算方法:统计各网格的交通发生量之和。

不同城市空间范围内交通吸引 表 3-3

距中心距离	大　连	济　宁	沈　阳
距缓冲中心 2km 以内	49263776	2626525	14551300
距缓冲中心 2 ~ 4km	175621010	931786	3657100
距缓冲中心 4 ~ 6km		288202	1506000
距缓冲中心 6 ~ 8km			1045300
距缓冲中心 8 ~ 10km			501500

注:交通吸引量总和计算方法:统计各网格的交通吸引量之和。

从计算结果来看,各城市交通发生量与交通吸引量并不相等,这是由于栅格数据格式导致的。这种数据格式必然出现每次缓冲区边界缺少数据的现象,但不会对分析结果产生影响。

从各城市缓冲区计算结果来看,城市空间形状指数较低的大连市从缓冲区中心向城市外围方向交通发生量和吸引量呈增加趋势,而城市空间形状指数较高的沈阳市和济宁市则相反,交通发生量和吸引量呈递减趋势。产生这样的分布结果,可能的原因是:近圆率较高的沈阳和济宁两个城市,城市发展向心性比较强,从城市发展的历史来看,圈层发展显著,中心区人口、就业等相对集中,从而导致整个的交通发生量和交通吸引量也具有强中心性,并且相对均匀地向四周扩展。大连市地处长白山脉余脉,丘陵较多,城市呈现多中心分布,从而导致整个的交通发生量和交通吸引量也具有多中心性。

3.2.3 土地利用混合度与交通生成

分析土地利用混合熵与交通发生与吸引之间的关系,同样采用栅格数据方式,对各城市土地利用混合熵、交通发生和吸引数据进行空间插值,插值采用反距离权重方法,生成相应的 GRID 格网数据,其中大连市 cell 值大小为 122m,济宁市 cell 值大小为 50m。将生成的土地利用混合熵数据分别与交通发生、交通吸引 GRID 栅格数据进行空间交叉分析。最后统计土地利用混合熵与交通发生、吸引之间的关系。

通常情况下,土地利用混合度高,产生的交通发生和吸引就相对低一些,居住用地、商业用地、工业用地和教育用地等土地利用混合,必然减少一定空间范围内居民的出行,因为居民可以在较短的行程内实现各自的出行目的。同比国外相关研究,土地利用混合熵类似于"职住平衡"指标,其表达的结果是评价居民居住地点与工作地点的平衡程度。如果居住地点与工作地点相对较近,造成的无效出行就少;如果居住地点与工作地点相对较远,带来的无效出行就大,整个城市交通系统运行效率就低。土地利用混合熵也大致可以反映居民的职住平衡状况。

土地利用混合熵案例城市选择了大连和济宁。如图 3-11 ~ 图 3-14 所示,从大连和济宁两个城市的土地利用混合熵与交通发生、交通吸引的空间统计结果来看,土地利用混合熵与交通发生量以及交通吸引量并没有呈现出绝对的单调比例关系。两者的关系,总体上呈现"低—高—低"发展模式:在一定的混合范围内,两者呈现正比例关系,随着土地利用混合熵的增加,交通发生量与交通吸引量也随之增加,定性说明此阶段土地利用混合熵较低,城市配套设施相对不够完善,居民不得不去距离居住地较远的地方实现工作和日常生活出行;当超过该范围,两者呈现反比例关系,定性说明虽然城市配套设施完善,但是由于土地利用超强度开发,导致社会经济活动过于集中,交通拥挤等问题发生,交通系统运行效率低下。

从两个城市的分析计算结果来看,大连市土地利用混合熵与交通发生、吸引之间的峰值出现在 0.7 ~ 0.9,土地混合熵与交通发生、吸引关系平稳;小于 0.7 的土地混合熵与交通发生、吸引成正比关系;大于 0.9 的土地混合熵与交通发生、吸引成反比关系。济宁市土地混合熵与交通发生、吸引变化比较剧烈,出现两个波峰,分别是 0.7 和 1.1 左右。

3.2.4 交通可达性与交通生成

交通可达性与交通生成分析的研究对象为济宁市。按照可达性的定义与计算方法,对济宁市研究区范围进行网格化,统计每一个网格内交叉口的数量,将其作为该网格的可达性指标。现状路网统计结果见表3-4。建城区范围内共有道路节点777个,其中交叉口666个,断头点共有111个。可达性指标以3和4为主,共占道路节点的80%,其中三岔口最多,占48.3%,此外,可达性指标超过5的路口占5.7%左右,详见表3-4。

济宁市交通可达性指标统计　　表3-4

道路交叉点可达性	数量(个)	比例(%)
1	111	14.3
3	375	48.3
4	247	31.7
5	42	5.4
6	2	0.3

在GIS环境下,对可达性指标数据进行空间插值,生成可达性GRID数据层,分别与济宁市交通发生与吸引GRID进行空间交叉分析,对获得的GRID进行统计分析,获得可达性与交通发生、吸引的关系,如图3-15和图3-16所示。从图中可以得到:①济宁市道路可达性与交通发生、吸引之间呈现低高低的趋势。②交通发生量与吸引量集中在可达性指标为3的地段,当交通发生与吸引量最大值,分别为11028829次和11215730次时,可达性指标为3,这主要是有城市内三岔路口较多造成的。③总的来看,可达性指标较小或者较大时,交通发生量与吸引量都偏小,尤其当可达性指标大于5后,交通发生量与吸引量迅速减小,其中可达性指标为1时,交通发生量与吸引量分别是606570次和587846次;可达性指标为6时,交通发生量与吸引量分别是2985次和5959次。

城市空间形态对城市交通发生量与吸引量的影响属于短期效应,而城市空间形态的形成却是长期演变的结果。通过对城市空间形态与交通生成的关系研究,分析各种城市空间形态指标对城市交通发生量和吸引量的影响,能够真实地反映当前城市空间形态是如何作用于城市交通的,为规划者提供定量的分析,使之更好地把握城市形态与城市交通相互配合。

本章选取城市空间形状、土地利用混合熵和可达性三个城市空间形态指标,运用GIS空间分析功能,分别研究了各项指标与城市交通生成的关系,研究结果表明:①处于平原地区的城市空间形状近圆率较高,交通发生与吸引也具有较强的向心性;处于沿海山区的城市空间形状近圆率较低,交通发生与吸引相对分散,从另外一个角度也反映了地形因素对城市交通生成的影响。②土地利用混合度从根源解释了交通生成,在一定的混合强度范围内,混合熵越高,交通生成越小,然而当混合强度必须达到一定的规模后,才能发挥土地利用混合的优势,而且两者的关系并非一直都是单调相关的。③可达性指标是促使交通生成的一个直接作用因素,高可达性将带来高出行频率,但并不意味着交叉口连接道路的数量越多越好,当进口道路超过 4 个且交通流量较大时会带来混乱的交通秩序,而影响周边的交通生成。

3.3 城市密度对交通需求的影响分析

城市密度是衡量一个地区交通发生的重要因素之一,它不仅能够很好地反映交通需求的强度,而且提供了一条定量分析城市交通需求影响因素途径。本章以两个具有不同地貌形态特征的城市——大连和沈阳为例,采用 GIS 的空间分析功能,克服常规计算密度的平均性,计算获得能够反映密度差异的城市密度,并根据城市交通需求的特点,把城市密度分为单密度和符合密度两种,通过空间统计分析,分析各种城市密度对交通发生、出行距离、出行时间和出行方式的影响。

城市密度是单位土地面积上人类生产、生活的集约程度,它客观地反映了城市空间范围内人类社会活动强度,同时也反衬了城市土地利用的开发强度。城市密度与土地利用混合利用密切相关,因此城市密度能够给出很多指示信息。此外,考虑到研究数据的匮乏,城市密度又是研究交通需求的重要指标。在相关城市规划发展的很多学科中,大多数的数据都是以面状区域采集和分析的,如各种统计数据和观测数据,可以说,城市密度为我们认识城市发展变化规律提供了定量分析和定性描述的一种有效途径。在城市交通规划中,影响交通需求的因素很多,如人口、就业和购物等,而且很多都是以统计、调查和观测为主,除了利用数理统计等相关分析方法外,基于各种影响因素密度的相关分析能够很好地体现相互作用的空间性。

通常情况下,城市密度计算方法是某个因素的统计总量与统计范围面积之比,这样获得的城市密度反映的是区域内平均密度,并没有很好地刻画出统计范围内该因素详细的空间差异。地理信息系统具有强大的空间分析功能,它能够把通过统计和调查等方法获取的离散数据按照一定的空间计算方法转化成连续的空间分布数据,并且很好地反映出空间差异。为此,本章利用地理信息系统的空间分析技术,将研究区域划分为一定分辨率的格网,按照相关分析方法将交通需求构成因素和影响因素值分配到每一个格网中,提高城市密度的计算精度,并以此最为分析基础,探讨不同地形地貌城市的各种密度对交通需求的影响。

3.3.1 研究区基本情况

城市空间的不同属性对于交通需求的影响也有所不同,其中城市密度是一个重要的空间统计指标,为了确保研究成果的一般性,主要选取了位于不同地形地貌条件下的两个城市作为研究对象,分别是平原城市沈阳和丘陵城市大连。

不可否认,自然条件影响了城市的开发空间范围、开发强度、开发聚集程度,进而影响了城市空间形态和城市交通需求的空间分布情况。这也是选择两种地形地貌不相同的两个城市作为研究案例的初衷,在对比分析之前,首先对大连和沈阳两个主要研究城市交通需求的基本状况作以简单介绍。

大连市建成区总用地规模 146. 1km^2,其中中心城区城市建设用地为 126. 1km^2,2006 年人均 GDP 达到 49505 元。2004 年居民出行调查数据表明,居民平均出行次数为 2. 14 次,出行目的中上班、上学、购物和回家占总出行的 80% ~90% 。

表 3-5 分别给出了大连市 2004 年中心城区、开发区和旅顺区居民出行方式构成,从调查结果可以看出:

1) 中心城区

公共汽车和步行是大连市居民出行的主要方式,两者共占到 85. 45% 。自行车的出行比例为 2. 63% ,自行车出行方式比例很低的一个重要原因是大连城区地处长白山脉余脉，市区以丘陵为主，地势变化幅度较大，过多的地形起伏限制了自行车出行，因此大连市中心城区公共汽车和步行成为主导交通出行方式。

2004 年大连市各区域居民出行方式构成 表 3-5

交通方式	中心城区	开发区	旅顺区
步行	36.49%	55.43%	68.76%
自行车	2.63%	5.16%	10.26%
摩托车、助力车	1.10%	1.85%	4.66%
公共汽车	48.96%	17.83%	8.24%
单位班车	5.52%	10.15%	4.87%
出租汽车	1.10%	1.50%	1.30%
私家车	3.38%	6.71%	1.30%
其他	0.82%	1.37%	0.62%

2）开发区

步行是开发区居民出行的主要方式，占全部出行比例的 55.43%，其次是公交出行，两者加和共占总出行的 73.26%。此外，开发区单位班车出行比例明显高于其他两个地区，这与目前开发区发展阶段和所扮演的角色相适应。

3）旅顺区

旅顺区居民出行的最主要方式是步行，所占比例高达 68.76%，这主要是旅顺区原理中心市区和所辖市区范围较小导致的。

沈阳市国土总面积为 1.3 万 km^2，其中市区面积 3495km^2。2006 年底，市区人口达到 499.9 万人，人均 GDP 达到 30400 元。根据 2004 年沈阳市居民出行调查数据，人均出行次数为 2.43 次；出行目的构成方面，除回程外，上班出行比例最大，达 21.75%，其次为生活购物和上学，比例分别为 8.15%、7.23%。这三种出行比例的和为 37.13%，因上班、生活购物、上学和相应的回程出行引起的出行比例约大于 70%。从沈阳市居民交通出行方式的结构变化（图 3-17），可以看出沈阳市的居民出行方式主要由自行车、步行、公交组成，其中前两类交通出行方式占全部出行的 68.1%，这说明至 2004 年，沈阳市仍然是一个以私人交通方式为主的城市。

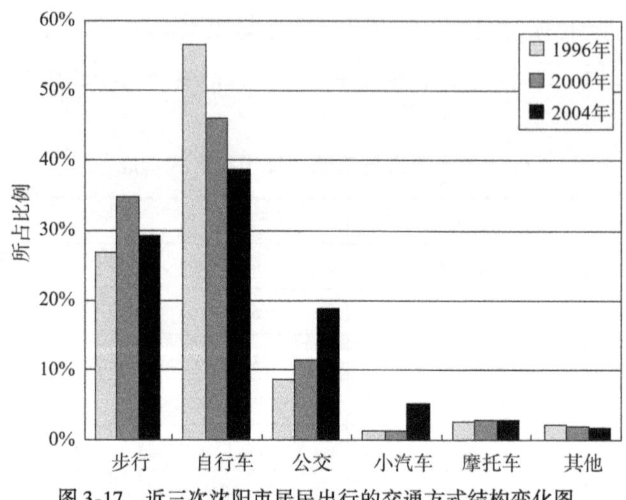

图 3-17　近三次沈阳市居民出行的交通方式结构变化图

3.3.2 研究方法与思路

城市密度采用单密度、复合密度两种类型的衡量指标,其中单密度包括人口密度、就业密度和收入密度,复合密度包括居住-就业熵密度、居住-上学熵密度和居住-购物熵密度。交通需求方面则集中在居民出行次数、出行方式、出行距离和出行时间等方面。原理是利用土地利用方法和熵方法分别计算获得各种单密度和复合密度,然后使用 GIS 空间分析方法,生成各种密度 GRID,统计分析各种密度与交通需求指标之间的关系,提炼城市密度与交通需求之间的一般性规律。

1)单密度的计算方法

通常情况下,密度是由总量值除以占据的空间面积,实质上是平均密度,平均密度往往忽略了空间范围内的局部差异。因此,为了克服平均密度屏蔽掉的差异性,尽可能更加真实地反映各类密度空间分布的实际差异特性,利用城市密度与土地利用的紧密关系构建回归模型以获得差异性密度。基本的原理是:以街道、交通小区作为基本计算单位,以密度作为因变量、各类土地利用面积作为自变量,对每一个基本单位进行回归分析,提取与密度相关性较大的土地利用作为最终自变量,并以此建立整个城市密度与土地利用回归模型,最后应用到各基本单位中,获得城市密度。计算方法通过缩小统计单位的面积的模式,在一定程度上克服了平均密度的均质性。最终回归模型为:

$$f(x) = ax_1 + bx_2 + \cdots + qx_n \tag{3-3}$$

式中,x 为土地利用类型;a、b、q 等为系数。

单密度包括人口密度、就业密度和收入密度,空间网格 GRID 生成的计算方法采用利用空间插值的反距离权重法。计算公式如下:

$$Z = \frac{\sum_{i=1}^{n} \frac{1}{(D_i)^p} Z_i}{\sum_{i=1}^{n} \frac{1}{(D_i)^p}}$$

式中,Z 为估计密度值;Z_i 为实际密度值;D_i 为两点之间的空间距离值;n 为已知的实际密度值点数。

2)复合密度的计算方法

居住与就业、上学及购物三种复合密度能够很好地反映出居民出行的空间分布平衡状况,居住因素是交通发生和吸引的源泉,而就业、上学和购物是构成居民日常活动三个重要方面。复合密度的计算采用了信息熵的概念,具体的计算方法如下:

$$H = -\sum_{i=1}^{n}\sum_{j=1}^{n} X_{ij} \ln(X_{ij})$$

式中,H 是居住-就业熵、居住-上学熵和居住-购物熵;X_{ij} 是交通小区 i 到 j 就业出行概率、上学出行概率和购物出行概率。复合密度主要反映了居住与三大出行目的的空间分布关系。

3.3.3 单密度对交通需求的影响

在进行统计分析之前,首先要对数据进行预处理,生成具有一定空间分辨率的 GRID 数据,以便实现空间叠加分析和空间统计分析。根据两个城市建成区的空间范围不同,选取了不同的空间分辨率,其中沈阳是空间分辨率为 250m 的 GRID,大连是空间分辨率为 150m 的 GRID。

1)人口密度

人口密度是城市交通的一个重要因素。1963 年,Levinson 和 Wynn 首先进行了城市密度对交通需求的影响研究。人口密度对交通发生吸引的影响分析,采用 GIS 空间叠加分析功能,获取空间化后的人口密度与交通发生量、出行距离和出行时间的关系。图 3-18 展示的是大连市人口密度与交通发生情况,总

体上呈现“低—高—低”变化趋势，人口密度在 10000 人/km^2 附近，出现交通发生高峰区，出行次数集中在 40000 人/km^2 以内。人口密度小于 10000 人/km^2 时，单调递增；大于 10000 人/km^2 时，单调递减。

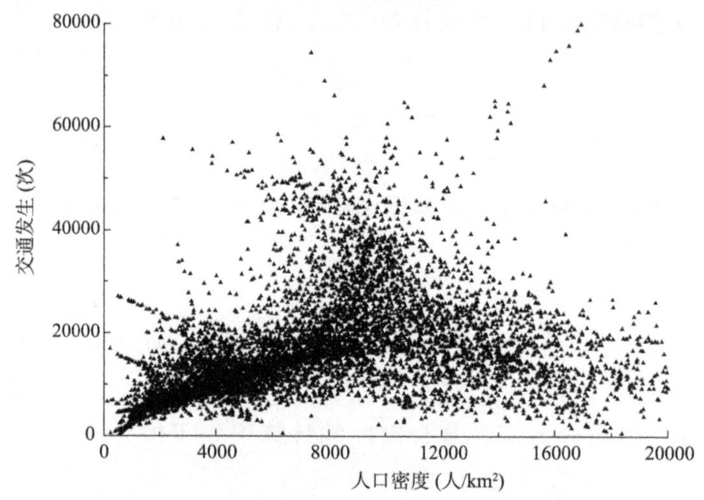

图 3-18　大连市人口密度与交通发生

沈阳市人口密度与交通发生基本上呈现了单调递增的关系，随着人口密度的增加，居民出行次数也随之增加。人口密度在 3000 人/km^2 以内，交通发生相对比较集中，而超过 3000 人/km^2 以后，总体上交通发生在增加，但呈现放射、离散状。如图 3-19 所示。

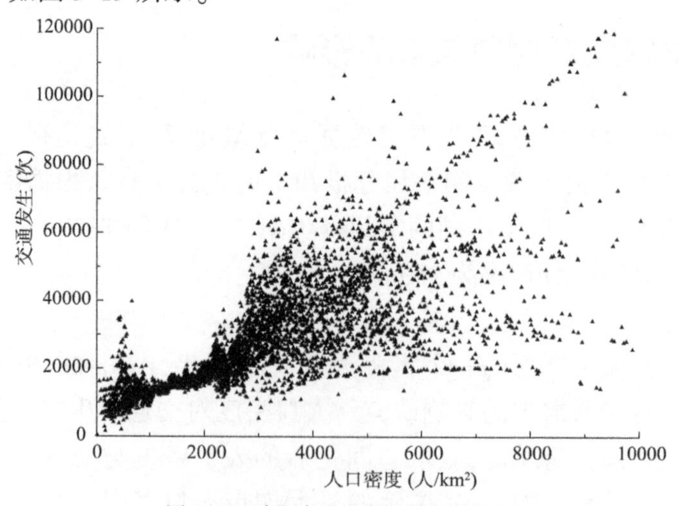

图 3-19　沈阳市人口密度与交通发生

人口密度与出行距离的关系，总体来看，两个城市的居民出行距离随着人口密度的增加，出行距离呈下降趋势。大连市居民出行距离集中在2000～4000m²，如图3-20所示；沈阳市居民出行距离集中在2000～6000m²，如图3-21所示。大连随人口密度的变化，居民出行距离保持比较集中式的减少；沈阳则在0～500人/km²和3000人/km²以上，保持比较发散式的减少，而在500～3000人/km²保持比较集中式的减少。

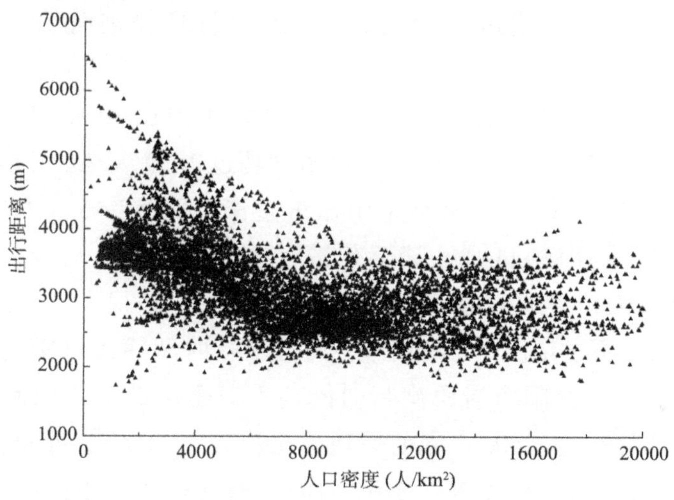

图3-20　大连市人口密度与出行距离

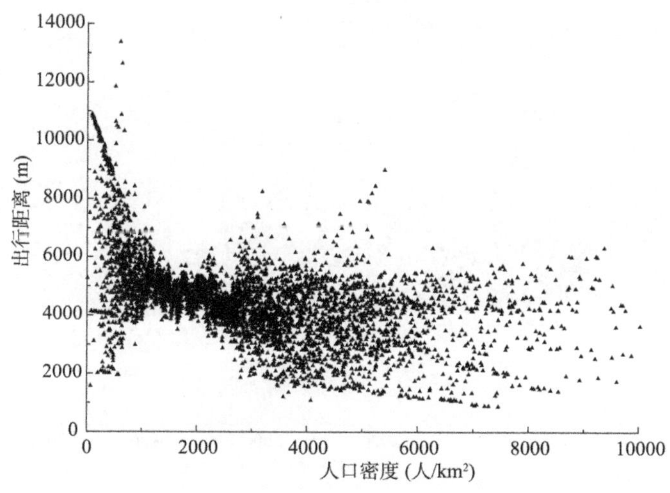

图3-21　沈阳市人口密度与出行距离

按照一般的认识，随着人口数量的增加，相应的居民出行次数必然增加。但是从大连实例来看，大连变化情况有所不同，出现了比较明显的抛物线变化曲线，说明随着人口密度的增长，居民出行次数并不是呈现单调递增的变化趋势。而沈阳居民出行随着人口密度的增长而增长。表明：不同的城市形态下，人口密度的增长与交通发生之间并非单调变化关系。人是交通生成的直接发动者，人口基数越大意味着出行基数也越大，但人口密度同样也有一个度，超过这个度，会导致出行环境恶化，必然带来出行减少。

在出行时耗上，大连市居民出行的平均时耗集中在40min左右，沈阳市居民出行时耗集中在50min左右，而且人口密度超过3000人/km^{2}以后，出行时耗明显呈现发散态势，大体上表现为从100min逐渐下降到25min左右，但也有部分居民的出行时耗为150min的，甚至有部分超过2h。

大连市随着人口密度的增长，出行时间变化并不是很大，但总体上仍然存在着降低的趋势，不过幅度并不是很大，而且出行时间随人口密度呈集中式变化，如图3-22所示。沈阳市居民出行时间与人口密度的变化没有特别明显的规律，人口密度在3000人/km^{2}之前呈现了比较集中的变化，但单调性不强，大于3000人/km^{2}以后，呈现发散式变化，且有上升变化也有下降变化，如图3-23所示。

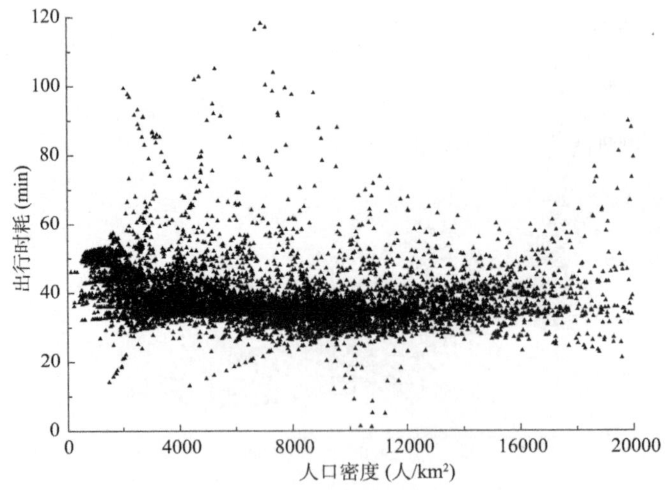

图3-22　大连市人口密度与出行时耗

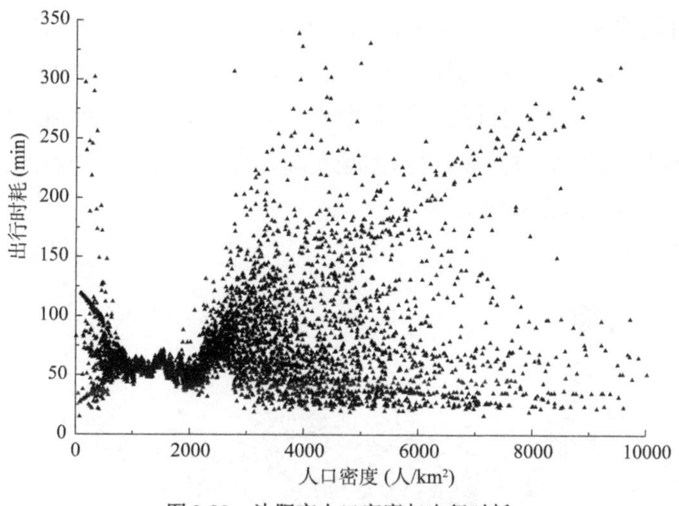

图 3-23　沈阳市人口密度与出行时耗

2)岗位密度

受数据的限制,岗位密度的研究区是沈阳,岗位密度的计算方法与人口密度方法一致。沈阳市岗位密度与交通发生之间的变化关系曲线如图 3-24 所示,沈阳市岗位密度和交通发生的变化趋势与人口密度和交通发生的变化趋势相似,总体上随着岗位密度的增加,居民出行次数也随之增加。岗位密度在 750 人/km^2 之前,主要以集中式递增为主,而在 750 人/km^2 之后,主要以发散式递增为主。

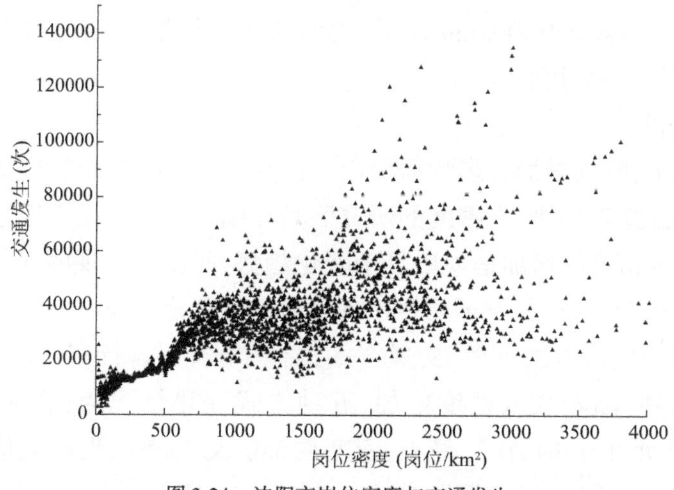

图 3-24　沈阳市岗位密度与交通发生

沈阳市岗位密度与出行距离的变化呈现了“高—低—高”的曲线，其中岗位密度750岗位/km^2是变化的转折点，在750岗位/km^2之前，居民出行距离递减变化，且变化斜率较大，出行距离集中在2000～10000m；而在750岗位/km^2之后，随岗位密度的增加，居民出行距离逐渐增加，变化斜率较小，出行距离集中在2000～6000m，如图3-25所示。

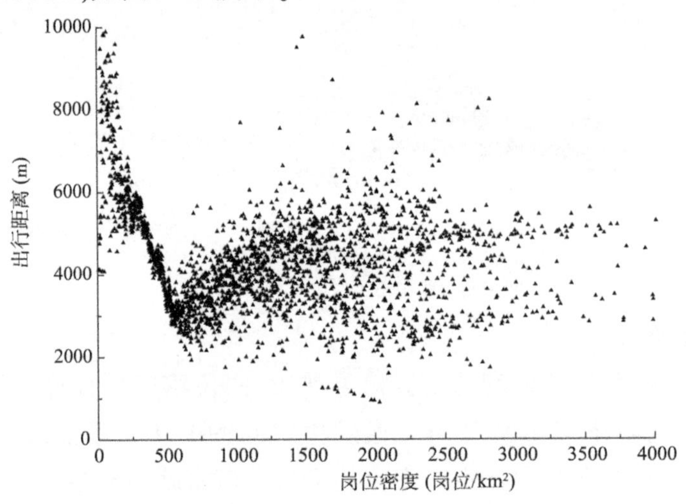

图3-25 沈阳市岗位密度与出行距离

沈阳市的岗位密度在250岗位/km^2之前，居民出行距离相对较高，说明这样的区域职住相对分散，工作单位与居住地分离严重；而岗位密度大于750岗位/km^2后，出行距离集中在5km以下，说明这种区域职住相对均衡，居民可以在工作单位附近选择住处。

3)收入密度

通常情况下，收入增加会影响居民出行次数、出行距离、出行时间等，尤其是对出行方式的选择影响，收入密度的研究区是沈阳。收入密度与交通发生，交通发生量随着收入密度的增加呈现出复杂变化趋势，并没有出现明显的规律性，收入密度在700元/km^2之后，交通发生出现明显的发散分布趋势。如图3-26所示。

收入密度与出行方式方面，交通方式选择了步行、自行车、公共交通、小汽车和摩托车五种，随着收入密度增加，五种方式变化情况为：收入密度在400元/km^2和650元/km^2时，出行最小，密度在550人/km^2出现极大值，基本上呈现“高—低—高—低—高”的发展模式。如图3-27所示。

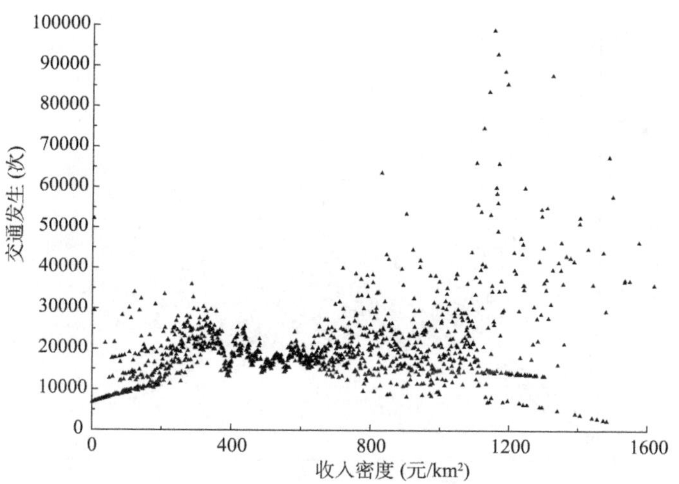

图 3-26　沈阳市收入密度与交通发生

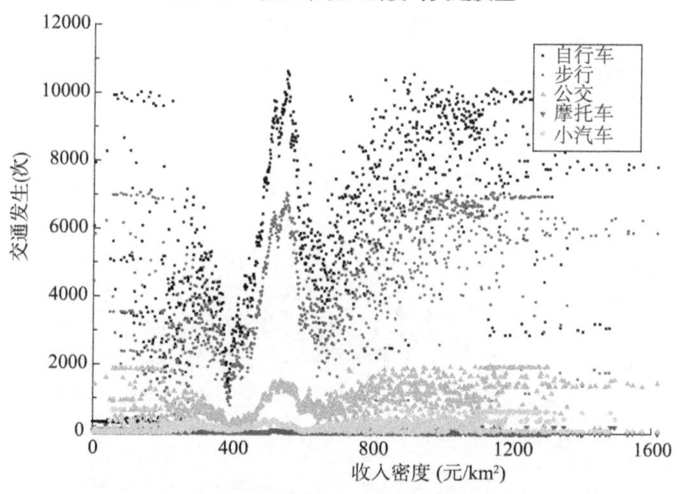

图 3-27　沈阳市收入密度与交通方式分担

收入密度与出行时间,基本上呈现“低—高—低—高—低”的发展态势,并没有表现出明显的变化规律,只是在局部收入范围区间内有一定的单调规律,总体上,收入水平在400元左右时,出行时耗最大,400元以下的出行时耗单调递增。如图3-28所示。

而收入密度与出行距离之间,虽然在局部区间内变化剧烈,但是两者大致呈现单调递增的发展关系。如图3-29所示。

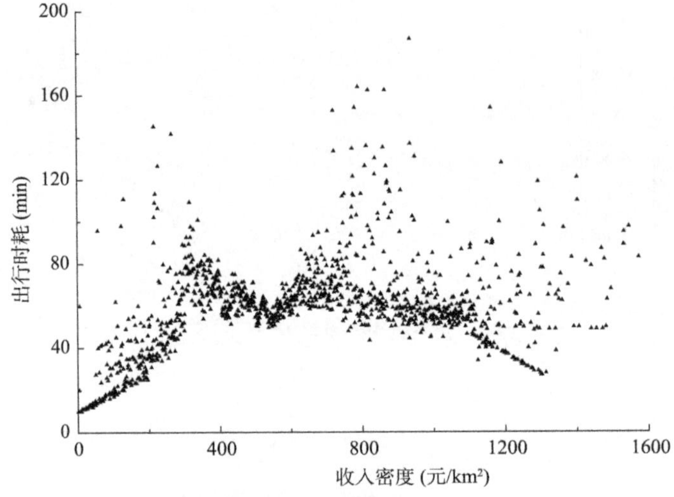

图 3-28　沈阳市收入密度与出行时耗

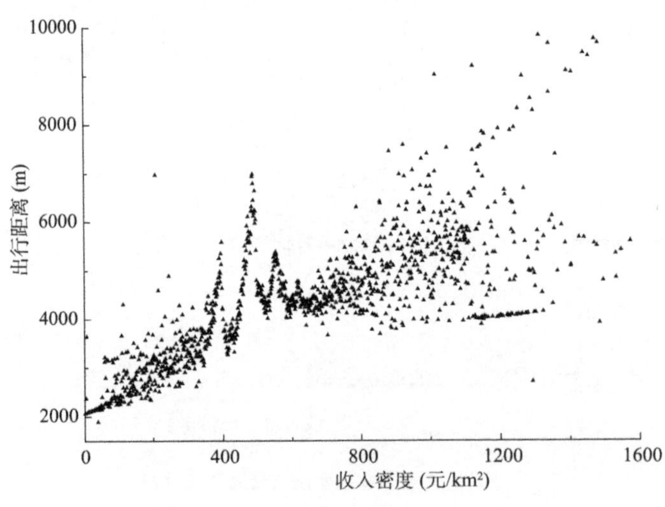

图 3-29　沈阳市收入密度与出行距离

3.3.4 复合密度对交通生成的作用分析

居民出行目的与其所在国家和地区的城市，出于经济运行体制、经济发展水平、居民家庭收入和消费习惯、宗教信仰、生活作息规律以及土地利用布局等不同,因而居民出行目的结构方面存在较大的差异。欧美、日本等经济发达国家城市,居民购物、文化娱乐、社交及探亲访友等与生活有关的出行较多,一般占到全部出行的20%甚至30%以上。而我国城市由于居民家庭收入长期以来处在较低水平,生活性出行所占的比例基本上都在20%以下,部分经济不发达的中小城市甚至低于10%,故通勤出行(基本出行)所占的比例较高(表3-6)。近年来,随着经济的迅速发展,我国城市居民的生活性出行也较以往有了较大幅度的增加,个别经济较发达的大城市,其居民生活性出行的比例已经超过了20%。

中、日、美三国部分城市居民出行目的构成 表3-6

国家	城市名称	年份(年)	上班(%)	上学(%)	公务(%)	私人生活(%)					回家(%)
						购物	文化娱乐	社交	其他	合计	
中国	北京	2004	26.32	8.11	2.41	4.58	3.52	1.54	6.63	16.27	46.89
	天津	2000	17.39	8.97	1.08	13.59	4.71	2.53	3.7	24.53	48.03
	上海	1995	27.7	9.1	1.9	2.8	2.2	10.1		15.1	46.76
	沈阳	2004	21.57	7.23	1.95	8.15	5.3	2.57	6.23	22.25	45.91
	西安	2000	21.58	9.54		10.62	2.93		10.03	23.58	45.3
	郑州	2000	22.94	8.63	2.18	6.66	5.48	1.84	4.41	18.37	47.88
	石家庄	2000	25	9	2	7	3	1	5	16	48
	杭州	2000	23.09	7.19	2.9	10.25	3.52	2.59	6.08	22.43	44.39
日本	京阪神	1990	14.8	8.7	13.5					22.3	40.7
	东京	1978	13.4	9.7	12.2					24.1	40.6
	中京	1971	13.1	8.5	16.6					20	41.8
	滨松	1975	11.7	8.3	18.1					22.2	39.7
	金泽	1974	12.1	8	18.8					23.3	37.8
美国	芝加哥	1976	15	2.4	3.2	13.1	13.4		10.1	36.6	42.6
	明尼波利斯及圣保罗都市区	1990	12.54	3.2	5.51	12.31			24.21	36.52	33.21
	圣弗朗西斯科海湾都市区	1990	18.8	6.2	4.7		11.4		23	34.4	35.9

从几个案例城市出行目的来看,我国城市居民的出行目的主要是集中在上班、上学、回家等,例如大连市居民基本出行所占比例更是达到80% ~90%。

复合密度主要涉及居住-就业熵密度、居住-上学熵密度和居住-购物上密度。上班、上学和购物是三个主要居民日常活动,居住与三者的协调性很大程度上决定了城市交通与土地利用的一体化规划的有效性。《雅典宪章》明确指出城市规划中,要处理好居住、工作、游憩和交通之间的关系,强调"有计划的确定居住与工业的关系"。国外众多的学者深入研究了"居住-就业"之间的关系,揭示居住用地与工业、商业用地之间的协调度。

熵是度量随机事件在某个试验中不确定程度的概念,利用居住与就业、上学、购物的熵可以衡量一个城市各类用地布局的合理程度。通常情况下,当熵值越大,居住与就业、上学、购物等用地均衡越高,居民出行活动的就近性就越高。

1)居住-就业熵

居住-就业熵计算了相等属性值的出行量总和。统计结果表明:大连和沈阳两个城市的居住-就业熵与交通发生的关系大致相同,表现为"低—高—低"的变化趋势,但是两者发生变化的区间有所不同。

大连市居住-就业熵有两个最大值,分别是 100 和 170,在 0 ~ 100 之间,随着熵密度的增加,居民出行总量也增加;在 100 ~ 150 之间短暂下降,之后居民出行量迅速增加,增加速度比上一个单调增长区间要快得多;在 170 ~ 250 之间波动不大,出行总量基本维持小幅振荡;过了 250 之后,出行总量迅速下降。如图 3-30 所示。

沈阳居住-就业熵与交通发生之间的两个最大值出现得比大连市要早些,尤其是出行最大量时熵值为 50,而大连是 170。沈阳另外一个极值点出现在 180 附近,此时的出行总量要比大连的多,这是由沈阳出行基数决定的。如图 3-31 所示。

按照居住-就业熵的基本原理,熵值越大,居民就业的就近性越高,出行也就越少,但是从上面的两个案例城市来看,居住-就业熵发展变化规律并非都一直是单调变化的。

2)居住-上学熵

大连市的居住-上学熵与居住-就业熵相似,虽然有部分阶段出现微小波动,但基本上呈现了单调递增的发展关系,说明大连市的居住-上学并没有得到很好的布局,跨越式发展明显。沈阳大体上呈现了“高—低—高”发展变化趋势,分界线是150,当熵值小于150时,随居住-上学熵的增加,交通发生量增加;当熵值大于150时,随着居住-上学熵的增加,交通发生量减少,表明:随着熵值的增加,就近性较高,但只是在特定的区间范围内,并非一成不变的。如图3-32、图3-33所示。

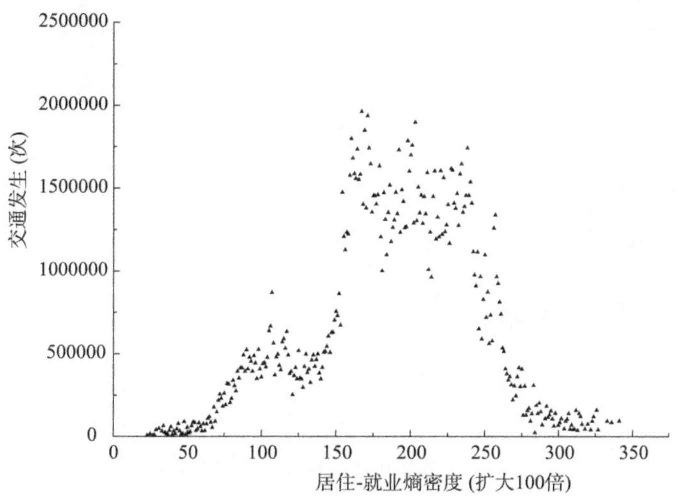

图3-30 大连居住-就业熵密度与交通发生

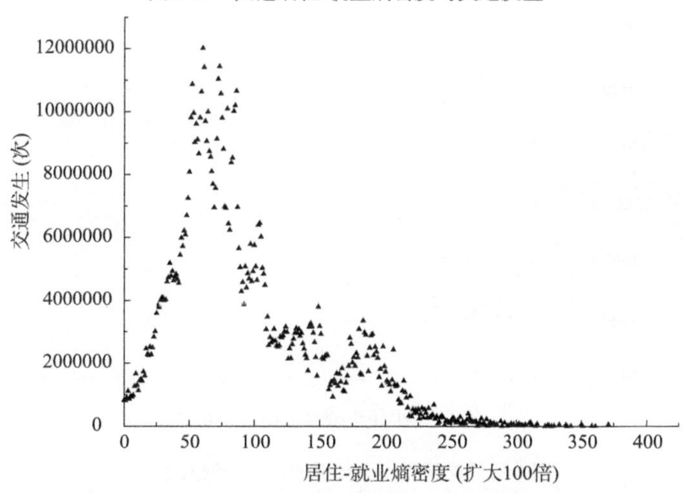

图3-31 沈阳居住-就业熵密度与交通发生

3)居住-购物熵

大连市的居住-购物熵表现得更加接近于单调递增关系,说明了大连市居民出行购物的跨越式表现愈加强烈。而沈阳在 65 之前，出现了随居住-购物熵值的增加，交通发生递减的发展趋势，体现了随着熵值的增加，就近性越大的规律；在 65 ~ 150 之间，出现了居住-购物熵值递增；超过 150 之后，随着熵值的增加，交通发生有部分增加、部分减少的趋势。如图 3-34、图 3-35 所示。

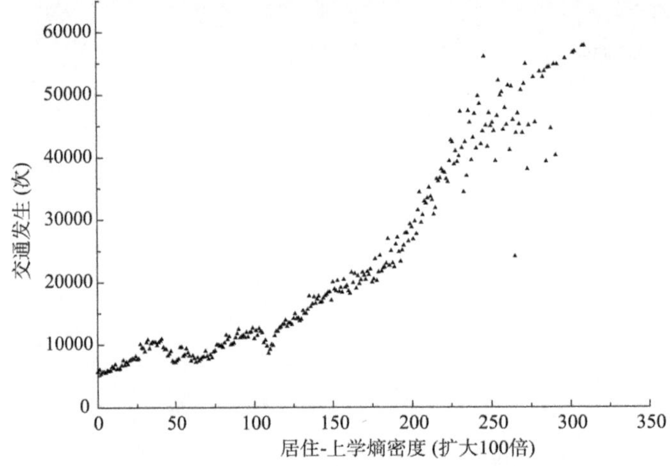

图 3-32　大连居住-上学熵密度与交通发生

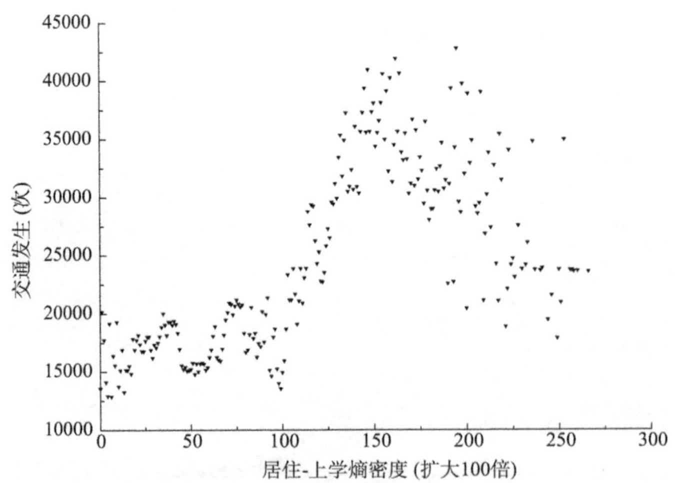

图 3-33　沈阳居住-上学熵密度与交通发生

城市单密度是决定交通生成的重要因素之一，但是与交通生成量并非单调相关的，城市空间形状较为复杂的城市（大连），表现得更为剧烈些，但总有一个极值过后，使得两者之间的变化关系趋于单调相关。

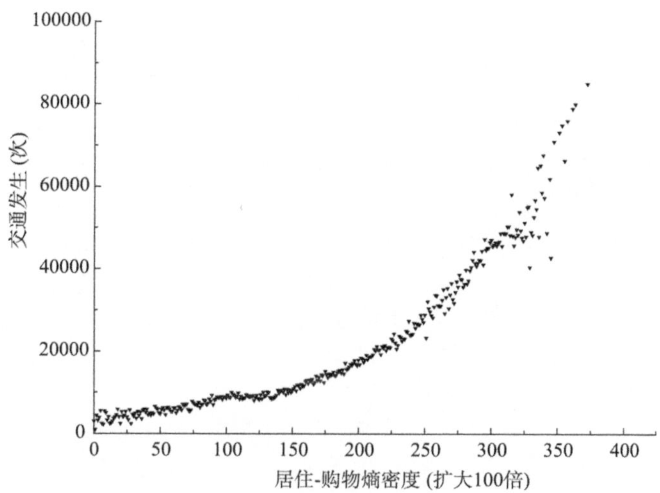

图3-34　大连居住-购物熵密度与交通发生

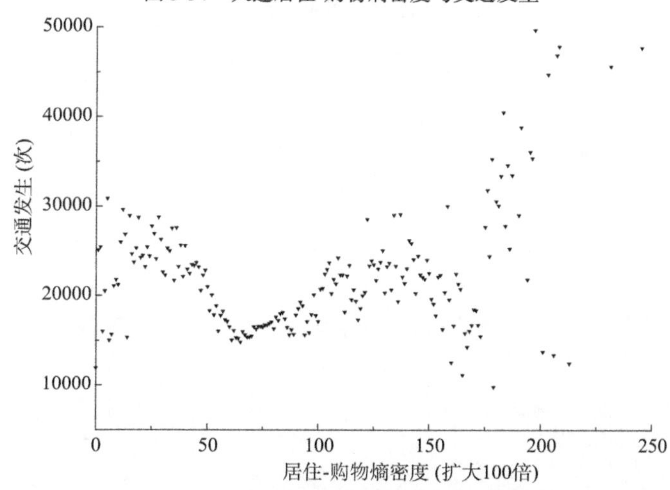

图3-35　沈阳居住-购物熵密度与交通发生

城市复合密度(居住就业、居住上学和居住购物)反映了与居民生活息息相关的交通出行,是产生城市交通需求的几个重要方面。不同城市的复合密度与出行目的之间的关系并没有呈现相似的规律,总体来说,城市地形、地貌特征决定城市土地利用空间结构和形态,进而影响出行目的的空间分布状况。

通过对城市单密度、复合密度与交通需求之间变化关系的计算,可以清晰地获得每一个城市科学、合理的居住与就业、上学和购物空间配置参数。

第 4 章

考虑空间异质性的城市公共交通系统发展评价

4.1 评价指标体系现状

4.1.1 国外城市公共交通系统评价指标体系概述

国外对城市公共交通系统评价的主要研究方向是城市公交线网优化、定量评价、调查方案设计和公交服务质量的因素分析等方面，在研究过程中采用了公共交通数学模型构建、调查方案设计等相关理论方法。

Alter 选取了出行时间、可达性、服务频率、直达系数及客流密度作为吸引潜在乘客的 5 项服务质量水平评价指标。David A. Hensher 对公共交通服务质量中潜在、重要维数的集合识别进行了研究，探讨建立一种测定每个特性以及识别它们之间相对重要性的方法，并给出了一种定量计算服务质量以及比较在相同和不同公交运营企业之间的服务水平的方法。Botzow 对美国旧金山市快速交通系统的出行服务质量进行了评价分析，主要选取了由用户直接感知而与模式无关的变量：总行程速度和途中延误以及与车辆相关的舒适因素，包括密度、加速度、颠簸、温度、空气流量和噪声，并给出了相应的分析评价方法。Dhingra 等在考虑了 9 项指标因素的基础上对印度德里市三条公交线路的不同运行情况进行了细致的分析。

4.1.2 国内城市公共交通系统评价指标体系概述

国内对城市公共交通系统评价的研究主要集中在评价指标计算方法的改进、评价指标的选取、评价方法的研究与应用、公交线网的优化、公交的安全与快捷等方面，在研究过程中主要采用了评价模型、评价指标体系结构等相关理论方法。

王炜等针对城市公共交通发展整体水平评价而建立的一个多层次综合评价指标体系，它的子目标层由设施水平、服务水平、效益水平构成，衡量指标层由12项指标构成，而指标项层由30项指标构成。

姚雪珍提出了一种考虑了经济效益、社会环境影响和技术性等因素的公共交通评价指标体系。

程丹以武汉为典型案例确定了公共交通经济效益水平、公共交通服务水平、公共交通硬件水平、公共交通可持续发展水平四个评价模块。选定了公交站点覆盖率、公交车辆拥有率、全天满载率等评价指标，使用层次分析法计算出了每个指标的权重，并利用灰色关联度法对项目优化备选项进行了排序，最后用灰色评估法对系统进行了综合评价。

凤晓梅建立了基于GIS的公交评价指标体系，给出了各指标的标准化值，以及基于GIS的城市内部不同区域线路重复系数、站点覆盖率和线网密度的计算方法。建立了结合AHP的模糊综合评价模型，并将此模型应用到公共交通综合评价中。确定了线网密度、人口密度、站点覆盖率和线路重复系数四个聚类因子，并进行了分区域的灰色聚类分析。

匡星首先建立了BCSI(Bus Consumer Satisfaction Index)模型，并设计了乘客服务满意度调查方案，在选取了线网密度等12个评价指标之后，利用TransCAD软件自带的客流分配和空间分析工具，对城市公共交通的服务水平进行了分析。之后给出了针对城市内部不同线路、区域的公交线路客运水平及公交线网布局水平指标的计算方法。最后利用灰色聚类法及基于层次分析法的灰色聚类法，分别对公交线网性能进行了评价，并对两种评价方法进行了对比。

乔欢构建了线网指标等16个指标，并运用模糊综合评价方法对某城市的公共交通发展水平进行了综合评价。

徐以群等首先阐述了现代城市公共交通的服务水平指标体系的形成原理，并在此基础上提出了公共交通服务水平的指标体系，选取班次间平均时间间隔、营运时间、乘载率、班次间时间间隔准确率、车站覆盖率、最大公交出行时耗等指标。

黄莎等建立了针对我国中小城市公共交通评价指标体系，将评价指标分为两大类：第一大类为体现公共交通规划、建设水平的指标，分别从线网、场站、车辆等方面反映城市公交建设规模、政策环境、发展基础及潜力；第二类为体现公交服务水平的指标，从安全、方便、迅速、准点、舒适、经济等多方面反映运营特征、管理水平,这是公交发展水平最直接的体现。最后,将城市公交基础建设水平和公交服务水平两个方面综合起来,合理评价中小城市的公共交通系统。

黄永刚等首先建立了由线路技术水平(线路平均长度、线路非直线系数、线路重复系数)、线网设施水平(线网密度、站点覆盖率、公交车辆拥有率)及线网服务水平(平均出行时耗、平均换乘系数、平均满载率)组成的公交线网规划指标体系,然后提出了利用主成分分析法对公交线网规划进行综合评价的步骤。

张晓提出了系统、科学、实用的面向政府的公共交通发展水平的宏观评价指标体系以及面向公共交通系统使用者的中微观评价指标体系。然后利用专家调查法确定了指标权重,采用模糊综合评价方法对系统进行了综合评价。

张席洲分析评估乘客及公交公司的受益情况,共选择了 10 个指标来权衡两者的利益,并建立了层次分析模型以及利用定性定量分析相结合的层次分析法(AHP)确定指标权重。

胡启洲选取线路网络性能、经济效益、环境影响、客运能力、服务状况及乘客满意度为一级指标构建公交线网评价指标体系,通过定量分析为主,定量分析和定性分析相结合的方法,建立了城市公交线网多层次评价灰色关联模型。

陈茜等将常规公共交通发展水平指标分为三大类:第一大类为建设投入水平指标,分别从线网、场站、车辆、优先措施、投资计划等方面选取;第二大类为运营服务水平指标,从安全、方便、迅速、准点、舒适、经济、高效等方面选取;第三大类为综合效益指标,从经济效益和社会效益两个方面选取合适指标。

4.2 考虑空间异质性的城市公共交通评价指标体系构建

4.2.1 评价的要素

一般情况下,综合评价问题具有以下几方面的评价要素:

1)评价对象

同一种类被评价对象的个数必须大于1,否则评价就没有意义。若仅有一套城市公共交通线网规划方案,那么最佳的方案肯定只是它本身,就没有评价的必要了,也就失去了评价的意义。

2)评价指标

系统的各个运行状态可以用一个向量来表示,在向量中的每一个分量都代表系统的某一个状态,能反映系统的现状,因此称为系统的状态向量,即系统的评价指标体系。评价指标的选取要遵循一定的原则,下文进行详细的介绍。

3)评价者

评价者即参与评价的人或者团体,例如在城市公共交通系统的评价中相关的决策人员及相关专家即为评价者。评价者一般参与评价目的的确定、评价指标体系的建立、评价模型的建立及权重系数的确定。

4)评价模型

综合评价方法即通过建立一定的数学模型把多个评价指标转化为一个能够反映综合情况的一个整体性的综合评价值。评价模型一般有层次分析法、主成分分析法等。一般情况下,综合评价函数形式为:

$$y = f(w,x) \tag{4-1}$$

式中,$x = (x_1,x_2,\cdots,x_n)^{\mathrm{T}}$ 为系统的状态向量;$w = (w_1,w_2,\cdots,w_n)^{\mathrm{T}}$ 为指标的权重向量。

5)权重系数

权重系数表示指标在评价系统中的相对重要程度,同时也表达了评价指标之间的相关联的程度,它是根据组成事物的要素在整体中的作用和地位不同而赋予的一定数值。

指标权重系数具有非常重要的作用。首先,权重系数定量地表示了各个因素之间的相对重要程度,对评价系统有较强的影响功能。其次,权重系数反映了指标之间的重要程度的不均衡性,揭示了与其相对性的因素影响事物的价值上的差异。最后,指标权重系数还确定了各个因素之间以及指标与相应结果之间的关系,使得评价结果能够比较客观地反映出被评价对象的全貌。

假设是 w_i 评价指标权重系数,则:

$$\sum_{i=1}^{n} w_i = 1, w_i \geqslant 0 \qquad (i = 1,2,\cdots,m) \tag{4-2}$$

确定评价指标之后，评价权重系数直接影响综合评价的结果，权重系数设定是否合理，关系到评价结果的客观性、可靠性。

4.2.2 指标体系建立原则

评价是将一些归类的指标按照一定的规则和方法，对评判对象从其某一方面或多方面或全面的综合状况做出优劣评定。建立考虑空间异质性的城市公共交通评价指标体系，要从城市公共交通与空间区域发展的现状出发，基于空间差异引到城市公共交通的核心思想，建立具有操作性的、能够客观反映我国城市公共交通发展水平的指标体系，并从中直接反映出考虑空间异质性的城市公共交通存在的主要问题和改进方向。具体应遵循以下原则：

1）科学性原则

首先，建立的指标体系必须以公交模式的特性为依据，以科学的理论为基础，要求各指标能够科学、合理、客观地反映城市公共交通的各个方面。其次，指标权重的确定必须以科学理论为指导进行计算，这样最终得到的结果对实践才具有指导作用。

2）客观性原则

保证评价指标体系的客观公正，保证数据来源的可靠性、准确性和评估方法的科学性，且能够客观反映城市空间异质性与城市公共交通系统的发展程度。

3）系统性原则

城市空间系统与城市公共交通系统是城市发展系统内的一个大系统，而城市空间系统与城市公共交通系统本身又是该系统的两个子系统，因此，既要突出两个子系统及其形成的大系统的自身特性指标，又要兼顾其与城市发展系统相适应的指标。

4）简明性原则

拟定的指标体系必须要条理清楚、层次分明，且具有代表性，能准确清楚地反映问题。

5）动态性原则

公共交通与空间协调发展既是一个既定目标，又是一个动态发展过程，在一定时期应保持相对的稳定性，因此，评价指标体系应具有相应的动态性，综合反映公共交通与空间协调发展的趋势和特点。

6)可操作性原则

指标的测定不仅要在理论上反映较好,还必须有良好的可操作性,保证指标值能快速、准确地获取,以确保后续工作的正常进行。

7)可衡量性原则

考虑到研究空间异质性以及公共交通系统会涉及部分政策、心理等,无法衡量和测算,因此,构建指标要尽量兼顾其可衡量性,使其具有可操作性。

4.2.3 评价指标选取

城市公共交通系统是一个多目标、多层次、多因素的复杂系统,因此,其评价指标体系应是由若干个单项指标构成的有机整体,且能够反映公共交通与空间异质性在不同侧面的一体化发展程度,对系统当前的运行状态进行恰当的评价。

在指标的选取上除了遵循以上原则之外,还需考虑空间异质性。尽管空间异质性的普遍性和重要性已被学者所意识到,但空间异质性发生的尺度和程度还有待深入研究。在以往的研究中,对空间异质性的理解只是停留在定性分析或典型社区比较分析层面上,定量描述空间异质性有利于深化理解空间异质性对城市公共交通发展的影响。

1)公交运营水平评价

(1)车均公交场站面积。

①指标定义。

单位公交车辆拥有的公交场站面积(停车场+保养场)。

②指标意义。

加快公共交通场站建设,有利于公共交通车辆的停放、调度和运营管理,减少占路停车。该指标的设置是通过公交场站建设与公共汽电车数量间的关系,衡量城市公共交通场站建设成果。

③计算方法。

$$车均公交场站面积=\frac{城市地面公交场站用地面积}{城市地面公交车辆总标台数}$$

④指标说明。

该指标反映城市政府对公共交通土地利用方面的扶持力度。地面公交指地面常规公共汽电车交通和快速公交两种运输方式。

停车场:供运营车集中停放,备有必要设施且能进行低保和小修作业的场所。

保养场:在区域性线路网的重心处设置的进行运营车各级保养及相应的配件加工、修制和修车材料储存、发放的场所。

⑤单位及评价标准。

单位:m^2/标台,评价标准见表4-1。

车均公交场站面积分级表 表4-1

评价标准等级	一	二	三	四	五
指标	≥170	[150,170)	[130,150)	[110,130)	<110
指数分级	[90,100]	[80,90)	[70,80)	[60,70)	[0,60)

(2)IC卡普及率。

①指标定义。

使用IC卡的客运量与客运总量的比例。

②指标意义。

公交IC卡的普及率可体现城市公共交通社会服务管理水平的提高,通过提高公交IC卡普及率,可提高乘客上车速度,并提供票价打折优惠,同时可减少现金支付,避免投币零钞找补麻烦,有效防止因假币、残币引起的服务纠纷和疾病传染。

③计算方法。

$$\text{IC卡普及率} = \frac{\text{统计期内使用IC卡的乘客客运量}}{\text{城市公共交通客运总量}} \times 100\%$$

④指标说明。

该指标主要反映城市公共交通服务的便捷程度。该指标越高,反映城市公共交体系的便捷性越高。

⑤单位及评价标准。

单位:%,评价标准见表4-2。

IC卡普及率分级表 表4-2

评价标准等级	一	二	三	四	五
指标	≥80	[60,80)	[40,60)	[20,40)	<20
指数分级	[90,100]	[80,90)	[70,80)	[60,70)	[0,60)

(3)高峰小时平均运行速度。

①指标定义。

运营车辆在运营线路上实际运送乘客的速度。

②指标意义。

公共汽电车平均运送速度是衡量公共交通服务质量的重要指标。该指标的设置是为了考核城市公共交通的服务效率和快捷程度。

③计算方法。

$$\text{高峰小时平均运行速度} = \frac{\sum \text{运营线路在主要公交客流走廊上的里程}}{\sum \text{运营线路在主要公交客流走廊上的行驶时间}}$$

④指标说明。

该指标为考核公共交通服务质量的核心指标,主要反映城市地面公交的通行能力以及政府对公交优先的保障程度。

⑤单位及评价标准。

单位:km/h,评价标准见表4-3。

高峰小时平均运行速度分级表 表4-3

评价标准等级	一	二	三	四	五
指标	≥20	[17,20)	[14,17)	[11,14)	<11
指数分级	[90,100]	[80,90)	[70,80)	[60,70)	[0,60)

(4)责任死亡事故频率。

①指标定义。

城市公共交通系统责任事故死亡总数与公共交通运营里程的比。

②指标意义。

公交车辆在运行过程中,驾乘人员应警惕交通事故的发生,保障车辆安全运行。该指标的设置是为了通过公共交通车辆行驶里程与行车责任事故的关系,来评价整个公交系统安全性。

③计算方法。

$$\text{责任死亡事故频率} = \frac{\text{城市公共交通系统责任事故死亡总数}}{\text{公共交通运营里程(百万公里)}}$$

④指标说明。

该指标主要反映公共交通系统的安全性。

⑤单位及评价标准。

单位：人/百万公里，评价标准见表4-4。

责任死亡事故频率分级表 表4-4

评价标准等级	一	二	三	四	五
指标	≤0.01	(0.01,0.02]	(0.02,0.03]	(0.03,0.05]	>0.05
指数分级	[90,100]	[80,90)	[70,80)	[60,70)	[0,60)

(5)责任事故频率。

①指标定义。

城市公共交通系统责任事故总数与城市公共交通总运营里程之间的比。

②指标意义。

公交车辆在运行过程中，驾乘人员应警惕交通事故的发生，保障车辆安全运行。该指标的设置是为了通过公共交通车辆行驶里程与行车责任事故的关系，来评价整个公交系统安全性。

③计算方法。

$$\text{责任事故频率}=\frac{\text{城市公共交通系统责任事故总数}}{\text{城市公共交通总运营里程(百万公里)}}$$

④指标说明。

该指标是反映公共交通系统的安全性能的重要指标，也是提高公共交通服务水平，提高公共交通分担率的一个客观反映。

⑤单位及评价标准。

单位：次/百万公里，评价标准见表4-5。

责任事故频率分级表 表4-5

评价标准等级	一	二	三	四	五
指标	≤1.0	(1.0,1.2]	(1.2,1.5]	(1.5,2.0]	>2.0
指数分级	[90,100]	[80,90)	[70,80)	[60,70)	[0,60)

(6)新能源车比例。

①指标定义。

新能源公交车占所有公交车辆的比率。

②指标意义。

混合动力公交车辆相比传统燃油大巴，可节能20%～30%；纯电动公交车辆不消耗燃油、零排放、无污染,通过推广使用新能源汽车,可节约燃油,减少二氧化碳排放,推进交通运输行业节能减排工作。该指标的设置是为了考核城市公共交通车辆组成结构,推动新能源车辆的使用。

③计算方法。

$$新能源车比例 = \frac{达到国Ⅲ以上排放标准的城市地面公交车辆}{城市地面公交车辆总数} \times 100\%$$

④指标说明。

该指标反映车辆装备的节能减排情况。

新能源车辆总数(节能环保车辆总数),包括混合动力车、纯电动车(BEV,包括太阳能车)、燃料电池电动车(FCEV)、氢发动机车、其他新能源(如高效储能器、二甲醚)车及电车(有轨、无轨电车)。

⑤单位及评价标准。

单位:%,评价标准见表4-6。

新能源车比例分级表 表4-6

评价标准等级	一	二	三	四	五
指标	≥70	[60,70)	[50,60)	[40,50)	<40
指数分级	[90,100]	[80,90)	[70,80)	[60,70)	[0,60)

2)公交服务水平评价

(1)公共交通分担率。

①指标定义。

统计期内居民出行方式中选择公共交通(包括常规公共交通、快速公共交通和轨道交通,不包括出租汽车、班车、校车)的出行量占总出行量的比率。

②指标意义。

该指标是衡量公共交通发展、城市交通结构合理性的关键指标。

③计算方法。

$$公共交通分担率 = \frac{年度城市公共交通客运量}{年度城市客运总量} \times 100\%$$

④指标说明。

公共交通客运量包含有城市公共汽电车、快速公交、轨道交通、轮渡客车等(不包含出租车),城市客运总量不含步行、自行车。

⑤单位及评价标准。

单位:%,评价标准见表 4-7。

公共交通分担率分级表　　表 4-7

评价标准等级	一	二	三	四	五
指标	≥40	[35,40)	[30,35)	[25,30)	<25
指数分级	[90,100]	[80,90)	[70,80)	[60,70)	[0,60)

(2)高峰小时满载率。

①指标定义。

在高峰小时内,通过最大客流断面的各车次载客量之和与额定载客量之和之比。

②指标意义。

高峰小时公共交通平均满载率是用于评价高峰小时公交工具投放效益、验证运力配备和运用是否适应乘客实际需求的重要指标,可反映乘客出行舒适程度,是编制或修订运营作业计划、调整公交运载工具投放数量和投放方向的重要依据。

③计算方法。

$$\text{高峰小时满载率} = \frac{\text{高峰小时高断面客流通过量}}{\text{高峰小时通过车次的客位数}} \times 100\%$$

④指标说明。

该指标反映城市公共交通乘车环境的拥挤程度,是衡量公交服务舒适度的重要指标。

⑤单位及评价标准。

单位:%,评价标准见表 4-8。

高峰小时满载率分级表　　表 4-8

评价标准等级	一	二	三	四	五
指标	[60,90)	[90,100)	[100,110)	[110,120]	<60 或 >120
指数分级	[90,100]	[80,90)	[70,80)	[60,70)	[0,60)

(3)公共交通满意度。

①指标定义。

在统计期内,对服务质量满意的乘客数占被调查乘客总数的百分比。

②指标意义。

该指标设施通过乘客满意度调查和统计数据分析，以期揭示公交服务存在的不足之处，为寻找改进公共交通服务绩效的有效途径提供数据支持。

③计算方法。

$$公共交通满意度=\frac{对城市公共交通服务质量满意和比较满意的乘客数}{被调查乘客总数}\times 100\%$$

④指标说明。

该指标是反映城市公共交通系统提供服务水平的重要指标。该指标越高，说明城市公共交通的服务质量越好。

⑤单位及评价标准。

单位：%，评价标准见表4-9。

公共交通满意度分级表 表4-9

评价标准等级	一	二	三	四	五
指标	≥90	[80,90)	[75,80)	[70,75)	<70
指数分级	[90,100]	[80,90)	[70,80)	[60,70)	[0,60)

(4)公共交通发车正点率。

①指标定义。

运营车辆在运营线路上正点发车的次数与全部发车次数之比。

②指标意义。

该指标是一项反映正班公交车按调度指令在始发站正点发车的质量指标，可反映运营车辆按规定时间正点发车运行的程度和分公司运营现场对发车指令的执行能力，是保障乘客乘车可靠性的关键指标。

③计算方法。

$$公共交通发车正点率=\frac{准时到达首末站的城市地面公交车辆}{城市地面公交营运车辆总数}\times 100\%$$

④指标说明。

准点率是乘客是否愿意选择公共交通的关键因素，主要反映了城市公共交通的可靠性。提高城市公共交通的准点率能吸引更多的乘客选择城市公共交通出行。

⑤单位及评价标准。

单位：%，评价标准见表4-10。

公共交通发车正点率分级表　　表 4-10

评价标准等级	一	二	三	四	五
指标	≥98	[92,98)	[86,92)	[80,86)	<80
指数分级	[90,100]	[80,90)	[70,80)	[60,70)	[0,60)

(5)公共交通平均换乘系数。

①指标定义。

公共交通乘车出行人次与换乘人次之和除以乘车出行人次。

②指标意义。

该指标是衡量乘客出行直达程度和便捷性的重要指标,城市公交应尽量做到直达、快捷,减少乘客换乘。

③计算方法。

$$公共交通平均换乘系数 = \frac{乘车出行人次 + 换乘人次}{乘车出行人次}$$

④指标说明。

乘客平均换乘系数是衡量公交乘客直达程度、反映乘车方便程度的指标。城市公交应尽量做到直达、快捷,减少乘客换乘。《城市综合交通体系规划标准》(GB/T 51328—2018)给出了整个网络平均换乘系数:大城市乘客平均换乘系数不应大 1.5;中、小城市不应大于 1.3。

⑤单位及评价标准。

单位:无,评价标准见表 4-11。

公共交通平均换乘系数分级表　　表 4-11

评价标准等级	一	二	三	四	五
指标	≤1.3	(1.3,1.4]	(1.4,1.5]	(1.5,1.6]	>1.6
指数分级	[90,100]	[80,90)	[70,80)	[60,70)	[0,60)

3)公交线网水平评价

(1)公共交通线路网密度。

①指标定义。

在公共交通线路网内,每平方公里城市用地面积上各道路中心线长度的总和。

②指标意义。

该指标大小可用于衡量公共交通线网分布均衡性,反映居民接近公交线路的程度。此外,该指标还可反映一个城市公共交通发展的整体水平,其值越大,公交覆盖范围越广,人们能够更便捷地选择公交方式出行。

③计算方法。

$$公共交通线路网密度 = \frac{城市公共交通线路网长度}{城市建成区面积}$$

④指标说明。

该指标主要反映城市公共交通的服务能力。

城市公共交通线路网长度为公共交通经过的道路中心线长度,即公共汽电车线路经过的道路中心线长度。有轨道交通经过的道路,按照单位客运量比例计算折算系数,确定计算长度。

⑤单位及评价标准

单位:km/km²,评价标准见表4-12。

公共交通线路网密度分级表 表4-12

评价标准等级	一	二	三	四	五
指标	≥4.0	[3.3,4.0)	[2.6,3.3)	[1.9,2.6)	<1.9
指数分级	[90,100]	[80,90)	[70,80)	[60,70)	[0,60)

(2)公共交通站点覆盖率。

①指标定义。

建成区内公共交通覆盖面积[在公共交通线路网上,以各车站为圆心,以服务半径画圆所围成的面积之和(重叠部分只计一次)]与城市建成区面积之比。

②指标意义。

该指标是用于反映城市公共交通的服务范围、城市居民使用公共交通便捷性的重要指标。

③计算方法。

$$公共交通站点覆盖率 = \frac{公共交通站点规定半径有效覆盖面积}{建成区面积} \times 100\%$$

④指标说明。

该指标主要考核城市建成区的公共交通服务覆盖程度。

其中:

$$\begin{aligned}公共交通站点规定半径有效覆盖面积 = &城市地面公交站点覆盖面积 + \\ &轨道交通站点覆盖面积 - \\ &交叉重复部门面积\end{aligned}$$

城市地面公交站点覆盖面积按照以站点为圆心 300m(500m)半径计算,轨道交通站点覆盖面积按照以站点为圆心 500m(800m)半径计算。

⑤单位及评价标准。

单位:%,评价标准见表 4-13。

公共交通站点覆盖率分级表 表 4-13

评价标准等级	一	二	三	四	五
指标	≥90	[85,90)	[80,85)	[75,80)	<75
指数分级	[90,100]	[80,90)	[70,80)	[60,70)	[0,60)

(3)公交专用道设置率。

①指标定义。

主干路上设置的公共交通专用车道的道路长度占主干道总长度的比例。

②指标意义。

公交专用车道是反映城市公共交通车辆通行条件的重要指标,体现了城市对公共交通优先政策的重视程度,其大小可用于衡量公交线网中快速网所占比例及整体公交线网的运营效率。可反映居民享受公交服务水平的便捷性程度,公交优先发展状况、公交服务水平和公交的快捷程度。

③计算方法。

$$公交专用道设置率 = \frac{公交专用道标准长度}{城市公共交通线路网长度} \times 100\%$$

④指标说明。

该指标反映城市政府对公共交通路权方面的扶持力度。

公交专用道标准长度是根据其物理形式、管理水平以及客流分担强度基于实际距离进行换算所得,计算方法如下:

$$公交专用道标准长度 = a \times b \times c \times d \times 公交专用道实际长度$$

式中:轨道长度按照 $a=5$ 换算;

带有物理隔离以及封闭站台的快速公交专用道按照 $a=3$ 换算;

带有物理隔离的公交专用道按照 $a=2$ 换算;

其他没有物理隔离,但是具有交通标志、标线分离的公交专用道按照 $a=1$ 换算;

分时段使用的公交专用道按照 $b=0.8$ 换算;

不分时段的公交专用道按照 $b=1$ 换算;

全程带有违章视频拍摄执法措施的(摄像头密度≥0.5 个/km)公交专用道按照 $c=1.3$ 换算(安装公交车移动监控视频的可参照此条);

部分路段带有违章视频拍摄的(摄像头密度 <0.5 个/km),按照 $c=1.1$ 换算;没有违章视频拍摄的,按照 $c=1$ 换算;

公交专用道内最大断面客流占城市道路最大断面客流 90% 及以上,按照 $d=1.5$ 换算;

公交专用道内最大断面客流占城市道路最大断面客流 80% 及以上,按照 $d=1.3$ 换算;

公交专用道内最大断面客流占城市道路最大断面客流小于 80%,按照 $d=1$ 进行换算。

⑤单位及评价标准。

单位:%,评价标准见表 4-14。

公交专用道设置率分级表　　表 4-14

评价标准等级	一	二	三	四	五
指标	≥25	[20,25)	[15,20)	[10,15)	<10
指数分级	[90,100]	[80,90)	[70,80)	[60,70)	[0,60)

(4)公交线网重复系数。

①指标定义。

公共交通线路总长度与线路网长度之比。

②指标意义。

该指标反映了公交线路在城市主要道路上的密集程度,通过该指标可判断公交线网中是否存在运力浪费的公交线路。

③计算方法。

$$线路重复系数=\frac{有公交线路的道路总长度}{该区线路网总长度}$$

④指标说明。

一般来说,为了与公交主干线衔接和换乘,次干线、支干线都要与主干线有一定的重合,以保证自身线路的客流吸引力。因此,干线的重复系数一般较大。但是重复系数过大会对主干线的运营效率带来负面影响,对支线而言,由于该类线路要深入客流生成点,为了提高线路运营效益,避免恶性竞争,一般不宜过多重复,所以直线的重复系数应较低、次干线则在两者之间取值。

重复系数以1.25～2.5为宜。但在我国的城市中基本在3～4之间，市中心的高达6～7的也不少见。

⑤单位及评价标准。

单位：%，评价标准见表4-15。

公交线网重复系数分级表 表4-15

评价标准等级	一	二	三	四	五
指标	<1.5	[1.5,3)	[3,4.5)	[4.5,6)	≥6
指数分级	[90,100]	[80,90)	[70,80)	[60,70)	[0,60)

(5)公交线网非直线系数。

①指标定义。

公交线路首末站之间的实际距离与空间支线距离之比。

②指标意义。

该指标反映了公交线路的曲折程度，用于评价线路的绕行程度。

③计算方法。

$$\text{公交线网非直线系数}=\frac{\text{公交线路首末站之间的实际距离}}{\text{空间直线距离}}$$

④指标说明。

城市道路交通规划设计规范中规定线路非直线系数一般不宜大于1.41。

⑤单位及评价标准。

单位：%，评价标准见表4-16。

公交线网非直线系数分级表 表4-16

评价标准等级	一	二	三	四	五
指标	<0.75	[0.75,1)	[1,1.2)	[1.2,1.5)	≥1.5
指数分级	[90,100]	[80,90)	[70,80)	[60,70)	[0,60)

4)公交经济效益评价

公交经济效益评价指标主要反映企业在经营活动中的最终成果。其主要指标有驾乘人员平均工资水平、车公里成本。

(1)驾乘人员平均工资水平。

①指标定义。

统计期内，公交系统驾乘人员平均工资水平与当地职工平均工资水平的比值。

②指标意义。

保障企业职工合法报酬权益，促进职工工资收入增长，建立职工工资正常增长机制和支付保障机制，是构建企业和谐和切实维护职工经济权益的重要指标。该指标的设置是为了评价城市公交司乘人员的工资水平，可反映公共交通企业职工收入水平。

③计算方法。

$$驾乘人员平均工资水平=\frac{公交系统驾乘人员平均工资水平}{当地职工平均工资水平}$$

④指标说明。

驾乘人员平均工资（数据来源于公交企业统计数据）、当地职工平均工资水平（数据来源城市当地统计局数据）。

⑤单位及评价标准。

单位：无，评价标准见表4-17。

驾乘人员平均工资水平分级表 表4-17

评价标准等级	一	二	三	四	五
指标	≥1.3	[1.2,1.3)	[1.1,1.2)	[1,1.1)	<1
指数分级	[90,100]	[80,90)	[70,80)	[60,70)	[0,60)

（2）车均管理岗人数。

①指标定义。

单位公交车辆所配备的公交管理岗位人数。

②指标意义。

该指标用于评价公交运营管理效率，该值越小，则企业的集约化管理水平越高；该值越大，则说明企业管理水平较粗放。

③计算方法。

$$车均管理岗人数=\frac{管理岗位人数}{公交车辆标台数}$$

④指标说明。

无。

⑤单位及评价标准。

单位：人，评价标准见表4-18。

车均管理岗人数分级表 表4-18

评价标准等级	一	二	三	四	五
指标	≤0.1	(0.1,0.15]	(0.15,0.2]	(0.2,0.25)	≥0.25
指数分级	[90,100]	[80,90)	[70,80)	[60,70)	[0,60)

(3)车公里成本。

①指标定义。

企业所属公交车辆平均每公里发生的各类直接成本。

②指标意义。

企业所属公交车辆平均每公里发生的各类直接成本,通过车辆的平均人员工资和油耗成本反映。该指标从财务角度反映了公交企业的管理能力和水平,该值越小,则企业的集约化管理水平越高;该值越大,则说明企业管理水平较粗放。

③计算方法。

$$车公里成本=\frac{运营总成本}{运营总里程}$$

④指标说明。

无。

⑤单位及评价标准。

单位:元,评价标准见表4-19。

车公里成本分级表 表4-19

评价标准等级	一	二	三	四	五
指标	[5,5.4]	[5.4,5.8)	[5.8,6.2)	[6.2,6.6)	≥6.6
指数分级	[90,100]	[80,90)	[70,80)	[60,70)	[0,60)

5)公交可达性水平评价

城市各交通分区公共交通系统发展可达水平:

①指标定义。

个人或群体所在空间位置,在一定时间内通过公交可达的空间范围面积。

②指标意义。

评价指标的目的在于使公共交通的可达性与各类建设用地的可达性需求相匹配,以更好地满足不同用地类型的居民出行,进而达到公共交通促进土地利用布局形成,引导土地利用发展。

③计算方法。

$$城市各交通分区公共交通系统发展可达水平 = \frac{单位时间出行可达范围最大面积}{建成区面积}$$

④指标说明。

无。

⑤单位及评价标准。

单位：%，评价标准见表4-20。

城市各交通分区公共交通系统发展可达水平　　表4-20

评价标准等级	一	二	三	四	五
分类参数	[10,20]	[20,30)	[30,45)	[45,60)	≥60

考虑空间异质性的城市公共交通发展主要可以从5个方面进行评价，如图4-1、表4-21所示。

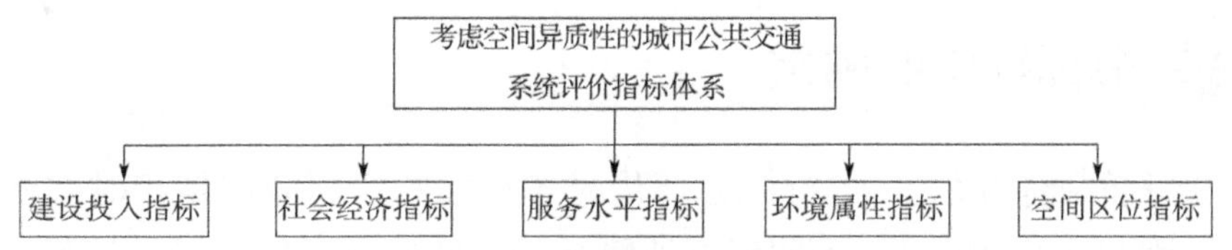

图4-1　评价指标体系框架

考虑空间异质性的城市公共交通系统评价指标体系　　表4-21

指　　标	内　　容
建设投入指标	公交线网密度(A_{11})
	公交线网重复系数(A_{12})
	公交站点覆盖率(A_{13})
	万人拥有公交车辆标台数(A_{14})
	公交系统信息化覆盖率(A_{15})
	公交专用道建设率(A_{16})
	基建投资额(A_{17})
社会经济指标	车日行程(B_{11})
	里程利用率(B_{12})
	运营利润(B_{13})
	劳动生产率(B_{14})
	人口密度(B_{15})
服务水平指标	高峰期公共交通分担率(C_{11})
	高峰期满载率(C_{12})

续上表

指　　标	内　　容
服务水平指标	平均通勤时间(C_{13})
	平均通勤距离(C_{14})
	平均事故发生率(C_{15})
	公交换乘系数(C_{16})
	公共服务设施的步行可达性(C_{17})
	商业建筑的步行可达性(C_{18})
	乘坐舒适度(人/单位面积)(C_{19})
环境属性指标	行车燃料能耗量(D_{11})
	新能源公交车占比率(D_{12})
	充电设施布局占地(D_{13})
空间区位指标	城市各交通分区公共交通系统发展可达水平(E_{11})

4.2.4 指标权重的确定

基于评价目标的角度,进行综合评价时各指标的作用应该是相对重要的一个对比。因此,指标确定后,不同指标所赋予的权值是不同的。权这一概念包含并反映了决策人对指标的重视程度、各指标属性值的差异情况以及其可靠程度。

赋权方法主要有主观赋权和客观赋权。前一种是根据人们主观上对公交模式选择指标间的相对重要程度来确定其权值,主要通过专家咨询得到权重。客观赋权法是利用数学理论与方法,根据指标所给数据量的多少确定权值。

本小节构建的指标体系可看作三个层次,而层次分析法(AHP)的首要任务就是使各要素形成层次结构。在公交模式的选择评价中,公共交通领域的专家是评价者,他们的评价是基于个人多年的经验,带有比较明显的主观性,要使得权重的计算既方便又能够反映决策人对指标的重视程度,选择层次分析法确定权重比较合适。该方法只需给出各指标间相对重要程度的语言描述,能够较好地将定性描述与定量计算相互融合,在很大程度上增加了评价的可靠性。

一般,AHP 使用 1 ~9 标度法对元素间作比较,则会出现一种问题:若 A 与 B 相比轻微重要,则权值比为 3:1,与 C 相比也轻微重要,则权值比为 3:1,那么 A 与 C 相比,权值比为 9:1,表明 A 与 C 相比极为重要,这种结果非常不科学。因此,各研究学者针对该标度方法的不足,相继提出了许多改进方法,见表 4-22。

不同标度方法及含义表　　表4-22

标度法	同样重要	微小重要	稍微重要	更为重要	明显重要	十分重要	强烈重要	更强烈重要	极端重要
1~9	1	2	3	4	5	6	7	8	9
9/9~9/1	9/9	9/8	9/7	9/6	9/5	9/4	9/3	9/2	9/1
10/10~18/2	10/10	11/9	12/8	7/13	6/14	5/15	4/16	3/17	2/18
$9^{0/9}$~$9^{8/9}$	$9^{0/9}$	$9^{1/9}$	$9^{2/9}$	$9^{3/9}$	$9^{4/9}$	$9^{5/9}$	$9^{6/9}$	$9^{7/9}$	$9^{8/9}$
$2^{0/2}$~$2^{8/2}$	$2^{0/2}$	$2^{1/2}$	$2^{2/2}$	$2^{3/2}$	$2^{4/2}$	$2^{5/2}$	$2^{6/2}$	$2^{7/2}$	$2^{8/2}$
$e^{0/5}$~$e^{8/5}$	$e^{0/5}$	$e^{1/5}$	$e^{2/5}$	$e^{3/5}$	$e^{4/5}$	$e^{5/5}$	$e^{6/5}$	$e^{7/5}$	$e^{8/5}$

4.3 评价方法选择

综合目前国内外城市公共交通评价的研究现状，常用的评价方法有以下几种方法：层次分析法、主成分分析法、灰色系统分析法、模糊评价法、聚类分析法、数据包络分析法、人工神经网络方法等。

1）层次分析法

层次分析法（Analytic Hierarchy Process，AHP），又称为多层次权重解析方法，它是由美国匹兹堡大学教授萨蒂于提出的一种系统分析方法。它是定量分析和定性分析相结合的一种多目标的决策分析方法，并且模拟人的决策思维过程，对复杂的多因素系统，尤其是难以定量描述的社会系统进行分析。AHP是分析多目标、多准则的复杂公共管理问题十分有力的工具。它把数学处理与人的经验和主观判断相结合，能够将影响一个大系统的因素分成有序的层次，并且能有效地分析各层次之间的关系，供评价的决策者们判断和比较。它系统性强、适用面广，便于普及推广，是人们思考问题、解决问题的一种方法。

AHP将人们的思维过程和主观判断进行数学化，不仅有助于决策者保持其思维过程和决策原则的一致性，而且大大简化了系统分析与计算得工作量，对于那些不能全部量化处理问题而言，可以得到比较满意的决策结果。其优点是操作性强，方法简单，权重获得的方式简单，最适于解决那些难以完全用定量方法进行分析的公共决策问题。

2）灰色系统分析法

灰色系统（Grey System），即G系统，灰色系统理论是我国著名学者、华中理工大学自动控制与计算机系邓聚龙教授于1982年提出的。灰色系统是按颜色来命名的，它是通过处理灰元从模型上、关系上和结构上使系统由灰变白，在获取更多有效信息的同时，不断加深对系统的认识。灰色系统理论认为尽管客观事物的数据混乱、表象复杂，但是它还是具有整体功能的，其必然包含很多的内在规律，关键点在于如何挖掘和利用其中的内在规律。灰色系统的最大特点是对样品量没有严格的要求，不要求服从任何分布。

在客观世界中，很多系统都是灰色的。例如经济系统、社会系统等抽象系统包含诸多因素，在这么多因素中，主要分析哪些因素是次要的、哪些因素是主要的。灰色系统的评价方法是灰色系统理论与其他评价方法相结合形成的，主要有灰色聚类分析法、灰色关联分析法等。

灰色系统分析法虽然在需要较少的数据时可以研究相关程度较大的评价对象，但是在评价对象完全相关、完全不相关这两种极端的情况下无法使用，其适用的范围也只能限制在经济效益、社会生产生活等方面。

3）模糊评价法

模糊评价法是模糊数学的一种方法，模糊评判法能够对多因素事件进行评价。在交通工程中，问题的描述大部分只能通过定性，无法通过定量的方法给予精确表达。模糊事件指无法用确定的数值来表述的事件，但它可被模糊数学方法来评价。模糊评价侧重于事物的客观性，无须对评估事件进行严谨的逻辑判断和准确的数值表达，利用数学方法，对事件的评价数值化。此方法将定性与定量结合，对评估指标的量纲统一，使它在工程管理中获得了推广应用。

4）主成分分析法

主成分分析法（Principal Component Analysis，PCA），是将多个变量通过线性变换得到少数几个重要变量的一种多变量的分析方法，又称为矩阵数据分析法。在现实世界中，在全面分析多指标问题时，往往由于问题所含的变量或因素太多，而且这些变量和因素之间也存在着一定的相关性，或者由于问题的变量或因素个数太多，导致问题的复杂性大大增加。人们自然希望在变量或因素的个数较少的同时得到较多的信息。主成分分析法采用的是一种降维的方法，来对复杂的问题进行简化。

主成分分析是对于已提出的所有指标重新组合成一组新的综合指标，并建立尽可能少的新指标的产生，使得这些新指标之间没有相互关联性，并尽可能地使得这些新指标能够反映出原先指标中的所有信息，从而简化了问题。

主成分分析法对一个系统能全面客观地评价的前提是需要大量的数据作为支撑，因此，需要耗费大量的人力物力去进行相关的调查等。

总的来说，层次分析法把研究对象作为一个系统，按照分解、比较判断、综合的思维方式进行决策，研究过程中定量数据较少，定性成分多，科学性较弱；灰色评估法对系统参数要求不高，分辨系数的确定带有一定的主观性，从而得到的结果精确性不高；模糊数学考虑系统内部关系的错综复杂及模糊性，但模糊隶属函数的确定及指数参数的模糊化会掺杂人为因素并失去有用信息；主成分分析法将变量进行降维，简化处理过程，但主成分的解释其含义一般多少带有点模糊性，无法像原始变量的含义那么清楚、确切。因此，可以看出，每一种研究方法都有其优势或者不足，应根据实际研究情况和现状问题，选取适合的方法对城市公共交通系统发展进行比较科学的评价。

4.4 案例分析

4.4.1 评价指标分析

1）公交运营水平评价

（1）车均公交场站面积。

2011 年底，某市现状公交场站 83 处，其中城市人民政府划拨 27 处，总面积为 594235m²,按照该市公交车保有量 4964 标台计算,则车均公交场站面积为 119.7m²。

二环以内公交场站较多,其面积占全部公交场站面积的 37.9%;东、西部区域场站面积分别占全部公交场站面积的 28.0% 和 34.1%。

该市目前约有 1200 多辆公交车夜间停放于马路边,严重影响了城市公共交通的营运秩序和安全管理。城市公共交通汽电车进场率为 69%,主干道公交港湾式停靠站设置率为 23.75%。

(2)IC 卡普及率。

根据 2010 年 4 月的 IC 卡数据统计,在公交乘客的构成中,使用月票乘客所占比例最高,约占总量的 39%;零票使用比例次之,约占 37%;再次为 IC 卡使用比例,约占 15%。学生人次、老人人次、职工人次比例共占 9%。用卡比例占 63%,其中月票和 IC 卡比例约占 54%,是主要的客流构成。但用卡群体所占主体地位并不突出,IC 卡的使用普及存在较大空间。

(3)早高峰小时平均运行速度。

目前,该市公交平均运行速度为 16.5km/h。二环以内运行速度低于二环以外区域。相对《城市综合交通体系规划标准》(GB/T 51328—2018)中规定的公共汽车运送速度为 16~25km/h,该市目前处于较低的水平。

BRT 走廊的平均运行速度为 21.7km/h,常规公交专用道平均运行速度为 18.8km/h,其他主要走廊的平均运行速度为 16.2km/h。速度分布显示,公交专用道对于提高公交运行速度,提高运行效率,效果显著。

(4)安全应急评价指标。

近年来,该市公共交通安全保障水平显著提高。2011 年该市公交车责任事故年均死亡率为 10.26 人/万标台,城市公交行车责任事故率为 0.975 次/百万公里。

(5)新能源车比例。

城市公共交通节能环保水平明显改善,目前该市绿色环保车辆 3043 辆(电车 146 辆、燃油车 1771 辆、CNG 车辆 1126 辆),占公交营运车辆总数的 76%。混合动力新能源车辆 200 辆,新能源车辆应用比例为 5.3%。

2)公交服务水平评价

(1)公共交通分担率。

根据 2011 年居民出行调查,该市居民出行方式主要由步行、公交车、小汽车、电动自行车以及自行车组成,这五类出行方式的出行量占全部调查样本的出行总量的89.38%。城市公共交通出行分担率(出行总量含机动化出行和自行车出行,不含步行)居于首位,占29.69%。

(2)高峰小时满载率。

2011年该市早高峰时段平均满载率为75%。调查数据显示,公交线路整体运力分布比较合理,与客流分布基本吻合,但部分路段线路满载率较低,其中,济泺路长途汽车站以北,六里山南路以南,历山路花园庄至解放桥北路段、解放路路段、济微路等路段由于线路重复系数较高,车辆平均满载率较低。

(3)公共交通满意度。

近年来,该市公交总公司坚持以企业经营发展为中心,以创建公交优质服务品牌为重要内容,以改革创新体制机制为保障,不断提升公交服务管理能力和服务水平。2011年,市公交总公司继续推行"星级管理、星级服务"制度,品牌建设持续推进,公交服务质量水平显著提高。2011年该市公交乘客满意度达到94.76%。

(4)公共交通发车正点率。

2011年该市公共汽电车准点率达到80.17%。某公交线路运行站点延误时间平均为25s,按照目前线路平均周转时间106min计算,周转一圈的站点延误时间约为19min,约占周转时间的18%。某些站点延误时间过长,对线路正常营运及周边交通组织造成一定的影响。

(5)平均换乘系数。

该市公交换乘系数为1.48。该市94%以上的乘客最多换乘一次就能够到达目的地,仅有约6%的乘客需要换乘两次或两次以上到达目的地。其中,一次乘车到达的乘客人数占公交出行总人数的50.6%;换乘一次的乘客占公交出行总人数的44.2%;换乘两次或两次以上的乘客占公交出行总人数的5.2%。

3)公交线网水平评价

该评价指标包括公共交通线路网密度、公共交通站点覆盖率、公交线网重复系数、公交专用道设置率。

(1)公共交通线路网密度。

2011年底,该市公交线网长度为1052km,二环以内公交线网密度为2.61km/km^2,绕城高速公路以内公交线网密度为1.87km/km^2,略低于规范值

(市中心区为 3 ~4km/km²,城市边缘地区为 2 ~2.5km/km²)。

(2)公共交通站点覆盖率。

目前,该市公交站点覆盖率较高,二环范围以内 300m 半径公交站点覆盖率为 83.8%,500m 半径覆盖率为 96%;绕城高速公路以内 300m 半径公交站点覆盖率为 61.5%,500m 半径覆盖率为 92.7%。但是,在二环以外,绕城高速公路以内地区 300m 半径公交站点覆盖率仅为 44%,500m 半径覆盖率为 78%,与《城市公共汽电车客运服务》(GB/T 22484—2008)的规定值相差较大,存在优化提高的空间:公共交通车站服务面积,以 300m 半径计算,城市建成区不得小于城市用地面积的 50%,中心城区不应低于 70%;以 500m 半径计算,城市建成区不得小于 90%。

(3)公交线网重复系数。

该市二环以内公交线网重复系数高达 4.7,绕城高速公路以内公交线网重复系数为 4.44。线路重复系数过高,部分路段运行线路过多,是造成部分路段运力过强的主要原因。尤其是二环以内重复系数高达 4.7,纬二路、解放路部分路段线路运行线路最高达 20 条,走廊运力过强。进入城市中心的线路较多。如中心医院与洪家楼站点,是东部公交线路进入城市中心的重要途经站点。进入城市中心的线路较多,导致部分路段线路重复系数较大,站点停靠线路数量多。

(4)公交专用道设置率。

2011 年底,该市拥有公交专用道 112.32km(含 BRT 专用道32.16km)。BRT 专用道主要分布在北园大街、历山路、二环东路等,普通公交专用道主要分布在经十路、纬二路、经一路和工业北路等城市主干路。公交专用道长度仅占公交线网长度的 10.7%。同时,由于缺乏与公交优先配套的交通管制措施,公交专用道经常被社会车辆占用,加之部分道路机动化交通与非机动化交通混行、部分路口信号配时不合理,导致路段上的公交车辆通行能力严重下降。随着某市机动车数量的急剧增加,道路拥堵日益加重,导致公交车辆周转时间增长,降低了公交的运行服务水平。

4)公交经济效益评价

(1)驾乘人员平均工资水平。

2011 年该市公共交通驾乘人员年均工资为 4.38 万元,高于该市在岗职工年均 3.54 万元,驾乘人员平均工资水平为 1.24。

(2)车均管理岗人数。

2011 年该市公交公司管理岗人数为 975 人,按照目前该市公交车保有量 4964 标台,该市公交车均管理岗人数为 0.20 人。

(3)车公里成本。

2011 年该市公共交通总运营成本达到 140458.63 万元,运营总里程达到 16543.29 万 km,车公里成本为 7.14 元。

5)公交可达性水平评价

以该市公交站点公交在一定时间内通过公交可达的空间范围面积进行分析,可达性最高的为二环以内中心城区,其次为西部和东部区域。

4.4.2 某市城市公共交通发展水平评价

依据某市公共交通指标体系和该市公共交通发展指标分析,并利用层次分析法,确定各评价指标的权重,对目前该市城市公共交通发展水平进行了定性和定量的分析,见表 4-23。

该市公共交通发展水平打分表　　表 4-23

目标层	准则层	分值	权重	指标层	分值	指标权重
该市城市公共交通发展水平	公交运营水平	23.43	0.2765	车均公交场站面积	65	0.0485
				IC 卡普及率	77	0.0278
				高峰小时平均运营速度	60	0.0413
				责任死亡事故频率	65	0.0587
				责任事故频率	95	0.0828
				新能源车辆比例	85	0.0174
	公交服务水平	16.36	0.2443	公共交通分担率	28	0.0703
				高峰小时满载率	93	0.0353
				公共交通满意度	95	0.044
				发车正点率	60	0.056
				平均换乘系数	72	0.0287
	公交线网水平	19.88	0.2857	公共交通线网密度	76	0.0618
				公共交通站点覆盖率	49	0.058
				公交线网重复系数	60	0.0503
				公交线网非直线系数	60	0.0384
				公交专用道设置率	83	0.0772

续上表

目标层	准则层	分值	权重	指　标　层	分值	指标权重
该市城市公共交通发展水平	公交经济效益	8.41	0.1224	驾乘人员平均工资水平	85	0.033
				车均管理岗人数	70	0.044
				车公里成本	50	0.0454
	公交可达性	5.41	0.0711	城市各交通分区公共交通系统发展可达水平	50	0.0711

根据评价结果可以看出,该市城市公共交通发展的总体水平不高,存在以下几个方面的主要问题。

公交运营水平方面:主要是车均公交场站面积指标水平偏低。因此,建议城市政府和交通管理部门进一步落实公交优先发展战略,引导城市居民绿色出行,提高城市公共交通出行率。城市公共交通作为一项社会公益性事业,要进一步推动其可持续发展,因此要在财政和土地使用方面给予支持,需加大对公共交通运营补贴和公益性土地划拨的支持力度,切实使公共交通企业可持续发展和公共交通资源可持续利用。

公交服务水平方面:主要体现在城市公共交通分担率及线路平均运送速度不高,乘客平均候车时间过长,线路的准点率偏低。因此,建议加快城市公共交通车辆技术升级,大力发展大容量、高效率的环保型公共交通工具,提高城市公共交通车辆速度。逐步引入城市公共交通信息服务平台,充分利用媒体、手机、车载导航等信息终端,为公众提供实时、便捷、人性化的信息服务,提高城市公共交通运输服务水平。

公交线网水平方面:主要是公共交通站点覆盖率偏低。建议城市政府和交通管理部门科学规划和布局城市公共交通站点,解决站点用地问题、站点设施配置问题、新开区和城郊等边缘地区的站点设置问题,提高城市公共交通站点覆盖率,满足城市居民的出行需求。

其次是换乘率较高,居民步行到公交车站点时间较长,建议城市公共交通管理部门和企业优化公共交通线路,减少出行换乘。

公交经济效益方面:近年来该市坚持实行公交低票价政策,以最大限度吸引客流,提高城市公共交通工具的利用效率。城市公交企业因执行低票价政策、承担社会公益性服务和政府指令性任务而形成的政策性亏损越来越严重,导致企业负担过重,驾乘人员平均工资水平不高。

公交可达性方面：由于受北面黄河、南面山体等自然条件的制约，城市以东西带状组团式发展为主。近几年，城市规模急剧扩大，城市用地基于原有的布局结构迅速外延，城市功能高度聚集，城市发展呈现组团间逐渐靠拢、连片的趋势。但是公交约为滞后于城市发展，导致既高且低的状况出现，中心城区公交重复系数较高，东部、西部公交站点覆盖不足的问题，致使公交东西部可达性不高。

第5章

考虑空间异质性的城市公共交通发展模式

5.1 城市公共交通系统发展模式及适应性因素分析

5.2 空间异质性对城市公共交通发展模式选择的影响

5.3 考虑空间异质性的城市公共交通发展模式选择方法

5.1 城市公共交通系统发展模式及适应性因素分析

5.1.1 城市公共交通发展模式的内涵

城市公共交通发展模式主要包括两个方面:一方面是城市公共交通模式的组成形式,另一方面是城市公共交通管理方式。前者是重点研究适应于城市发展条件及需求的公共交通系统采用具体的形式,如轨道交通、快速公交、常规公交等几种形式如何结合以及建设重点,侧重于硬件设施的综合布局选择;而后者则在前者基础上研究各种方式在不同运营企业之间的管理方式、利益分配、衔接方式,政府、企业在城市公共交通发展过程中扮演的角色等内容,更侧重于运营管理的软环境构建。本章所考虑的是在考虑城市空间形态、人口密度、经济水平等异质性情况下对公共交通系统的组成形式进行探讨研究。

5.1.2 城市公共交通系统发展主要模式

模式一:轻轨系统为骨干,中低运量为补充,常规公交加密覆盖

地铁或轻轨系统作为城市公共交通的骨干,主要承担城市通勤交通出行、缓解城市交通拥堵、支撑并引导城市空间的拓展;中低运量的交通方式作为地铁或轻轨系统的加密、补充及延伸,与其共同构成城市公共交通的主体;常规公交则作为“毛细血管”为大中运量公共交通系统集散客流。

这种发展模式比较典型的城市是东京、纽约以及伦敦,其轨道交通在公共交通出行的占比分别达到了83%、67%和90%。

以轨道交通为主体促进一体化建设,轨道交通战略选择及思想见表5-1。

轨道交通战略选择及思想 表5-1

战略选择		战略思想
1. 基本思想		主要功能中心间的可达性,以及主要功能中心的辐射效应主要依靠轨道交通系统实现
2. 公交系统建设重点		轨道交通建设力度最大,超前建设;常规公交发展依附于轨道交通,只是对轨道交通盲区的补充
3. 公交发展模式		轨道交通相对充分发展,常规公交发展处于被动和从属地位
4. 公交网络形态	轨道	都市区外围新城或组团具有轨道交通覆盖; 中心城区核心区、呈贡新区、南部城区、北部城区、高新区等各组团或功能区之间主要依靠轨道交通连接,线网密度较高
	常规公交	常规公交线网主要和轨道交通枢纽进行衔接; 组团或功能区内部公交线网覆盖密度较高
	出租汽车	出租汽车数量减少

模式二:轨道为骨架,常规公交为主体

这种发展模式比较典型的城市是新加坡、我国深圳等城市。这些城市的共同特点就是已经建设或初步建成形成网状布局的快速公共交通或轨道交通系统。深圳2012年轨道交通客流量达到207万人次,占公交出行总量的21.3%。

以常规公交为主体促进一体化建设,战略选择及思想见表5-2。

常规公交战略选择及思想 表5-2

战略选择		战略思想
1. 基本思想		核心区与周边组团之间依靠轨道交通联系; 各功能区之间,以及功能区内部联系依靠常规公交来实现
2. 公交系统建设重点		充分兼顾交通可持续发展、交通投资效益和财政承受能力以及居民可负担能力,常规公交系统中公交专用道、中运量系统以及换乘枢纽、停车保养场、车辆更新、信息化建设力度较大
3. 公交发展模式		常规公交占支配地位,轨道交通为骨架
4. 公交网络形态	轨道	都市区较为重要的组团有轨道交通覆盖; 中心城区核心区、呈贡新区、南部城区、北部城区、高新区等各团主要依靠轨道交通连接二环内线网密度较高,外围区较低
	常规公交	公交线路分为三个层级,以公交专用道为依托的公交快线、满足多种层次需求的普线以及集散区域客流的支线组成
	出租汽车	出租汽车数量较多

模式三:轨道交通、常规公交并重

这种定位以首尔为主要代表,轨道交通占公共交通出行比例接近50%,从两个城市的公共交通发展现状来看,都建成了较为完善的大运量快速公共交通网络,与此同时,仍重视常规公交设施的优先规划、建设完善,使之能够更好地与大运量快速公共交通系统进行衔接互补。轨道交通、常规公交协调发展战略选择及思想见表5-3。

轨道交通、常规公交协调发展战略选择及思想 表5-3

战略选择		战略思想
1. 基本思想		轨道交通促进中心城市土地利用集约化; 多方式组合协调发展,保障主要功能中心间的出行可达性和可靠性
2. 公交系统建设重点		轨道交通建设适度超前,仍然重视公交相关基础设施建设,但是建设速度减缓
3. 公交发展模式		多方式协调发展——主要功能区间轨道交通占主导,重要客运走廊建立常规公交与轨道交通友好竞争的复合型交通走廊
4. 公交网络形态	轨道	在中心城市核心和次级客运走廊上发展轨道交通系统;提高主要覆盖人群出行的可靠性和可达性,线网密度适中
	常规公交	轨道交通无法覆盖的次级客运走廊依靠公交专用道建设; 各城区充分发展公交优先系统
	出租汽车	出租汽车数量适中

公交发展模式适应情况见表5-4。

公交发展模式适应情况 表5-4

项目		模式一	模式二	模式三
1. 投资总量水平		相对较高	相对较低	中
2. 导致的机动化发展态势		低态势	高态势	中态势
3. 交通需求管理措施	对小汽车使用管理的严格程度	依靠发达的公共交通系统,吸引小汽车出行者放弃小汽车,鼓励使用停车换乘(P+R)系统	交通需求管理的严格程度较高,在中心区实施严格的交通需求管理,为常规公交发展提供空间	交通需求管理的严格程度适中,片区间出行提倡使用停车换乘(P+R)系统,避免小汽车交通的过度使用
	鼓励使用公交的政策措施	方案对公交乘客的吸引力较高,政策引导的成效较强	需求引导和有效服务两方面有效结合,对使用公交采取较多的政策鼓励措施	同模式二,但政策力度加强,以更加有利于提高公共交通吸引力

续上表

项　目		模式一	模式二	模式三
4. 交通运输效果	方式结构	公共交通出行占比相对较高，其中轨道交通占公交出行的比重占绝对优势，私家车出行比例较低	通过设施供给和需求引导，建立公共交通发展的主导地位，其中常规公交市场份额要高于轨道交通	通过积极的公交引导政策，有可能获得合理的公交出行占比，轨道交通和常规公交占比相当
	公交服务水平	可靠性和舒适度较高，但可达性相对较低，出行成本较高	可靠性和舒适度相对较低，但可达性较高，出行成本较低	配合需求管理措施和公交引导政策，公交服务水平可维持在合理的范围内
5. 对社会经济发展的影响		短期内投资总量过大，会对经济增长产生不利的影响	可保持与社会经济发展基本适应，但机动车使用频率可能会较高，产生一定的社会成本及负面效应	短期内投资总量相对较大，会对经济增长产生不利的影响
6. 对城市用地布局的影响		促进以轨道交通为主轴的城市用地布局及一体化发展态势	与规划期城市发展目标状态基本适应，促进中心城市土地利用集约化发展和引导呈贡、高新区、空港经济区等功能区快速发展	促进以轨道交通为主轴的城市用地布局
7. 实施可行性		实施难度较大	实施难度相对容易，但需求控制压力较大	可实施性难度相对较大

5.1.3 城市公共交通系统发展适应性因素分析

城市公共交通系统的多样性，决定了不同类型城市应当因地制宜规划合适的公共交通系统发展模式。综合分析不同城市和运输方式特征，考虑到城市内部的空间异质性，公共交通系统发展模式主要取决于以下几方面的因素：

1）客流需求

城市交通需求的大小，尤其是城市居民公共交通需求的大小，是决定不同走廊发展模式最直接并具有决定意义的因素。城市公共交通发展模式选择应当以客运量为基础选择相应的系统模式。各种大中运量系统需要在客流分布密集、客流需求旺盛的廊道上,才能真正发挥社会经济效益。一般来说,当走廊高峰小时公交客流量超过 3 万人次时,应当考虑建设大运量公共交通系统;当走廊高峰小时公交客流量超过 1 万人次时,应当考虑建设中运量公共交通系统;当对于大城市和特大城市,走廊高峰小时公交客流量达到 5000 人次/h,应当设置公交专用车道系统;对于中小城市,达到 3000 人次/h,建议建设公交专用车道。

2)城市规模及经济水平

城市规模及经济发展水平对于城市选择发展何种公交系统有着直接、重要的影响,每个城市都希望找到一种既能满足城市发展需求,又能最大限度减轻城市财政负担的公交系统。地铁、轻轨属于造价和运营成本都非常高的公共交通方式,而且并不是所有常规公交难以满足出行需求的城市都可以发展轨道交通。不同的城市用地规模或规划范围,对交通出行的影响在于居民的平均出行距离,因此各种公共交通方式在不同的城市规模中发挥着不同的作用。从国内外城市公共交通系统发展模式选择经验来看,突出表现在以城市人口规模为核心要素,但共性特征下又有所区别,其中经济发展水平较高的发达国家,人口规模门槛较低;经济发展水平相对不高的发展中国家,人口规模门槛较高。

大中运量公共交通系统多为综合性较强的系统工程,对某一系统模式的经济评价需要全面、客观的进行,不仅要考虑车辆、土建工程与系统设备等建设成本,还需综合考虑运营管理、养护维修以及所带动的相关产业发展等社会经济效益,同时,兼顾城市财政的持续保障能力等因素,因此,城市公共交通发展模式的选择一定要与城市自身的经济实力和财政能力相符合。

3)环境因素

城市公共交通系统发展模式选择应当确保与城市资源环境压力相协调,大城市和特大城市普遍面临空间资源和环境治理的双重约束,大中运量公共交通模式相比常规公交模式一般都具有运输效率高、人均能耗低、碳排放低等特点,能更好地适应资源节约型和环境友好型城市的建设要求。城市发展定位为生态发展区和资源环境压力较大的城市,同等运输能力下,应当优先选择更加节能环保的运输方式。

城市结构变迁的一个重要因素是要促进城区人口的扩散,大量的居民要从城市中心地区向郊区卫星城发展,进而引导城市周边生长点或对外延伸的生长轴的形成。我国的大城市许多呈现出人口密集、内聚力强的结构特点,形成这一状况的一个重要原因便是缺少快捷、安全、容量较大的交通通道。若这一制约因素消除,城市结构将能够得到大幅改变。

4)国家宏观发展政策

城市基础设施建设项目都是由国家和当地政府出资兴建,因此国家的政策导向对城市轨道交通及BRT系统规划和建设有直接影响。例如国务院办公厅印发《关于进一步加强城市轨道交通规划建设管理的意见》对新形势下我国城市轨道交通规划建设工作作出部署,明确轨道交通建设申报条件,地铁主要服务于城市中心城区和城市总体规划确定的重点地区,申报建设地铁的城市一般公共财政预算收入应在300亿元以上,地区生产总值在3000亿元以上,市区常住人口在300万人以上。引导轻轨有序发展,申报建设轻轨的城市一般公共财政预算收入应在150亿元以上,地区生产总值在1500亿元以上,市区常住人口在150万人以上。拟建地铁、轻轨线路初期客运强度分别不低于每日每公里0.7万人次、0.4万人次,远期客流规模分别达到单向高峰小时3万人次以上、1万人次以上。

由于BRT、有轨电车等中运量方式实施过程中普遍面临道路资源分配、管理体制、公交运营改革等实际问题,因此,中运量建设建设中面临的不只技术性的问题,还有政策性问题,也就是一个城市资源争夺和分配的问题。因此,在中运量系统建设的过程中十分需要政府主管部门提供相关的政策支持。

2012年国务院发布的《国务院关于城市优先发展公共交通的指导意见》中提出"要因地制宜,根据城市功能定位、发展条件和交通需求等特点,科学确定公共交通发展目标和发展模式。明确城市公共交通的主导方式,选择合理的建设实施方案,建立适宜的运行管理机制,配套相应的政策保障措施。"

5)文化背景

文化是指一个国家或民族的历史、地理、风土人情、传统习俗、生活方式、文学艺术、行为规范、思维方式、价值观念等。文化作为当代社会的先进生产力,对整个城市的发展速度起着深层次的作用。

一个城市整体的文化氛围,将会影响领导者的决策及人民的思想。如今,越来越多的人通过微博、论坛、电台广播等多种手段对城市的交通状况进行实时播报,道路的拥堵情况、事故的发生情况、临时交通管制等信息源源不断地传达到城市的各个角落。政府关于改善交通的各类措施也总是第一时间得到民众的高度关注。在这样的交通文化背景下,使"公共交通优先""环境保护""资源分配公共优先"等理念深入人心显得十分必要。这样不仅可以有效减少发展快速公交项目时遇到的社会舆论阻力,而且能够为系统建成后的高效运营增加成功的筹码。

正因如此,各个城市在大中运量系统建设项目开始前的宣传任务都十分重要,需要通过报纸、广播、电视、网络等媒体向市民提供项目相关的足够信息和深入报道,不仅要对系统概况进行说明,还应对系统理念、作用、优势进行传播,最大限度地争取舆论支持,同时也随时接受群众的监督,力求将大中运量系统建设得更加符合人民的出行需求。

例如,广州市在 BRT 系统建成后通过免费的试运营广泛征集市民反馈,以谦逊包容的姿态接受社会的意见建议。乌鲁木齐、南昌等城市在 BRT 规划阶段就开始向市民征集意见,充分体现 BRT 以人文本的建设理念。这些措施都对 BRT 在城市中的建设发展与运营推广十分有利,可以使人们更快地适应科学发展的快速公共交通系统,增加 BRT 的社会效益和经济效益。

5.2 空间异质性对城市公共交通发展模式选择的影响

5.2.1 城市公共交通发展模式选择影响因素

在城市公共交通发展模式选择的研究中,诸多学者以往大都具有空间同质性和在空间上随机分布的潜在假设。通常将所调查的来自不同街区或交通分区的人们看作一个整体样本,设定一个关系模式。然而,当街区或交通分区的交通结构较大差异时,忽略空间异质性的分析方法可能会得到错误的结论。所以在对城市公共交通发展模式进行选择时,需要考虑空间的异质性。

考虑空间的异质性时,异质主要分为两个部分:一部分为相同空间范围内的个体差异(即组内变异),另一部分为不同空间范围之间的个体差异(即组间变异)。所以,在选择城市公共交通发展模式时,既要考虑各交通分区内部的因素,如人口规模、客流需求、经济水平、环境因素等,也要考虑各交通分区之间的相关因素差异。

1)组内差异

影响公交发展模式选择的因素很多,主要包括容积率、交通出行因素、客流量、城市发展形态等。

(1)容积率。

容积率是决定城市公共交通发展模式非常重要的一个因素。一般情况下,容积率越高,此交通小区的公交出行需求就越大,也越容易将公共交通作为出行的首选方式,当公共交通的出行需求达到一定的量后,城市就会选择运输效率高的大中运量系统作为主要出行方式。比较典型的就是美国纽约市的曼哈顿和纽约南部的斯塔滕岛。曼哈顿容积率作为世界最高的地区之一(纽约曼哈顿中城区 CBD 的平均容积率为 13.6),市民通勤出行中,公共交通占比高达 58%。而斯塔腾岛容积率很低,公共交通出行率只有 31%(表 5-5)。伦敦不同区域的情况也是如此,在中央伦敦区域,其容积率较高,通勤交通中公共交通比例达到 81%,而外伦敦区域则只有 22%(表 5-6)。

纽约不同容积率区域的居民公共交通出行率　　表 5-5

区　域	公共交通出行率
曼哈顿(高容积率)	58%
斯塔滕岛(低容积率)	31%

伦敦不同容积率区域就业人口交通出行比例　　表 5-6

区　域	公共交通出行率
中央伦敦(高容积率)	81%
内伦敦(中度容积率)	48%
外伦敦(低容积率)	22%

(2)城市发展形态。

众多周知,公共交通系统的发展与城市形态的发展联系极为密切,由于公共交通，尤其是快速公交、轨道交通可有效促进服务区域的交通可达性，从而显著提升服务区域的影响力，造成城市形态及结构的改变。因此，在选择合适的公交发展模式时，应将其系统规划与城市发展相结合，协调土地利用规划管理与公共交通系统之间的关系，建立主动引导型的公交系统，促进城市由粗放型向集约型转变。

不同城市环境下，大中运量公交系统的适应程度分析见表5-7。

不同城市环境大中运量适应程度分析表 表5-7

条件类别	适应程度		
	较好	一般	较差
城市规模	特大城市	大城市	中小城市
城市形态	带状、组团状、多中心	圈层式	单中心、地形特殊
经济基础	较强	一般	较弱
管理体制	一体化	不统一但可协调	部门分割、难以协调
政策环境	支持	中立	阻碍
机动化程度	较低	中等	较高
公交系统	不发达、缺乏快速交通方式	一般	发达
交通规划	规划可行	规划可调整	规划不可调整

(3)交通出行因素。

大中运量系统的建设对空间有效性、时间有效性、信息有效性以及运能有效性4个方面，在影响居民出行选择时起重要作用；只有当上述有效性得到满足时，大中运量系统才能在城市居民出行中发挥一定的作用。因此，在城市建设大中运量系统时，必须对大中系统沿线居民的出行时间、出行空间、预测客流量以及快速公交系统的信息服务能力做相关分析。

居民出行时间方面，如果大中运量系统的发车频率过低，乘客在车站的候车时间随之增加，乘客选择其他替代性交通出行方式的概率也随之提高。大中运量系统的发车频率越高，乘客的等待时间越短，乘客的出行时间也更为灵活，但同时大中运量系统的投入也随之增加。因此，城市大中运量系统建设时，尤其是在确定大中运量系统线路发车频率、车辆运行速度等指标时，必须综合考虑线路服务区域居民出行的时间分布特征，以尽可能实现系统的供需平衡。

居民出行距离方面，由于各种公交方式的服务特性可知，每种公共交通方式的适用距离范围各不相同,地铁、轻轨等大运量的轨道交通系统适应中长距离出行,地面常规公交适应中短距离出行。所以,出行距离的长短对城市居民选择公共交通方式有着较大的影响。以昆明为例,通过分析高峰小时地面公交和轨道出行比例与出行次数,得到如下结论:昆明地面公共交通的适宜距离为0~8km,4km 以上为轨道交通的适宜距离,而常规公交与轨道交通的主要竞争区域(4~8km)出行占比为47%,如图5-1所示。

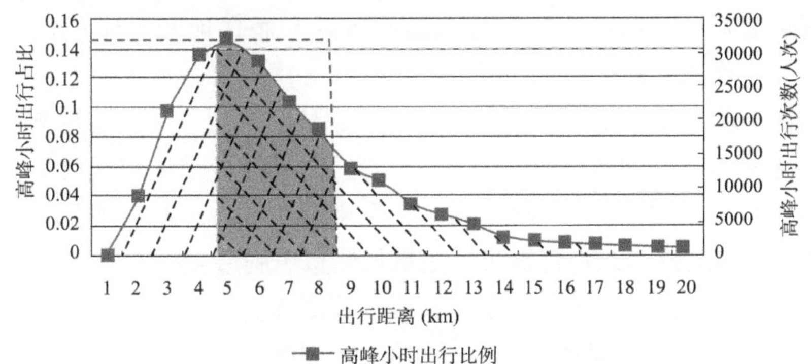

图5-1　昆明地面公交与轨道交通出行距离适应性分析

(4)客流量。

大中运量系统预测客流量是大中运量系统建设投资决策的基础,决定城市是否有必要建设大中运量系统及其建设规模和建设时期等问题的前提。一般而言,拥有长距离、高流量的公共交通线路的道路或交通走廊是大中运量的重要建设对象。通常情况下,大中运量系统的建设开发将重新改造目前的公共交通系统,故大中运量系统沿线的公共交通出行量应较高,且快速公交线路应在原有公交线路的基础上考虑提供足够的发车频率。例如,美国联邦公共交通管理局《巴士快速交通实施指南》指明,新建 BRT 线路每天的乘客数量应不低于5000 人次;当快速公交线路与常规公交共线时,每天的乘客数量应不低于10000 人次。

2)组间差异

通过研究各交通分区的内部公共交通系统发展水平,在交通分区之间进行衔接时,需要考虑两两交通小区的差异性。例如,当交通小区都有较高的经济水平且客流需求较大时,交通小区之间可以选择大运量的交通发展模式,以地铁、轻轨为主连接两个小区;当交通小区经济水平及客流需求均不高时,交通小区之间应该通过常规公交进行连接;而当交通小区之间经济水平且客流需求有较大差异时,则需要综合考虑。

组团功能性质和功能方面,由于城市各组团的性质和规模不同,其对城市居民的吸引力则不同,从而影响城市组团间路面流量的大小,最终影响居民对公共交通方式的选择。例如东莞市,市域居住人口和工作人口分布趋于一致,这与当地经济模式有很大关系,东莞市域工业园区较多,制造业发达,工厂内一般都建有员工宿舍。这些情况在数据层面体现为居住地和工作地重合的人数较居住地和工作地分离的人数要多。

从图5-4东莞市特征日全日的OD分布,总体上呈现以工业园聚集区为起终点的聚集情况,这与居住和工作人口的分布有关,同时各个聚集区之间存在较强联系,西北部市中心地区有较强的吸引力,东南部存在较多与其他几个人口聚集区相关的出行OD,这与东南部聚集区是更加侧重于制造业的工业园有关,而西南部和西北部除去制造业工业园聚集的原因外还是东莞市的市中心,交通便利,设施也较为健全,对其他区域的人群有更大的吸引力。

综上所述,城市在选择适宜的城市公共交通发展模式时,应充分考虑各个方面的要素,且需具备一定的前瞻性,选择适合自身城市发展的公共交通发展模式。

5.2.2 某市城市公共交通发展模式选择分析

1)城市公共交通发展模式原则

从国内外城市公共交通发展现状来看,许多国家和城市在“公交优先”作为未来城市公共交通发展的战略方面达成了共识,不同之处在于究竟选择何种城市公交发展模式来实现这一战略目标。这也是银川城市公共交通发展亟待解决的问题。

城市公共交通发展模式主要有常规地面公交、中运量公交和轨道交通三种,不同的模式具有不同的特点,能够适应不同的城市和不同发展阶段的需要。

基于银川经济社会和都市区城市发展特征,提炼出几条可能的交通发展道路,共同基于:

(1)支持规划期城市发展目标的实现,提供主要功能区间较高的出行可达性。

(2)建立与土地利用协调发展的公交系统,体现交通对城市发展的引导作用。

(3)形成与对外重大交通设施良好的衔接,支持宁夏作为一个城市来经营战略的实施。

(4)应对机动化快速发展带来的多元化交通需求。

(5)体现公交优先政策,但在公交发展定位和建设投资力度上存在较大差异。

(6)不同方案都有一个明确的指导思想,反映不同的发展政策导向,体现对轨道、常规公交等主要交通设施不同的投资水平及建设侧重,形成不同的公交系统网络方案,引发不同的机动车发展态势,相应对交通需求管理提出差异较大的要求。

2)某市公交发展模式选择分析

(1)可达性服务需求分析。

《银川市综合交通体系规划》提出"60、60、45"交通圈目标。由银川城市空间结构与用地分布差异化可得,产业功能区与主城功能区直接已超过了25km,宁东新区与主城之间距离达到50km以上,因此,产业功能区与主城功能区之间的联系需求主要以时间目标取胜。同时,建议采用"市域轨道"为骨架服务产业功能区与主城功能区之间的快速直达。产业能区与主城功能区之间的可达性分析见表5-8。

产业功能区与主城功能区之间的可达性分析 表5-8

公交方式	中运量快速公交	城市轨道	市域快轨
运营车速(km/h)	20~25	30~40	60~80
出行距离(km)	25~50		
出行时耗(min)	60~120	50~100	25~50

(2)客流强度需求。

主城功能区之间的城市连绵发展区以及位于25km圈层内部的滨河新区,客流交换相对频繁,机场目前客运量一天2万人次,根据机场总体规划预计到2030年达到10万人次,同时未来滨河新区和主城区之间的客运量将达到25万/天。公交骨架体系的选择主要以运量需求为主。由于城市两者联系通道相对较少,为了保障公交在综合交通体系中的主体地位,必须形成“轨道交通+中运量公交”为骨架的公交发展模式。

3)发展模式及线网总体设计

由上述分析可得,未来银川将形成“多层次轨道交通+中运量公交”为骨架的公交发展模式,形成市域轨道、城市轨道与中运量公交相辅相成的城市公交骨干网络,进一步提升公交服务水平,促进城市空间拓展。即形成“以多层次轨道交通、中运量公交为公交系统骨架,以地面常规公交为网络,以出租汽车为补充,以慢行系统为延伸”的公交发展模式(图5-2)。

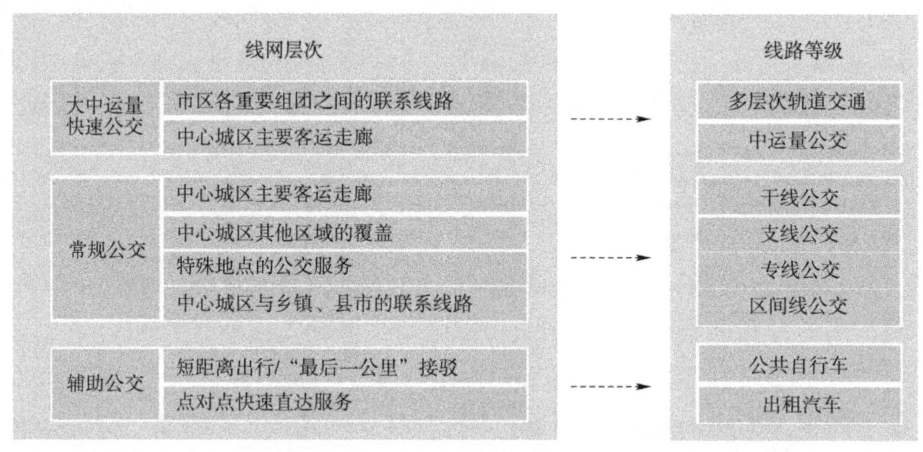

图5-2 公交线网层次和线路等级划分图

(1)大中运量快速公交网络:包括多层次轨道交通和中运量快速公交。大中运量快速公交是整个公交网络的主骨架,沿主要客运走廊布设,提供快速、大容量的公交服务。

①多层次轨道交通:公交系统骨架,覆盖中心城区内及对外主要客流走廊,服务跨多组团的长距离出行需求,强调快捷、准点、舒适。

②中运量公交:公交系统骨架,轨道线网的“补充、延伸、联络、过渡、替补”,承担跨区或跨组团的中长距离快速公交出行联系。

(2)常规公交网络:按照功能不同分为干线公交(主干线和次干线)、支线公交、专线公交和区间线公交线路。常规公交在公交系统中处于基础地位,衔接大中运量快速公交,补充快速公交的服务空白区,提高公交的覆盖深度和广度。

(3)辅助公交:包括公共自行车和出租汽车等。公共自行车满足短距离出行,提供到公共交通站点“最后一公里”接驳服务;出租汽车提供高品质点对点的快速直达服务。

5.3 考虑空间异质性的城市公共交通发展模式选择方法

在考虑空间异质性的前提下,影响城市公共交通系统发展模式的因素包括个人层面和交通分区层面两个层面。在抽样调查时,一般先确定交通分区,然后到交通分区中的社区进行家庭调查。此时,其相应的数据就具有了多层结构特质,居民代表了数据结构的第一层(即微观层次),而交通分区代表了数据结构的第二层(即宏观层次),从而构成了多层嵌套的数据结构。在这种情况下,可以考虑运用多层线性模型方法。多层模型能够充分考虑多层次嵌套结构的数据特性,分离出不同层次的解释变量对因变量的影响,通过该方法可以分析不同层次解释变量之间的相互作用及其对因变量的作用程度,洞悉到传统分析方法无法捕捉到的空间异质性现象。

城市公共交通发展模式的选择,要先在微观层面进行,即建立各交通分区的决策矩阵并计算属性值,在得到个交通分区的属性值之后,再考虑宏观层面,综合选择发展模式。

1)决策矩阵的建立与属性值处理方法

为了准确分析、评价轨道交通、快速公交、常规公交等不同模式在速度、运客能力等各个方面的优劣程度,研究每一种模式对城市的具体适用性,选择最适合城市发展的模式,需要建立分析与评价公共交通模式特征参数的城市公共交通模式评价指标体系。城市公共交通主要发展模式的选择问题可以描述为:

$$DR\{f_1(\vec{x}_i),f_2(\vec{x}_i),\cdots,f_n(\vec{x}_i)\} \tag{5-1}$$

式中，DR 为适当的决策规则；x_i 为决策向量，$x_i=(x_1,x_2,x_3,x_4)$，x_1 为常规公交系统，x_2 为快速公交系统，x_3 为轻轨系统，x_4 为地铁系统；$f_n(\vec{x}_i)$ 为目标向量。对城市公共交通主要发展模式选择问题求解的核心是对各备选方案进行评价后排定各方案的优劣次序，再从中选优。

城市公共交通发展模式决策矩阵的建立，选取各公共交通模式的技术经济特征参数，并确定城市公共交通各发展模式的属性值矩阵。本章采用常用的确定权的方法——层次分析法来确定城市公共交通发展模式属性指标的权重。

根据 $C_i=\sum_{j=1}^{n}w_jz_{ij}(i=1,2,3,4)$ 的大小排出城市公共交通发展模式的优劣，式中，C_i 为第 i 种公共交通模式评价值；w_j 为第 j 个特性指标权重；z_{ij} 为第 i 种公共交通模式的第 j 个特性指标。分值最大值为 1，最小值为 0，分值愈大愈优，得分最大者即为所得城市公共交通较优发展模式，通过定义城市公共交通模式供求匹配指数来判别城市公共交通的供需平衡情况。

2）决策矩阵的建立和属性值计算

在选择城市公共交通发展模式时，首先需要在交通分区内选择相应的决策指标，建立城市公共交通模式决策矩阵，见表 5-9。

城市公共交通模式决策矩阵 表 5-9

公交方式特性指标		模　式			
		普通公交	快速公交/有轨电车	轻轨	地铁
y_1	适应距离（km）				
y_2	运营速度（km/h）				
y_3	静态占地面积（m^2/座位）				
y_4	客运能力（万人次/h）				
y_5	投资费用（百万元/km）				
y_6	噪声污染（以公共汽车为 1）				
y_7	空气污染（以公共汽车为 1）				
y_8	可达性				
y_9	舒适性				
y_{10}	安全性				
y_{11}	通畅性				

续上表

公交方式特性指标		模式			
		普通公交	快速公交/有轨电车	轻轨	地铁
y_{12}	系统灵活性				
y_{13}	财政补贴				
y_{14}	资金回收				
y_{15}	建设周期				
y_{16}	对行驶载体的要求				
y_{17}	对乘客的吸引力				
y_{18}	信息化程度				
y_{19}	与城市布局、规模的适应性				
y_{20}	与城市客流量的适应性				
y_{21}	与城市经济实力的适应性				

建立城市公共交通模式决策矩阵之后，可以采用层次分析法确定城市公共交通模式属性指标权重，打分得到比较判断矩阵，并计算特征向量的分向量，经归一化处理后得到各指标的权重。

用表5-7中的决策矩阵属性值乘以各指标由层次分析法算出的权重，得到城市公共交通系统中各公交方式的评价值，对各交通方式进行评价，综合评价选择各交通分区的公共交通系统发展模式。

第 6 章

考虑空间异质性的城市公共交通系统结构优化

6.1 城市公共交通系统结构优化的必要性和目标

6.2 空间异质性对居民出行选择的影响

6.3 考虑空间异质性的公共交通基础设施布局

6.4 典型案例

6.1 城市公共交通系统结构优化的必要性和目标

6.1.1 城市公共交通系统结构优化概念

所谓城市公共交通系统结构优化，是指基于一定的道路、场站、运营车辆、交通环境及资金等条件，在确保对环境和城市居民的影响最低的前提下，通过技术及政策手段使城市公共交通系统以最低的成本、最短的社会时间运送最多的乘客，从而取得最大的社会效益和经济效益，形成可持续发展的城市公共交通系统。

对公共交通系统结构进行优化，不仅是通过协调不同公共交通方式增长速度实现其在交通结构中比例关系的变化，更重要的是通过优化实现整个公共交通结构中主导方式的更替。由于城市公共交通的非完全竞争性、强外部性和共用特性，其社会环境效益主要体现在减少城市交通拥挤、交通事故与交通环境污染、为交通弱者提供服务、提高地区的可达性和促进土地增值等方面。因此，无论是某种交通方式的增长，还是主导方式的更替都在一定程度上取决于政府制定的交通政策和公共交通习俗、制度、居民出行行为特征等。

6.1.2 城市公共交通系统结构优化的必要性

作为城市交通运输系统的一个重要组成部分，城市公共交通系统在城市经济建设和社会生活中有着至关重要的作用，在城市发展中具有不可替代的作用，从某种意义上说，没有城市公共交通系统的高效运转就没有城市的现代化。同时，作为公共服务体系的重要内容，加强城市公共交通系统的管理，有利于满足居民日益增长的对美好出行的需要，促进政转变府职能、维护社会稳定、提升公共服务水平。优化城市公共交通系统结构有利于发挥交通运输系统综合效益,是改善城市交通状况的重要支撑,是提高公共交通效率最有效的途径。

城市公共交通系统结构优化过程是城市社会经济活动的集中反映,不仅能够对城市经济、社会发展起着积极的促进作用,而且能够对有限的城市公共交通资源实现最佳配置。城市公共交通结构的优化是城市经济在特定发展阶段内,政府管理部门或者规划部门根据对城市自身特征的认识,结合城市空间范围内可能规划或建设的几种公共客运交通方式的经济特点和功能定位,对城市公共交通结构加以改变或择优,使得城市公共交通资源(土地、能源和资金等)的配置达到最佳状态。

公共交通系统结构对于城市经济、社会和环境具有重要意义,对资源的空间配置具有极其重要性。宏观层面上,不同的城市公共交通系统结构会对城市整体经济效益和社会、环境效益产生不同的影响;微观层面上,不同的公共交通系统结构不仅引导不同层次居民形成合理的交通出行习惯、意愿,而且有助于实现公共交通参与人(管理者、经营者、出行者)在特定政策设计条件下达到某种最佳效益的均衡。然而,由于城市公共交通资源市场本身存在的缺陷、交通资源的特殊性以及结构中各种公共交通方式的经济特点等决定的交通资源的最优配置机制仅仅通过市场机制是难以达到的。

1)城市公共交通资源市场的缺陷

城市公共交通系统作为城市社会经济发展的基础产业,主要包括道路轨道、场站等基础设施、交通工具、收费系统、交通控制和管理设施等。其中,交通枢纽、场站和收费系统等可以通过市场机制经营和管理,通过市场调节作用能够确保其在城市交通结构演化和优化过程中起着一定的作用,但是对于交通系统所特有的大多数基础设施的规划和建设,主要目的是尽可能多地实现城市公共交通的社会效益、环境效益而非经济效益。因此,这些可利用的交通资源存在着非常明显的共用性、外部性和非完全竞争等基本特征,正是由于这些特征的存在使得公共交通市场存在着一定缺陷。

以土地资源为例,城市土地资源市场是一个不完全竞争的市场,政府对土地市场完全不进行干预的情况是不存在的。目前很多城市公共交通规划中都会有着非常严格的土地利用规划,比较流行的应用是以公共交通为导向的土地利用模式和集约式土地利用模式,这些应用说明了政府需要通过严密的城市交通规划和土地法规政策、税收等手段对土地这种涉及面广、整体性强的公共资源市场加以干涉,以尽可能地实现土地资源的合理配置。

由于城市土地资源市场的外部性特征,导致在城市重大公共交通基础设施选址决策中发生的任何失误都可能给私人和社会带来极大的效用和效率的损失,尤其是大运量公共交通系统基础设施的布局,一旦造成重大错误,其影响不但范围广,而且深远。例如,城市轻轨交通系统的布局方式,可以选择高架、地面或者地下,在某一区域内布局方式的选取必定会对沿线的人文环境、其他交通方式的通行空间和自然环境带来较大程度上的改变。如果选择不当,会在较长一段时间内造成其他交通方式出行者的出行不便、景观破坏和噪声扰民等负面的外部性影响。因此,为防患于未然,对城市公共交通系统结构进行优化,特别是对占据主导地位的公共交通方式所占用的土地资源进行全方位的论证就显得格外重要。

2)城市公共交通资源的特殊性

由于城市公共交通属于非竞争性、耗资大且资金回收周期长的基础产业,难以完全依靠市场机制发展。因此,为了能够在城市区域内实现公共交通资源的合理配置,政府有必要通过政府投资以及相应的政策设计等进行干预,在保证公共交通系统内部资源有效配置的基础上,通过社会整体资源的转移,实现全社会资源合理配置的目的。以政府对城市公共交通的资金资源的配置为例,在市场调节难以起作用的情况下,政府投资能够对公共交通系统可利用的资金配置的合理性进行补充和改善,尤其是加强非经营性公共交通基础设施的投资以及公共交通企业非经营性亏损的补贴力度,有利于提高公共交通系统整体经济效益。

开展城市公共交通系统结构优化,并不仅仅是由政府通过一套完整的指令计划对城市公共交通资金、土地和能源等资源进行配置。在计划经济时代,由于经济活动空间安排的决策权高度集中,使得公共交通经营者几乎没有任何选择的余地,导致不同城市公共交通资源,以及城市内部不同等级资源的效用和稀缺程度不能通过价格、地租的差异及其变动来反映,从而造成区位成本失真。缺少来自市场的关于土地、资金等资源配置方面的正确信息,决策部门就难以对大量交通建设用地和资金的需求做出切合实际的安排,更难以根据经营者对土地、资金等的需求进行最佳配置。不合理的资源配置不仅不利于城市公共交通系统结构的调整和完善,而且会大大降低土地、资金和能源等资源的使用效益和机会成本,进而造成资源浪费。

6.1.3 城市公共交通系统结构优化总体目标

对城市公共交通系统结构进行优化是为了让市民在出行活动中掌握交通主动权,实现方便、省时、经济的出行。在因时(交通的高峰和低谷)、因地(城市核心区、中心商务区、市郊)而确定的不同交通方式出行分担率分配的基础上,充分发挥不同交通方式内在的优势,在竞争中完善自己。从交通管理角度来讲,对公共交通系统结构进行优化,应着重研究各种交通方式的组合,以获得更高的城市客运效率。在我国各大城市的公共交通系统规划中,一个运行良好的公共交通系统的构建并不一定要在轨道交通、常规公共交通或者快速公共交通中做出选择,而是要充分发挥各种公共交通方式的特色,根据城市发展特征及需求确定它们在交通构成中的比例。在对城市公共交通系统结构进行优化时,不能忽略私人交通方式的重要性。需要确定私人交通方式的定位及其功能,有效衔接其与各公共交通方式的关系,确保公共交通系统满足出行需求,为公共交通系统结构优化提供前提和关键条件。

6.1.4 影响城市公共交通系统结构优化的因素分析

影响城市公共交通系统结构优化的因素较多,主要分为客观因素和主观因素。

1)影响城市公共交通系统结构优化的客观因素

城市公共交通系统与城市居民赖以生存的环境之间存在着密切的输入输出关系。一方面,城市公共交通系统占用了城市土地等资源;另一方面,城市公共交通系统的发展也为居民出行提供了便利,促进了土地开发,推动了经济发展,增强了城市联系,但同时,也带来了诸如道路拥挤、交通拥堵、空气污染、噪声污染、振动等社会问题,对居民生活带来了负面影响。因此,城市公共交通系统的发展应与道路资源的发展相适应,并且,城市公共交通系统的发展速度应与环境承载力相协调。

2)影响城市公共交通系统结构优化的主观因素

城市公共交通系统结构优化除客观因素影响外,必须重视主观因素作用的发挥,要重视发挥人的主观能动性这一因素在城市公共交通系统优化过程中的积极作用。具体而言,影响城市公共交通系统结构优化的主观因素主要包括以下 4 个方面:

(1)城市公共交通规划。

城市公共交通的规划是影响城市公共交通系统优化的第一要素,规划要符合城市发展的实际需要,要符合城市公共交通的技术规范,以保障城市公共交通系统优化的"纲举目张"。作为城市综合交通规划的核心组成部分,城市公共交通专项规划要在充分调研的基础上做好规划。同时,还要科学地对交通资源进行配置,建立以公共交通为导向的城市发展模式,充分考虑不同交通方式之间高效衔接,重点确定城市公共交通运营结构、线网分布、场站布局、用地规模、建设计划等,切实防止和纠正违反规划、侵占公共交通基础设施及其建设用地的行为,保证优先发展城市公共交通的需要。

(2)城市公共交通的组织。

近年来,我国城市公共交通在基础设施建设、车辆更新等硬件投入上有了很大提高,但公共交通的舒适性、快速性、便捷性却不尽人意,主要原因还在于城市公共交通的运营管理方面还存在不足。在科学规划、有效实施的前提下,应大力提升城市公共交通的运营组织水平。根据城市自身特点,在大力发展常规公交系统的同时,应加快城市轨道交通及快速公交建设。科学规划、设置公交专用道和公交优先通行信号系统,调整公交车辆与其他社会车辆的路权使用分配关系,提高公交车辆运营速度和道路资源利用率。为确保公交车辆的优先或专用路权,应加大监控和执法力度。

(3)城市公共交通的服务水平。

作为城市的公益事业,城市公共交通如何提升服务水平,如何增强对出行人员的向心力,成为亟待解决的重要问题。特许经营作为提高城市公共交通服务水平的一个重要渠道,要形成国有主导、多方参与、规模经营、有序竞争的格局。在特许经营模式下,对那些经营不善、管理混乱、存在安全生产隐患的企业,要依法责令整改,无法整改或者拒不整改的,可以依法收回特许经营权。另外,要加大城市公共交通市场的监管,进一步加强对城市公共交通企业经营和服务质量的监管，规范企业经营行为，依法查处非法营运、妨碍公共交通正常运行、危害公共交通安全等行为。同时，要注重提高公共交通服务水平，提高车辆运营效能，加快车辆更新步伐，加强设施装备维护，提升驾乘人员服务水平，为群众创造良好的乘车、候车环境。

(4)出行者的心理。

几乎所有的出行者在选择交通方式时主要是从自我方便的角度来考虑的，主要是为了能够在安全的前提下减少出行的在途时间和成本付出，实现“安全、便捷、快速、舒适”的出行方式，因此，人们在出行时就会权衡各种交通方式，把最大化的满足心理需求作为决策和选择的依据。所以在改善城市公共交通系统设施设备水平的同时，要更多地从公众出行的心理状态出发，确定人们对城市公共交通系统的需求，为进一步优化城市公共交通系统结构提供依据。

6.2　空间异质性对居民出行选择的影响

6.2.1　城市空间结构对交通出行的影响

第二次世界大战之后，随着汽车制造业的发展，西方发达国家的小汽车出行水平不断提高，城市空间结构不断发生重大变化，从单中心逐渐向多中心或低密度蔓延转变。城市空间结构对交通出行的影响，主要包括三个方面，即出行模式选择、出行距离及出行时间。通常认为多中心城市空间结构有利于降低小汽车依赖，能够有效缓解单中心城市交通拥堵等问题(图6-1)，但并未得到实际验证。出行距离和时间被认为是衡量城市空间结构的交通绩效的标准，但是目前对于多中心城市空间结构能否降低通勤出行距离和时间存在两种截然相反的观点。

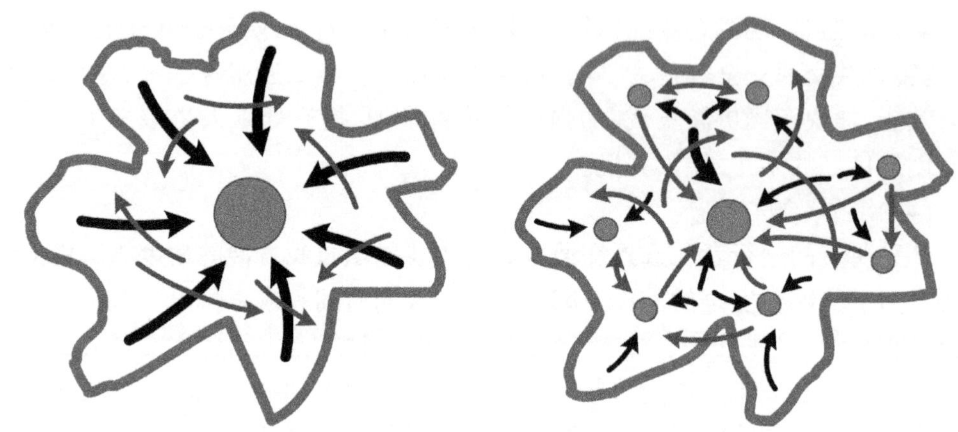

图 6-1　单中心与多中心城市空间结构的交通流向分布示意图

实际上,多中心城市空间结构的出行对小汽车依赖程度更高,单独驾车出行比例也更高。比如在以多中心城市为主的荷兰,居住与就业的空间失衡导致单独驾车通勤出行占比上升,公共交通、步行和自行车出行占比下降。1980—1990 年,美国旧金山湾区就业的分散化非但没有降低小汽车使用,还导致单独驾车通勤出行占比从 1980 年的 55.7% 增加到 1990 年的 61.3%,公共交通出行占比从 19.3% 下降到 15.4%。

单中心城市空间结构支持者认为,在以分散化就业为特征的多中心城市空间结构中,即使就业和居住在总量上达到了空间均衡,也难以从根源上实现就业和居住的真正平衡,他们认为发展快速、高效、低污染的公共交通才是缓解交通问题的有效方法。

多中心城市空间结构支持者认为,单中心城市空间结构特点不可避免地会导致地价过高,产生交通拥堵及环境污染等问题,为逃避这些问题,应将更多的就业机会设置在城市外围地区,从而引导居民向城市外围地区搬迁,通过周期性调整实现就业与居住区位在城市外围空间的再集聚,进而降低通勤出行距离和时间。

全球主要城市中,典型的单中心城市空间结构城市有俄罗斯的莫斯科、印度尼西亚的雅加达;典型的多中心城市空间结构城市有德国的柏林、英国的伦敦。

总体而言,学者普遍认为城市空间结构决定了就业和居住的空间分布,进而影响交通出行。“协同区位选择(co-location)”理论支持者认为多中心城市空间结构能够减少城市中心区与外围郊区的交通出行需求,从而能够从整体上降低城市通勤出行距离和时间。然而,部分实证表明,在郊区实现就业和居住的空间平衡之前,多中心城市空间结构对交通出行的正向影响很难成立,即单一的就业分散化或居住分散化反而会增加通勤出行距离和时间。因此,多中心城市空间结构能够降低通勤出行距离和通勤出行时间的关键在于,应通过城市规划等政策措施主动引导功能分区的有机整合,从总量和结构上促进就业与居住的空间平衡。

基于汤姆逊(Thomson)提出的城市交通和土地利用五大发展战略,即"充分发展小汽车的战略""限制市中心的战略""保持强大市中心的战略""低成本的战略"及"限制交通的战略",Rodrigue 总结细分了这 4 种城市空间结构并剖析了其对交通出行的影响。

首先是完全机动化的交通网络(completely motorized network)城市结构。这类型的城市没有明显的市中心,城市通过网络化的高速公路或主干道连接,土地利用以低密度、分散型发展为主要特征,拥有充足的停车场,交通出行完全依靠私人小汽车。由于对小汽车依赖较强,这类城市的交通能源消耗及碳排放较高。这类城市兴起于第二次世界大战之后,主要以北美国家城市为代表,比如美国的洛杉矶、底特律、菲尼克斯、达拉斯、丹佛和盐湖城等。

其次是弱中心(weak center)城市空间结构。这类城市的市中心规模较小,并有放射形的道路网。大部分就业机会分布在城市郊区或边缘地带,以小汽车作为主要交通出行方式,通过规模不大的公共交通系统满足早晚到市中心的通勤出行需求,例如修建几条放射形的轨道交通线路供通勤者上下班使用,不需要构建综合公共交通系统(图 6-2)。由于该类城市以小汽车出行为主,所以交通能源消耗及碳排放依然较高。其中典型的代表城市有美国的旧金山、芝加哥、波士顿,澳大利亚的墨尔本等。

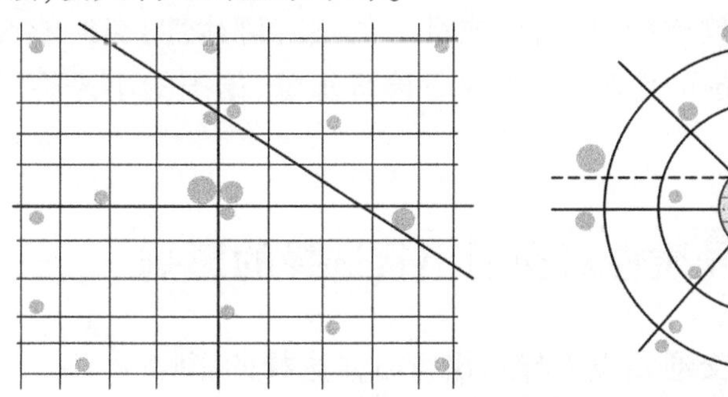

图 6-2　完全机动化交通网络及弱中心的城市空间结构与交通出行关系示意图

再次是强中心(strong center)城市空间结构。这类城市往往有一个功能强大的市中心,且中心区土地利用强度较高,可达性较好,以公共交通出行为主。这类城市倾向于通过建设环路把市中心的活动引导出去,建设放射路为市中心增加活动。在放射形的交通路线上,公共交通与私人小汽车相互竞争,在竞争中达到平衡,交通能源消耗及碳排放相对有所降低(图6-3)。以美国的纽约、法国的巴黎、日本的东京、德国的汉堡等城市为典型代表。

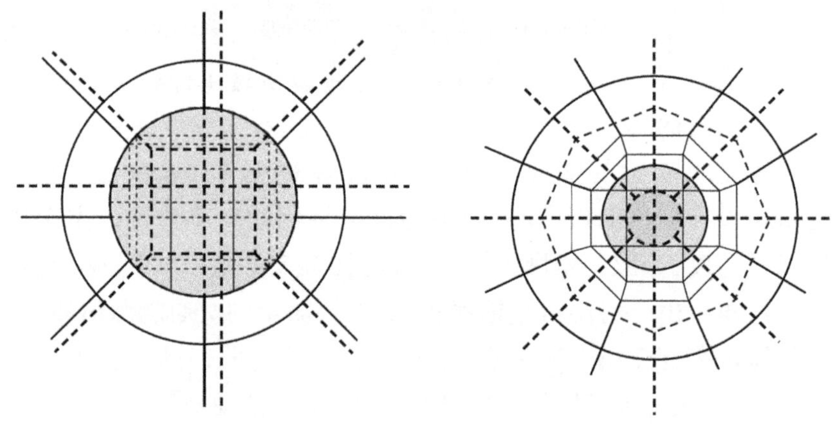

图6-3　强中心及限制交通的城市空间结构与交通出行关系示意图

最后是限制交通(traffic limitation)的城市空间结构。这类城市有一个强大的市中心,拥有较高的土地利用强度,并配有优质的公共交通服务系统,在市中心基础上设有许多分等级的中心,即分区中心(sector center)、郊区中心(suburban center)和邻里中心(neighborhood center)等,这些中心的功能作用由其空间区位所决定。在城市中心区与边缘区交界处,提供良好的公共交通服务,另外,通过在市中心采取降低停车供给、拥挤收费等措施限制小汽车的使用。私人小汽车与公共交通可以有效衔接,从而形成良好的空间可达性,交通能源消耗及碳排放相对降低。以英国的伦敦、瑞典的斯德哥尔摩、德国的不来梅等城市为典型代表。

6.2.2 城市空间异质性对交通出行选择的影响

1)居住地距离公共交通站点差异对出行方式选择的影响

根据城市土地经济相关理论,可达性是决定土地利用性质和土地开发强度的重要因素。公共交通系统通过线路将公共交通站点与城市的主要功能活动区连接起来组成公共交通网络,使客流具有较高的可达性。距离公共交通站点的远近在很大程度上决定了居民选择公共交通出行的方便程度。Robert Cervero 研究发现,在轨道站点周边 1 平方英里(约合 2.59km^2)范围内,不同城市轨道交通在通勤出行中的占比在 20%(加利福尼亚)和 60%(加拿大)之间。居住地离轨道站点越近的居民越倾向于选择轨道交通出行。按照从居住地到最近站点的实际出行距离将公共交通站点地区划分为 0~500m、500~1000m、1000~1500m 和大于 1500m 四个区域,对应居住选址的选择项集合,确定居住地选择和出行方式选择的影响因素与联合选择项集合。

当以居住地位置或区位作为选择肢时,不可避免会产生选择肢间的空间相关性。图 6-4 表示公共交通站点周边所划分的不同范围内,相邻环形区域具有空间相关性特点。

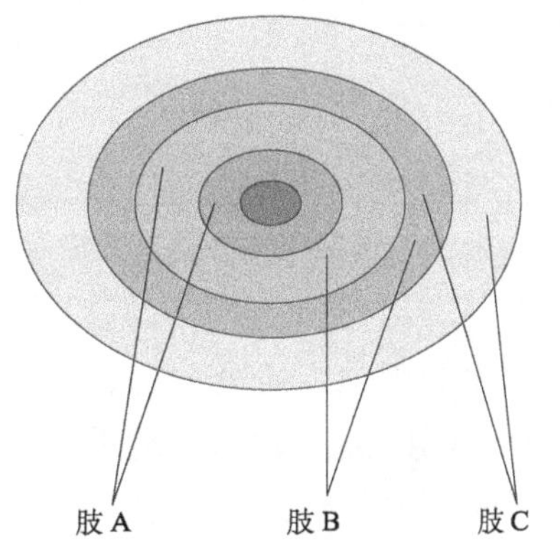

图 6-4 公共交通站点周边相邻区域空间相关示意图

居民在选择住宅区位置时,通常以工作地为中心,考虑可选择空间内的住宅,因此居住地到工作地选择集合设置为小于 500m、500~1000m、1000~1500m 和大于 1500m 的不同环形区域。出行方式选择集合包括公共交通和小汽车两种出行方式。对以上两个选择集合进行组合,构成公共交通站点周边居住和出行方式联合选择项集合,见表 6-1。

出行距离及出行方式选择 表 6-1

选择项	居住地到最近公共交通站点距离(m)	隶属结构	主要选择的出行方式	居住地到工作地距离(km)
1	<500	肢 A	公共交通	<5
				5~10
				10~15
2		肢 A	小汽车	>15
3	500~1000	肢 A 和肢 B	公共交通	<5
				5~10

续上表

<table>
<tr><th>选　择　项</th><th>居住地到最近公共交通站点距离(m)</th><th>隶属结构</th><th>主要选择的出行方式</th><th>居住地到工作地距离(km)</th></tr>
<tr><td rowspan="2">4</td><td rowspan="2">500～1000</td><td rowspan="2">肢 A 和肢 B</td><td rowspan="2">小汽车</td><td>10～15</td></tr>
<tr><td>>15</td></tr>
<tr><td rowspan="2">5</td><td rowspan="4">1000～1500</td><td rowspan="2">肢 B 和肢 C</td><td rowspan="2">公共交通</td><td><5</td></tr>
<tr><td>5～10</td></tr>
<tr><td rowspan="2">6</td><td rowspan="2">肢 B 和肢 C</td><td rowspan="2">小汽车</td><td>10～15</td></tr>
<tr><td>>15</td></tr>
<tr><td>7</td><td rowspan="4">>1500</td><td>肢 C</td><td>公共交通</td><td><5</td></tr>
<tr><td rowspan="3">8</td><td rowspan="3">肢 C</td><td rowspan="3">小汽车</td><td>5～10</td></tr>
<tr><td>10～15</td></tr>
<tr><td>>15</td></tr>
</table>

城市公共交通的发展,缩短了居住区域与就业区域之间的通勤时间,方便了人们的出行,改变了人们以出行距离作为判断便捷性的理念,改变了人们选房置业的观念。研究表明,居民在选择住房时更加关心的是工作地到居住地的通勤时间距离。时间距离反映了区位的交通可达性。工作地和居住地之间的出行时间对居住区位的选择具有决定性的影响。

在覆盖全美的调查中,TOD 最大的贡献是提高了公共交通的出行比率。在旧金山湾区,基于 2000 年的人口调查数据利用 GIS 技术建立了统计分析模型。结果表明,居住密度和城市邻里规模之间有着显著的相关性,由于密度增加、土地使用的多样性以及邻里间行人导向设计,通勤出行中使用公共交通的比例明显增加。具体分析如下:在典型的湾区站点地区,邻里平均规模为 6 英亩。当平均居住密度从 10 个居住单元/英亩增加到 20 个居住单元/英亩时,通勤出行中公共交通比例从 20.4% 增长到 24.1%。若邻里平均规模为 4 英亩,则通勤出行中公共交通比例增长到 27.6%。办公和零售业开发规模的增加预示着相应的公共交通出行比例的提升。同时在站点周边,每增加 10000 平方英尺(约合 930m^2)办公和零售业的楼宇面积,则增加 50 位乘坐公交的消费者;而每增加 1000 个居住单元,则每天增加 100 位使用轨道交通换乘的乘客,同时至少增加 50 位搭乘轨道交通的乘客。

相关研究发现,TOD 可以降低 22.5% 的小汽车工作通勤,增加 27% 的公共交通和非机动方式出行，减少18%的道路交通拥堵。由此可见，公共交通站点布局及其周围土地的开发利用模式是决定公共交通线路能否合理引导和优化城市用地功能布局和城市空间结构的关键，其对小汽车出行比例影响见表6-2。

公共交通周边不同用地模式对小汽车出行率的影响 表6-2

土地利用模式	小汽车出行减少率
围绕公共交通站点中心居住区开发	10%
围绕公共交通站点中心商业设施开发	15%
沿公共交通走廊的居住区开发	5%
沿公共交通走廊的商业设施开发	7%
围绕公共交通站点以居住为主的混合用地开发	15%
围绕公共交通站点以商业为主的混合用地开发	20%
沿公共交通走廊以居住为主的混合用地开发	7%
沿公共交通走廊以商业为主的混合用地开发	10%
居住混合用地开发	5%
商业混合用地开发	7%

根据Alonso的竞租理论，城市内部土地价值的差异会导致交通成本或可达性差异，家庭选择城市住房的位置需要权衡交通费用和住房费。通常而言，区位的可达性越高，人们愿意为之支付的价格就越高。过去大量有关城市地价空间结构的研究往往以直线距离作为区位可达性的代理变量，而现实中区位的交通可达性虽然与直线距离有一定的关系，但更与时间距离有关。例如，位于以市中心为原点的同心圆上的不同住宅区，如果到市中心的时间越短，或者相应的交通设施越完善，居民的出行满意度越高，则区位的经济价值越高。

2)空间形态异质性对居民出行方式影响

首先，区域面积对出行方式有明显的影响。在尺度大的区域，由于绕行的距离增加，导致人们减少步行和自行车出行，更多地选择机动车出行。其次，容积率对小汽车出行概率有显著的负向影响。随着容积率的上升，选择小汽车出行的可能性逐渐降低，选择步行的可能性逐渐提高，在高容积率的情况选择不同出行方式的概率从大到小依次为步行、公共交通、自行车、小汽车。第三，土地利用混合度的大小对步行有显著的影响。即随着土地利用混合度的不断提高，居民选择步行通勤的概率会逐渐升高，选择小汽车、公共交通和自行车的概率都会显著降低。相反的，在土地利用混合度低的地方，居民通勤选择不同出行方式的概率从大到小依次为公共交通、自行车、小汽车、步行。

通过对比我国的城市与美国的城市可以发现，我国的城市空间形态和出行方式的关系和美国城市基本一致，但我国的城市空间形态的独特之处也导致一些细微的差别。在面积较大的地区以及土地利用混合度较低的地方，我国居民选择公共交通的概率大于小汽车，而美国居民通常是小汽车出行的概率更高。这和我国城市空间结构特点有关，我国城市的大社区基本在郊区，这些地方的居民拥有私家车的比例不会很高，而美国的郊区属于富人区，私家车是基本配置。土地利用混合度低的地方存在同样的现象。在城市区域内部，公交系统非常发达，开车出行则较为拥堵，因此选择私家车出行的概率低于公交出行。随着通勤距离的增加，居民选择自行车、小汽车和公共交通出行的概率会依次增加。同时，居民在自有住房、商品房居住时选择私家车通勤的概率往往比步行要高，随着住房面积的增加，私家车出行的概率也会随着提高。居民属性对交通出行方式的影响和美国的城市基本一致，女性比男性更倾向于选择公共交通出行，男性比女性更倾向于选择私家车出行；30～39岁的居民选择私家车出行的概率更高，随着年龄增加，其概率逐渐降低，老年群体从健康角度出发更倾向于选择步行出行；高收入群体选择私家车出行的概率明显高于低收入群体。

为了提高公共交通出行比例，减少居民私家车出行，在开展城市空间结构规划时应充分考虑以下方面：①推动小尺度地块开发。在土地出让时应将大地块分割成具有各自相对独立产权的小地块。在进行居住区规划时，应将建筑区作为最小的居住区划分单元并实施封闭管理，居住区和居住小区空间不需要封闭。同时应该避免交通走廊对区域的分割。②合理控制土地利用强度。随着我国城市化进程的推进，城市人口数量不断增加，在进行城市规划时应适度提高土地利用强度，在容积率高的地方配备完善的公共交通系统。为避免城市过度拥挤、交通混乱、容量失控等问题，需要通过城市交通与服务设施容量指标对地块的开发建设强度进行控制。③鼓励土地多功能开发。将具有就业和公共属性的用地引入街区，如办公、商业、公园等，在充分考虑区位、地价等因素的基础上根据用地功能的特征和联系进行空间布局，提高街区的土地利用混合程度。

6.3 考虑空间异质性的公共交通基础设施布局

6.3.1 城市公共交通基础设施定义及分类

城市公共交通基础设施,是公共交通服务城市建设、经济发展和广大乘客的基本要件。主要包括公交车辆、线路、站点、停保场、枢纽站和信息系统及后勤指挥调度基地等。城市公共交通基础设施建设作为公共交通整体功能的重要体现,与城市建设、社会经济以及城市人民的生产、生活息息相关。完善城市公共交通基础设施,对于城市建设和社会经济发展,具有重要的现实意义和深远的战略意义。

根据划分方式不同,可以将城市公共交通基础设施分为不同类别,例如按交通运输工具分为公共汽电车交通设施和城市轨道交通设施,按服务空间分为市内公共交通基础设施和城乡公共交通基础设施等。在保证整个公共交通基础设施完整的基础上,为优化城市内部公共交通基础设施布局,将城市公共交通基础设施按功能划分如下:

(1)道路基础设施:包括承载公共交通线网的城市道路网络系统、城市公共交通停车设施、公共交通站点(首末站、枢纽站、中间停靠站)。

(2)公共交通安全设施:包括人行过街地道、人行高架桥、平交口护栏与行人通行护栏、人行横道,港湾式停靠站、车辆停靠区等行人和车辆安全装置。

(3)公共交通服务设施:指停放和保养公共交通工具的空间场所,如公交车辆保养场、加汽(油)站、充电站、自行车停车区等。

(4)公共交通管理设施:指为减少交通事故、提高公共交通速度和通行能力,由交通管理部门统一设置的公共交通标志、信号灯及路面标志标线(公交专用道),以及公共交通调度指挥系统。

(5)其他设施:指除了城市公共交通停车场地和车辆加油站之外的其他服务设施,包括充值处、闸机、安检、电梯、公共厕所、自动取款机、站点候车棚、路灯,以及针对特殊群体的无障碍通道、残疾人轮椅坡道、盲文指示牌等。

6.3.2 城市公共交通基础设施在城市系统中的功能定位

城市公共交通基础设施的基本功能可概括为以下几个方面:首先是交通运输本体功能,即为公共交通出行提供便利和空间载体;其次是派生功能,例如公共交通场站的商业服务;再次是作为城市空间形态的支撑功能,为各类需求空间提供依托,引导城市空间的发展;最后是美学功能,主要体现在反映城市风貌和历史文化上。

1)交通运输功能

公共交通基础设施具有多样的、具体的和动态的交通运输功能,要做好公共交通基础设施布局规划和设计,就必须先弄清楚交通运输功能的内部联系。首先,要了解交通行为,不同的交通行为需要不同的设施布局。交通行为基本上可以划分为“行”和“停”两方面,其中行又分为三个方面:“通”“达”“寻”,“通”表示迅速通行,“达”表示进出城市某区域,“寻”表示寻找目的地,这三种行为对速度的要求不同,处理不当就会影响公共交通设施的利用效率。其次,要了解服务对象,即车和人。由于不同类型的公共交通模式对基础设施布局的要求不尽相同,甚至还存在相互矛盾的地方,因此在规划公共交通线网、设计设施布局时应尽量使之各得其所,减少彼此间的矛盾冲突。最后,要了解交通需求,掌握每天的早晚高峰需求,每年的节日、旅游旺季,临时性的需求变化等。

2)美学功能

城市公共交通基础设施除了具有交通运输功能外,还具有一定的文化价值,在一定程度上展现城市的风貌和历史文化。首先,公共交通基础设施是城市景观的组成部分,因此,在规划设计时既要考虑设施本身的美观,也要考虑到其与周边环境的协调搭配,应在满足交通功能的前提下与城市的自然环境(山体、水面、绿地等)、人文景观(传统街巷、特色建筑等)有机结合在一起,组成和谐而富有韵律、赏心悦目的城市景观。其次,在布设照明设施时,应做到美观、合理,尤其对于地铁内部的照明设施,既要保障安全又要节能、美观。

3)依托和引导功能

城市居民的活动依赖于公共交通,公共交通的存在也要依靠城市居民的活动。这种相互依赖的关系赋予了城市公共交通基础设施的依托功能。另外,有些地方依托公共交通场站建设商贸活动场所,交通功能则成为次属功能。这些依托关系使城市公共交通基础设施具有了引导城市空间发展的功能。宏观方面,城市公共交通线网引导城市空间结构,而城市空间结构影响城市内外运输系统效率,因此,基于这种引导和影响作用,有必要对城市公共交通线网进行合理规划。微观方面,一个城市的公共交通组织模式和交通方式与城市用地模式和微观布局密切相关,城市合理的微观用地布局结构需要科学的公共交通设施布局来引导。由上述可知,城市公共交通基础设施规划和建设影响城市宏观方面的空间布局结构和微观方面的用地布局,城市空间格局演变的主要原因之一就是公共交通方式的变革和网络布局的建设。合理引导城市空间结构,实现城市公共交通和城市用地的相互协调发展,是城市公共交通基础设施规划布局中需要深入考虑的内容。

除上述功能外,城市公共交通基础设施还有一些其他功能,比如对城市轨道交通站点进行商业开发,实现其商业功能。

6.3.3 影响城市公共交通基础设施布局的因素

城市的人口规模、经济发展程度、自然环境等因素决定了城市的特征,城市的交通基础设施布局与城市的特征息息相关,因此,要合理科学地规划布局城市公共交通基础设施,首先要考虑其与城市特征之间的相互关系。

1)城市的人口规模

城市的人口规模对城市交通的影响主要体现在以下几个方面:①一个城市的居民出行总量在很大程度上取决于该城市的人口规模,人口规模大,城市居民的出行总量也大;反之亦然。②城市的人口规模影响着城市居民的出行次数,总体来说,在同一时期,人口规模大的城市,居民的出行成本比较高,出行次数相应比较少;人口规模小的城市,居民出行成本低,出行次数较多。③城市的人口规模影响居民的出行时耗,以上海为例,20 世纪末,上海常住人口为710 万人，居民出行平均耗时35.56min；到2017年底，其常住人口增加到2415.27万人时，居民出行平均耗时增长到近1h。④城市人口规模影响城市居民的出行距离。居民的平均出行距离随着城市人口规模的增加而增加，通过对我国部分城市居民出行的一次平均消耗时间和出行距离进行分析，可得出我国城市的平均出行距离与城市人口之间的关系为：

$$\text{平均出行距离} = K \times \text{城市人口数}$$

式中，K是不同类型城市出行距离修正系数，按表6-3取值。

不同类型城市出行距离修正系数 表6-3

城市形态	块状	稍不紧凑	不紧凑	明显不紧凑	典型带状
K	0.68	0.75	0.81	0.87	0.93

资料来源：王炜. 城市交通规划[M]. 北京：人民交通出版社，1998.

显然，一个城市的公共交通基础设施布局与该城市的人口总量之间关系密切，当城市人口规模达到一定程度时，在规模经济的作用下，城市将会增加一定量的公共交通基础设施，从而更多的居民将会被吸引过来；但是公共交通基础设施和人口规模不是线性关系，交通便利的城市将会吸引更多的人迁入，最终又将造成人口过度集中，而大量的人口将使该区域交通需求剧增，导致公共交通供不应求，带来诸多交通问题；因此，人口规模较大的城市，合理、高效地疏导中心城区的人口，优化公共交通基础设施布局对美化城市环境、缓解城市交通压力具有重要的现实意义。

2）城市的用地布局

城市交通和土地利用相互作用推动了城市空间结构的拓展。土地为城市的社会经济活动提供场所，性质不同的土地分布在城市的不同区域，正是这种分离产生了交通流，往来于各种性质的土地之间的交通流构成了复杂的道路交通网络。城市交通与土地利用在宏观上存在“源”和“流”的互动关系，“源”与“流”互为影响因素：

一方面，土地利用是城市交通的源头，不同的用地布局影响城市居民的出行规模和出行方式；另一方面，城市各区域基础设施建设决定了土地的利用形式，这种利用形式因为交通设施的完善而改变。

在城市演变过程中，城市用地、城市交通之间相互作用、相互制约，要使城市呈现良好发展态势，就要促使两者之间协调发展。土地利用模式决定城市交通模式，具体来说，低密度分散模式的特点是不同性质的用地布局分散，土地利用密度低，该模式下的城市通常具有多个中心城区，居住、上学、购物等区域各自分离，用地分散导致城市边缘向郊区蔓延，浪费现有的土地资源，土地利用率低。该模式下，单位土地面积产生的交通需求很小且分布不均，因此不适宜建设公共交通组织模式，而比较适宜运输量较小且快捷灵活的私人交通方式。高密度集中模式的特点是土地利用率高，土地利用性质多样化、全面化，城市布局紧凑，该模式下城市通常只有一个有吸引力的市中心区域，土地利用布局比较合理，通常只包括数不多的购物广场、工厂区域和高档住宅区。这种土地利用模式可以有效地抑制城市的无限蔓延，能够充分利用现有土地资源，缩短居民出行时耗。高密度集中模式下的城市土地利用布局相对合理，土地集约化程度也较高，在高密度集中模式下，交通出行者通常会被吸引到同一目的地，因此与此用地布局相适应的是大运量、高速度的公共交通运输方式。城市土地利用模式和城市交通的关系如图 6-5 所示。

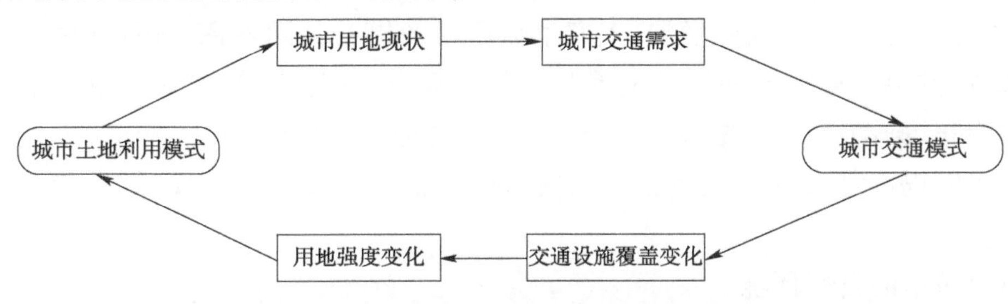

图 6-5　城市土地利用模式和城市交通的相互关系

不同性质的用地构成了整个城市的用地结构，不同的城市用地布局又对交通需求产生影响，合理的规划土地利用性质、利用强度和利用布局，提高城市区域用地的综合程度，是减轻城市道路交通负荷，控制交通需求的有效手段之一。

3）城市道路网布局规划

城市道路网布局的合理性对城市的交通、市民的出行、城市经济水平的发展、城市的整体形象等都具有重要的影响，关系着城市交通的发展，影响道路周边土地的价值。因此，在对城市公共交通基础设施进行规划和建设时，除了要充分考虑城市客流的分布外，还要严格考量城市道路网络布局情况，保障公共交通基础设施布局的合理性。一般来讲，在进行公共交通网络布线时，城市的公交线路走向要尽量与城市内部的主要客流流向相吻合，以便于能够更好地服务于城市居民,同时公交线路的首末站选址应该与较大集散点相吻合。在对公交车停保场的选址时要尽量避开闹市,并且避免与交叉口产生影响,同时停保场还应该与两条以上的道路相连,促进公交线路的合理出行、分布。

4)城市的经济发展

城市公共交通基础设施规划既是城市总体规划的专项规划,同时也是城市交通规划中的专项规划,其硬件和软件设施的规划和建设需要城市经济实力做后盾。同时,随着城市经济的快速发展,城市日渐繁荣,城市的交通需求量将不断增大,也为城市公共交通基础设施的规划和建设提出了更高的要求。如果一个城市的交通拥堵严重,交通安全没有保障,势必会阻碍城市化进程,成为城市经济发展的瓶颈。要想保证城市的经济发展和交通规划建设能够相辅相成地良性循环发展,就要大力发展经济,以强大的经济实力作为后盾,辅之以先进的理念、完善的交通基础设施和交通管理政策。城市公共交通基础设施规划和建设与社会经济发展同样呈现相互依存、相互促进、协调发展的动态发展态势,为实现社会经济的持续高效发展、人们生活质量的提升共同发挥作用;从供需角度来看,城市交通系统和经济发展互为供需双方,互为主导,都是以满足居民需求变化、推动经济发展为目标,经济发展的加快、经济结构的转变、人均收入水平的提高都会导致城市公共交通基础设施规划及布局规模、结构等发生变化。

5)城市的自然环境

包括城市地理位置情况与所处地域气候环境因素在内的自然环境因素对城市公共交通基础设施布局规划的影响,主要集中在对可供选址地点影响和对城市公共交通系统发展方向影响两个方面。由于城市公共交通基础设施设置的主要目的是为城市公共交通车辆提供停靠、维修及保养等服务,通常会产生噪声污染、水污染等,所以在对城市公共交通基础设施布局规划时必须考虑设施所处城市的自然环境情况。包括城市原始固有的自然环境,如城市所处地域地势、坡度、风向以及地下水流向等,以及城市规划过程中人工设定的环境因素影响,如城市污水处理、废弃物处理场站等。例如,城市公共交通基础设施选址时尽量选取污水管道下游、城市下风向等适合的区域,在尽量考虑自然环境对公共交通服务影响的同时尽量降低公共交通基础设施对城市自然环境的影响。

6.3.4 城市公共交通设施布局优化与高效利用的思路和原则

1)公共交通设施布局的思路

我国城市经济的发展和机动车数量的快速增长,给城市交通系统带来巨大压力,以往在解决城市交通拥堵等难题时,更多的是增加交通设施供给能力,忽视了对设施布局优化与交通管理措施的改善。仅靠城市交通设施供给的增加难以满足交通需求的增长,导致供给和需求之间矛盾加剧。针对这一难题,需要从系统管理的角度出发,运用科学的手段,提高现有公共交通设施的利用效率和组织管理水平,发挥现有公共交通设施最大的作用。公共交通设施布局优化的目标是在有限的道路空间上,有效地使用公共交通设施,使通行始终处于良好的运行状态。

对城市公共交通基础设施布局进行优化,要从宏观层面合理解决压力均分,从微观层面有效解决矛盾分离。做到以静态硬件为载体,以动态组织为措施,以分离设施冲突为思路,各个击破,促使整体效益最大化,使动态交通组织和静态交通组织有效结合,增加设施调控力。

2)公共交通设施布局的原则

作为城市一系列规划工作中的重要内容之一,公共交通基础设施的布局规划和设计应当结合城市的相关规划布局和计划用地来进行,以保障城市公共交通的良好运营。城市公共交通基础设施布局规划的基本原则包括:

(1)公共交通基础设施布局规划与城市总体规划中的用地相协调。

城市公共交通基础设施的布局应该以满足城市总体规划的要求为前提,满足和符合城市总体规划和城市公共交通线网规划等其他专项规划的要求来进行合理化布设,做到土地资源的利用与城市用地功能相一致,保证公共交通基础设施布局与城市总体规划相一致。

(2)体现公交优先发展的城市交通发展战略。

应根据规划城市的发展战略以及土地利用规划来开展公共交通基础设施的布局规划、建设,以促进城市发展对于土地所产生的需求,进而促进城乡一体化以及组团式城镇体系的形成和发展,最终可促进城市交通合理化。

(3)城市公共交通基础设施布局规划应当适度超前。

在对城市公共交通基础设施进行规划时,既要满足实际需求又要适度超前。例如,公交停保场是车辆维护、停放的重要场所,建设周期、使用周期较长,其规划与建设一定要在与车辆的发展规划相匹配的基础上做到适度超前。

(4)新旧兼容、远近结合。

对于大多数老城区,目前的公共交通基础设施比较陈旧,或者规模不足,在进行规划布局时要充分考虑现有的基础设施,尽量采取改、扩建等,以节省资金投入。

(5)刚性和弹性相结合。

城市内部不同的区域城市功能不尽相同,不同的城市功能对于公共交通基础设施的建设要求存在差异,为更好地进行城市公共交通基础设施的布局和建设,在进行设施规划的过程中应有所区别地选择规划方法,采用不同的规划模式。

(6)定性和定量相结合。

在公共交通基础设施规划过程中,规划者应定性分析设施的发展趋势、用地的布局,还需要定量预测设施的规模,以保证设施规划的合理性。

(7)与道路交通管理相适应。

城市公共交通基础设施的规划应该尽量减少对正常交通的干扰。由于公共交通基础设施的设置或多或少会对周边交通产生一定影响,因此,规划时要充分考虑道路交通管理的要求,尽量减少对正常交通的干扰,必要时应作交通影响评估分析。

6.3.5 公共交通设施优化布局与高效利用的保障体系建设

1)创新机制建设体系

(1)交通管理整合机制。

在新型城镇化发展的过程中,交通问题也日益突出,科学、高效的交通管理体制和运行机制是提高交通系统运行效率的重要保障,也是构建现代综合运输体系的基础条件。当前,部门分割管理模式下所产生的职责不清、政出多门等问题仍然比较突出,部门之间缺乏有效的协调机制,部门之间注重各自利益而忽视协调解决交通问题等弊端暴露无遗。需要借鉴国外先进国家的发展经验和国内主要大城市的良好实践经验，完善现有交通运输管理体制和运行机制，建立能够对各种交通方式实行统一规划、统一建设、统一管理、运行高效的综合交通运输管理机构，实现各种交通方式和运输设施科学发展，实现交通利益最大和交通服务质量最优。

(2)人才引进和培养机制。

城市交通规划与管理是涉及工程学、地理学、管理学等多学科交叉的系统工程。目前，我国在城市交通规划领域还缺乏大量具有专业资格的规划人才，难以满足现代化城市综合交通管理发展的需要。要实现城市交通的可持续发展，构建和谐的城市交通体系，就要创新人才引进机制、完善人才培养机制、激发人才活力，在遵循人才引进的客观规律基础上，树立正确的人才引进观，实施以人才带动交通发展的重要战略举措，建立由“政府引进，市场运作”的多元化人才培养投入机制，切实加强城市交通规划专业技术人员和管理人员的教育和培训，保障城市交通可持续发展。

2)政府政策保障体系

(1)土地利用政策。

城市土地利用反映城市布局的基本形态和城市内功能区的地域差异，根据不同城市的自然地理条件制定科学合理的城市用地政策能够有效地防止城市空间的无序蔓延，提高城市化水平。合理的用地规划与布局是减轻城市交通负荷、控制交通需求的有效手段，能够推动形成科学的城市公共交通系统的空间发展模式、通行能力、空间距离结构模式等。因此，应坚持城市公共交通与土地利用的协调发展，使城市公共交通规划与土地利用紧密结合在一起，注重合理的城市空间结构和用地形态，改变以往只注重发展速度、用地规模和人均用地指标的用地规划，确保公交场站用地及公交设施空间分布的合理性。通过综合考虑公共交通发展模式、基础设施投融资政策、土地利用政策、交通科技等各方面因素协同发展各种公共交通方式，加强土地利用政策与公共交通的协调发展，通过制定一系列适度超前的政策，促进城市公共交通系统结构的更新升级，引导各种交通方式协调发展。

(2)公共交通规划政策。

长期以来，我国注重通过加大交通设施的投入(即拓宽道路，增加道路长度，加大路网密度）以期提高交通通行能力，来解决交通问题。但是，空间资源和资金的限制以及需求的快速增长决定了此举在实施时受到很大的限制。公共交通在保护环境、出行效率、运输能力、服务质量、人均用地面积等方面比其他出行方式有着明显的优势，国外先进经验显示，完善干线网络、发展充分的轨道交通和有效整合各种公共交通方式是治理交通拥堵、提高交通服务水平的有效措施。国外大部分城市的公交分担率在40%～80%之间，换乘系统发达，枢纽站场完善。许多国家还从政策上完善优先发展公共交通的补贴补偿机制，有效地限制私人机动车的不合理使用。当前，如何通过利用科学的办法来提高现有公共交通设施的效率，是亟须考虑的问题。实践中，应当根据城市发展实际情况，将城市总体规划和公共交通专项规划有机结合起来，采用灵活高效的经营管理方式，通过提高信息化程度、采用现代化技术扩大交通服务能力。制定完善的公共交通优先发展政策，重点从运输装备角度加大对公共交通的投资力度。坚持"公共交通优先发展"的战略，通过发展大运量快速公共交通系统、完善公共交通枢纽建设、优化公共交通网络、赋予公共交通设施优先权等一系列措施，切实提高公共交通通行能力和服务质量，增大公共交通吸引力，从整体上提升交通运输系统的运输效率。

（3）交通工具使用与拥有政策。

制定城市交通工具使用相关政策旨在通过减少私家车出行需求，从源头上治理城市交通问题，应与城市公共交通优先发展政策相互配合，通过宣传教育，让城市居民尤其是私家车拥有者牢固树立公共交通优先的意识。相关政策措施应当包括：积极完善公共交通车辆及其相关配套设施，适度发展私人小汽车，根据城市交通供需状况规范出租汽车市场，严格限制使用摩托车，逐步取消助力车，通过限制某些车辆进入城市市中心来减少市中心停车压力，制定严格的噪声和尾气排放标准，实施区域驾驶证等制度确保政策的实施效果。同时，应积极建设换乘枢纽等公共交通设施，鼓励停车换乘。

（4）交通法规规范政策。

当前，我国城市交通法规体系不完善也是导致我国城市交通问题的重要原因之一。通过借鉴国外发达国家的先进经验构建完善的城市交通法规体系来引导城市交通健康发展是提升我国城市交通品质的有效途径。以美国为代表的发达国家在城市交通发展进程中建立了一整套完备的交通法规体系，主要包括交通投资与建设、交通运营与管理、交通安全和交通环境等各个方面，对城市交通发展起到了积极的促进作用。基于我国城市发展的现状，我国应从三个方面构建完善的城市交通法规体系：一是城市交通结构优化法规，包括城市公共交通优先法等；二是城市交通基础设施建设法规，包括公共交通场站法等；三是城市交通能源与环境法规，包括高污车辆报废法规条例等。

另外，我国城市交通规划沿用的仍是20世纪90年代甚至更早的设计规范和标准，在规划、建设和管理等方面尚未形成比较完善的城市交通规划设计规范，亟须修订完善。应当从以下方面着手完善设计规范：一是进一步完善现行城市交通规划规范和技术标准，根据发展要求修正旧标准，增加新内容，并明确规范和标准的应用前提；二是完善交通管理技术规范和标准，在现有的城市交通管理规范和标准的基础上，充分考虑现代化管理手段和信息化技术，形成完整的城市交通管理规范和标准；三是严格机动车辆排污规范，淘汰排放污染物过高的机动车。

3）融资渠道保障体系

城市公共交通基础设施建设资金的缺乏不仅会限制公共交通基础设施建设，而且会限制城市综合交通体系的发展。由于城市公共交通设施的准公共产品属性，其投资难以通过市场手段收回，这就需要对投融资模式进行改革创新。一是应完善政府财政政策，适度扩大公共交通设施承建区的财政权利，优化财政支出结构，防止发生财政越位、缺位和错位现象；二是应完善政府补偿机制，对低于平均利润的私人成本进行合理补偿，以期促进公共交通设施投资的良性发展；三是应创新金融制度，在基础设施建设方面加大政策性银行和商业银行的信贷支持力度，拓宽融资渠道；四是应创新公共交通设施的融资模式，采取投资主体多元化和投资方式多样化的模式，积极引导民间资本参与公共交通设施建设，创新多元化融资模式，通过拓宽广大投资者的投资渠道，为公共交通设施建设搭建新的平台。总体来说，要在政府的主导下，充分发挥市场机制的调节作用，广泛调动民间资本的参与热情，积极推动我国城市公共交通设施建设。

4）科学技术保障体系

（1）环保技术

为了减少公共交通设施带来的污染并尽量降低污染对周围居民和环境带来的危害，有必要开展公共交通设施污染防治技术研究，以最大限度地控制污染危害，实现绿色交通，促进交通的可持续发展。

(2)智能技术

智慧交通是未来城市交通发展的方向，通过将信息技术、传感技术、大数据处理和分析技术、自动控制技术以及系统集成技术等有效结合，建立能够实时、准确地服务于整个交通管理与控制的综合交通运输系统。在当前形势下，我国应加大对公共交通设施的科技投入，努力打造智慧公共交通管理系统，构建现代化的综合公共交通信息系统，创新公共交通管理科技工程，基本实现公共交通管理与服务的智能化、信息化、现代化。另外，还需要进一步创新服务乘客出行的静态和动态信息的信息服务体系，实现公共交通服务的可视化、便捷化，为其完成出行行为提供路况咨询和帮助，提高公共交通系统的整体服务质量。

6.4 典型案例

6.4.1 深圳市公共交通发展情况

“十二五”期间，深圳市围绕“全面落实公交优先发展战略”和“打造国际水准公交都市”的总体目标，基本形成了“轨道交通为骨架、常规公交为网络、出租汽车为补充、慢行交通为延伸”的多层次公共交通体系。至2016年底，已开通轨道线路8条，运营里程285km；公交线路1028条，车辆17182辆，线网里程3080km；出租汽车18322辆(纯电动出租车5804辆)；自行车道2836km，公共自行车2.3万辆；城市公共交通运行速度显著增长，与小汽车之间的运行速度差大幅缩小(图6-6)。公共交通客运量接近每日千万人次(图6-7)，公共交通占机动化分担率达56.5%(图6-8)，城市轨道交通分担率逐年增长，轨道交通骨干作用逐步凸显。

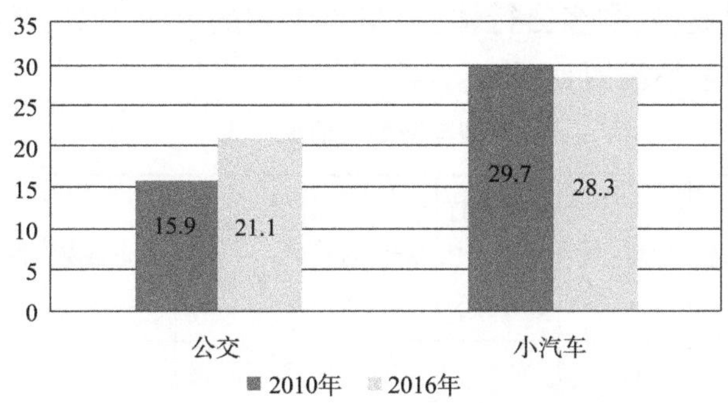

图6-6 高峰期公交和小汽车运行速度(单位:km/h)

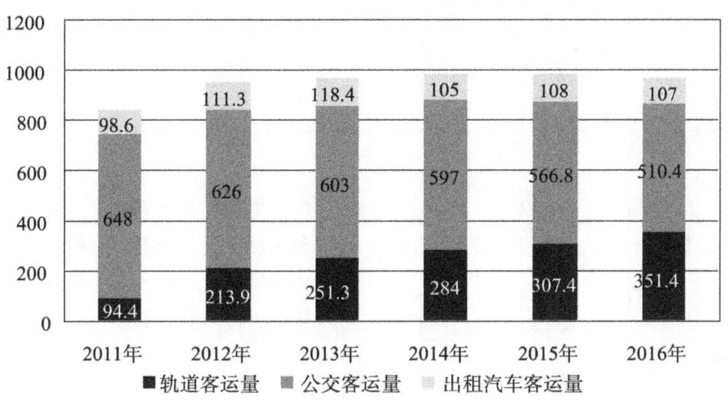

图6-7 公共交通客流量(单位:万人次/日)

图6-8 公共交通占机动化分担率

随着深圳市对公共交通发展投入的持续增加,公共交通系统在网络规模、设施规模、运力规模等方面,与新加坡等国际先进城市相比差距日趋缩小;但在系统的整体运行效率、乘客出行体验、与小汽车的竞争力等方面仍存在较大差距。深圳与新加坡情况对比见表6-4。

深圳与新加坡情况对比　　表6-4

城市	区域概况	轨道	常规公交	全程出行时间(对比小汽车)	平均运速	车厢拥挤情况	准点情况	换乘费用	公共交通机动化分担率
深圳	面积1997km²;常住人口1190.84万人	285km	1028条线路;17182辆车	2.3倍	22.9km/h	不限制上车人数,部分线路车辆乘车拥挤(满载率120%)	公共汽车为83%	换乘相比直达出行增加额外费用	56.5%
新加坡	面积719km²;常住人口554万人	183km	324条线路;5120辆车	1.7倍	30km/h	高峰期巴士承载量不得超过注册客运量的95%	85%的巴士在规定发车时间的5min内离站	换乘出行比直达费用低	63%

6.4.2 三网融合的创新机制

近年来,深圳市在公交都市建设工作过程中,围绕“全面落实公交优先发展战略”和“打造国际水准公交都市”的总体目标,贯彻落实《国务院关于城市优先发展公共交通的指导意见》文件精神,探索公交服务供给侧结构性改革,发展出轨道网-公交网-慢行网紧密结合的“三网融合”创新机制。

1)“三网融合”的发展背景

影响城市公共交通系统效率和服务的主要原因体现在以下三方面:

(1)公共交通与城市空间、土地利用协调不足。

一是轨道交通建设滞后,轨道交通对既有城市就业中心和策略发展区支撑不足。深圳市轨道网络密度为0.27km/km^2,为上海、广州的73%,北京的64%。南山科技园、留仙洞、深圳湾总部基地等新兴就业中心,轨道交通线网密度不足0.5km/km^2,与世界级中央商务区(CBD)差距明显(纽约、东京、新加坡和中国的香港等城市CBD轨道线网密度普遍大于2.5km/km^2)。二是轨道周边用地规划建设整合不足,职住分离趋势加剧,居民出行距离大幅加长,客运走廊潮汐交通压力巨大,公共交通服务超负荷运转。全市居住外迁、岗位内聚的趋势进一步加剧,进出中心城区机动化出行需求增长约1.6倍,年均增长12%。关键走廊、节点公交服务超负荷运转,工作日高峰期,轨道交通1、2、3、4号线往市中心区方向平均满载率超过80%。

(2)公共交通"门到门"出行链关注不够,全过程环节难以整合。

一是换乘枢纽规划建设滞后,影响公共交通一体化、效率、服务提升。未来,深圳将形成"1000公里轨道网+3000公里常规公交网"特大公共交通网络,亟须建设作为网络锚固核心的综合换乘枢纽。二是多元公交网络融合程度有待提升。步行、自行车等慢行交通出行环境较差,距离市民期望仍有较大差距。慢行交通出行环境有待提升。存在步行环境较差、开放空间不足、过街设施不便、骑行道不连续、人车冲突等问题。轨道-公交接驳场站缺乏,轨道一、二期共规划接驳类公交场站65处,仅建成23个(其中永久场站15个,临时场站8个),不考虑临时场站,实际规划落实率仅为35%,距离市民期望仍有较大差距。

(3)运营服务整合困难,融合缺乏基础条件。

一是轨道交通和接驳公交线路的运营计划、时刻表、输运能力匹配衔接不足。从罗湖中心区到南山中心区,在起终点相同的情况下,利用网络出行较利用线路出行费用增加20%~40%。二是一体化换乘信息服务完善程度不足,市民难以预期出行时间。英国交通研究实验室研究表明:每增加一次换乘等候,对于采用公交出行的居民来说,相当于多走了约3.3km;对于采用地铁出行的居民来说,相当于多走了约4.3km。日本部分城市公交停靠站都有"行车时刻表",通过常规公交与轨道交通的调度协调,明确乘客的候车时间预期,保证乘客在换乘过程中的连续性和顺畅性。

综上所述,为打造发达的、一体化绿色公共交通体系,提高轨道-公交-慢行三网融合效率,提升市民全过程公交出行体验,改进公共交通与城市形态的协调关系,形成有利于依赖绿色公共交通方式出行的城市空间形态,深圳市开展了"三网融合"的推进工作。

2)“三网融合”的核心思路

(1)工作目标。

以“三网融合”为突破点,打造“1 公里步行、3 公里自行车、5 公里公交、长距离轨道为主”的一体化公共交通体系,构建紧密配合、无缝衔接、可靠舒适的公共交通服务网络。

(2)战略对策。

通过外部和内部两个层面推动“三网融合”,以构筑更有竞争力的公共交通体系。外部通过与城市空间、用地的协调,为提升“三网融合”的效率和品质提供空间和设施保障;内部通过体系内各方式网络、设施、运营服务的融合发展,打造一体化公共交通体系。

对策一:交通用地融合。发挥交通先导作用,建立宏观、中观、微观多层次互动、高效耦合的交通与土地协调机制,推动土地利用与交通建设协调发展,形成有利于公共交通一体化发展的城市形态。

对策二:设施融合。按照枢纽辐射模式,加快枢纽场站的一体化规划建设,支撑公共交通网络的协同优化,实现公共交通的无缝、高效换乘。加快推进公共交通换乘枢纽节点建设,使枢纽和网络高度衔接配合;推进换乘枢纽内部一体化建设(站点、导向标识系统等),改善换乘衔接条件。

对策三:网络融合。协调公共交通体系内各方式间的关系,一体化集成公共交通网络,提高整网的服务品质和运营效率。明确体系内各方式功能定位和布局;优化轨道网、公交网、慢行网的衔接;协同整合各方式的运力结构。

对策四:运营融合。通过对公共交通体系内部各方式票价、运营时刻表、信息服务等的整合,提升市民全过程出行体验,并保证出行费用的可承受。建立基于里程的公共交通联网票价,降低出行者换乘费用;整合公共交通各方式运营时刻表,实现整体运营网络时间集约化;全方位提供公共交通实时信息服务,满足出行者心理需求。

3)“三网融合”的重点工作

(1)强化轨道交通引导城市发展的作用。

建设多层级轨道交通服务体系,提高关键走廊、关键地区的轨道交通服务水平,支撑深圳城市空间全境优化拓展。全力推进轨道三期建设,预计 2020 年,深圳市轨道交通运营线路将达到 11 条,运营里程达 433km。

(2)建设一体化换乘枢纽体系。

全市形成与各层次中心耦合的“5 + 7 + 14 + X”的四大类城市客运枢纽,目前已启动深圳坪山站、机场北站等枢纽的扩容建设,改造提升深圳西站(西丽站)、平湖站、深圳东站等铁路枢纽功能,并以枢纽为载体,统筹整合了地上地下空间,打造多网融合的枢纽片区单元。

(3)推动枢纽/站点与周边用地的一体化规划设计。

建立、完善枢纽/轨道站点与周边建筑物一体化衔接规范,并按规范严格推进落实设施一体化建设。

(4)加快公交配件场站的规划建设。

新建改建了南山中心区公交总站、科技园公交总站、上横朗新村公交总站、大宝北路公交总站、白石厦公交首末站等一批公交首末站。下一步还将继续完善公交场站配建标准及审查机制,推进配建公交首末站建设。

(5)系统改善公共交通换乘衔接条件。

一是提升轨道-公交换乘设施的便利性(图 6-9)。研究编制《深圳市轨道交通站点换乘设施规划标准》;推进轨道-公交站点与周边建筑物出口的风雨连廊建设。二是结合客流需求、公交线网组织以及道路条件等,推进公交路内换乘点的规划建设。目前已完成了松柏路、葵涌、大运中心、清湖等 6 个路内换乘枢纽点建设,至 2020 年,全市路内换乘点将不少于 20 个,以满足主要客流集散点的公共交通换乘需求。

图 6-9 提升轨道-常规公交换乘设施的便利性

(6)深度融合轨道交通-公交网络。

一是分区域、差异化整合轨道-公交网络,累计增加轨道接驳线路 78 条,轨道-公交一次接驳率达75.2%,轨道三期57个轨道站点交通接驳设施已建设完成。二是完善社区微循环接驳巴士网络。为轨道、快线、干线、支线等不同层次的地铁公交线网提供无缝接驳和喂给服务,至2020年,基本建成服务全市、覆盖广泛的社区微型巴士系统。

(7)完善慢行接驳系统。

一是打造安全、连续、便捷、舒适的慢行接驳网络。目前已完善百鸽笼、上水径等18个地铁站周边慢行网络,同时推进留仙大道自行车道等自行车道的建设工作。二是结合轨道站点建设同步建设自行车停放设施,改善自行车骑行环境,目前已在全市范围内建成自行车停放区1129个,面积达4.5万m^2。如图6-10、图6-11所示。

图6-10　安全、连续、便捷、舒适的慢行接驳系统

图6-11　自行车停放设施

(8)提升一体化出行体验。

一是整合轨道与常规公交接驳线路时刻表,提高常规公交接驳线路发车频次,优化运力配置,提高轨道-公交换乘接驳的便捷性和舒适性。二是借鉴新加坡和我国香港的成功经验,持续优化完善公共交通换乘导向标识系统。

4)"三网融合"发展存在的问题

(1)"三网融合"工作缺少统筹指导部门。

在国家层面,轨道、公交、慢行的规划、建设、管理等工作分属不同部门,缺少"三网融合"工作的统筹指导部门,制约了各地市"三网融合"工作统筹推进。

(2)"三网融合"工作缺少相应技术规范支持。

目前,轨道、公交、慢行系统的规划、建设均各自有独立成体系的技术规范,部分规范在制定之初缺少对"三网融合"工作的考虑,在"三网融合"工作中难以直接套用既有技术规范。

5)"三网融合"下一步工作

(1)加快出台相关规范。

为了更好地推进"三网融合"工作,深圳市目前已经制定"深圳市轨道-公交-慢行三网融合实施方案编制指引"加强对轨道-公交-慢行三网融合实施方案编制工作的指导,未来将出台更多"三网融合"的相关规范、技术指引、标准等文件,为"三网融合"工作顺利推进提供依据。

(2)重点打造"三网融合"试点片区。

深圳市将在各区(新区)开展"三网融合"试点工作。目前已开展大运片区试点的相关工作,主要包括强化轨道站点周边整合信息服务、完善公交与慢行的接驳设施;改造提升片区内公交停靠站,并新增、优化公交线路,以强化公交服务水平与出行环境;改善片区内慢行条件,通过增设风雨连廊、自行车道等措施提升步行与自行车出行的服务体验等。未来,深圳市还将于福田中心区、石厦等片区持续打造"三网融合试点片区"。

第 7 章

考虑空间异质性的城市公共交通用地综合开发

7.1 城市公交用地综合开发概述

7.1.1 我国城市用地管理政策

我国土地总面积达到960多万 km^2,位居世界第三位。我国土地资源的基本特点是人多地少,人地矛盾突出。首先,土地资源总量大,但是人均占用土地少,人均土地面积不到世界平均数的三分之一;其次,地区分布不平衡,我国海拔1000m以上的山地和高原面积约占全国的三分之二;最后,土地的后备资源十分有限。随着我国经济社会的快速发展,城镇化、工业化加速发展,土地资源变得更为紧缺,尤其是城市化进程和机动化进程快速推进,城市地资源日益稀缺、区域发展空间严重不足的问题已十分突出。党的十九大报告在加大生态系统保护力度方面提出,完成生态保护红线、永久基本农田、城镇开发边界三条控制线划定工作,这三项约束指标体现了我们国家坚持人与自然是生命共同体的发展理念,凸显了我国尊重自然、顺应自然、保护自然的坚定决心,也将倒逼我国城市走集约节约发展之路。划定城镇开发边界控制线就是要强化规划的管控作用,界定城镇开发边界,合理控制城市发展规模,提高城市土地利用效率,推动城市集约化、节约化发展,实现绿色生活。

回顾过去30年,我国城市土地城市化与人口城市化有着不同步的发展曲线。从1990年到2000年,我国城市的建成区面积从1.29万 km^2 增长到2.24万 km^2,增长73.6%;我国的城市人口从3.25亿人增长到3.88亿人,增长19.4%,两者相差3.79倍。到2010年,我国城市的建成区面积达到4万 km^2,又增长78.6%。到2018年,我国城市的建成区面积达到5.85万 km^2,又增长46.3%;我国的城区人口达到4.27亿人,增长20.6%,两者相差2.25倍

(图 7-1)。如果用城镇人口去比较,城市建成区面与城镇人口的差距情况呈现持续拉大的趋势。过于猛烈的城市用地扩张,导致国内许多城市的规模无节制膨胀,“摊大饼”式的城市扩张现象越来越多。同时,随着社会经济的发展和城市空间结构的拓展,交通问题的研究已经从关注行业发展向关注城市协调发展转变,交通问题的外部性问题也逐渐得到重视。目前,我国已经步入城镇化发展中期,预计未来快速城镇化发展的态势仍将持续,并且随着城镇密集地区的发展,城镇群的交通也开始引起各界关注,并将成为未来 10～20 年拉动中国内需的最大潜力,成为中国经济增长的重要动力。

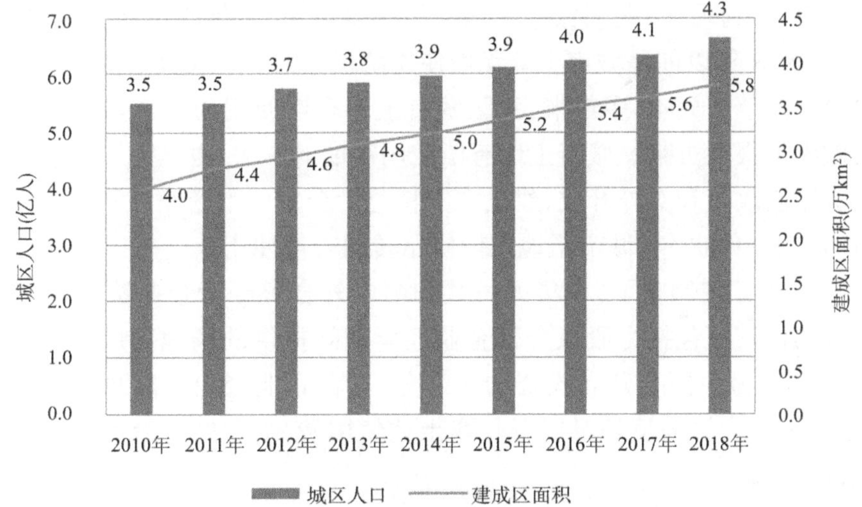

图 7-1　2010—2018 年我国城市建成区面积和人口变化情况

为统筹划定落实生态保护红线、永久基本农田、城镇开发边界三条控制线,2019 年 11 月,中共中央办公厅、国务院办公厅印发了《关于在国土空间规划中统筹划定落实三条控制线的指导意见》。该意见提出,三条控制线出现矛盾时,生态保护红线要保证生态功能的系统性和完整性,确保生态功能不降低、面积不减少、性质不改变;永久基本农田要保证适度合理的规模和稳定性,确保数量不减少、质量不降低;城镇开发边界要避让重要生态功能,不占或少占永久基本农田。目前已划入自然保护地核心保护区的永久基本农田、镇村、矿业权逐步有序退出;已划入自然保护地一般控制区的,根据对生态功能造成的影响确定是否退出,其中,造成明显影响的逐步有序退出,不造成明显影响的可采取依法依规相应调整一般控制区范围等措施妥善处理。协调过程中退出的永久基本农田在县级行政区域内同步补划，确实无法补划的在市级行政区域内补划。数据表明，我国城市建设用地扩张的速度高于城市人口的增长速度，综合分析我国国土空间的相关政策走向，未来城市用地的约束将越来越严格，而城市还要继续发展，继续吸收更多的人进入城市生活和生产，如何化解这对矛盾呢？我国城市必须在有限空间上谋求新的发展路径，这需要坚持人与自然和谐共存的发展原则，确定新的发展方向和新的发展模式，即需要更加精明、精致地发展城市，需要更加集约、节约地利用土地，向空间发展、向空间拓展、向空间要效益就成为我国城市未来发展的重要发展方向。

从 1949 年到现在，我国城市土地使用制度以 1978 年改革开放为界，分为两个阶段，1978 年以前是城市土地无偿使用阶段，1978 年以后是城市土地有偿使用阶段。改革开放 40 多年来，我国城市土地有偿使用为城市建设和经济社会发展做出了很大贡献。城市土地有偿使用制度的产生，也是为了适应和支撑我国经济体制改革和对外开放，建设中国特色社会主义市场经济的需要。

(1)1979—1988 年，城市土地无偿使用转向有偿使用。

1979 年国务院颁布了《中华人民共和国中外合资经营企业法》，规定："中国合营者的投资可包括为股权合营企业经营期间提供的场地使用权。如果场地使用权未作为中国合营者投资的一部分，合营企业应向中国政府交纳使用费"。这个文件允许向境外投资者收取土地使用费，为我国开展城市土地有偿使用进行了尝试。

1987 年 11 月，国家批准了上海、天津、广州以及海南等城市进行土地使用制度改革试点。按照所有权和使用权相分离原则，国家保留土地所有权，各试点城市通过协议、招标、拍卖等方式将土地使用权出让给使用者。使用者获得出让的土地使用权，并且可以进行再次的转让、出租和抵押，我国城市土地使用制度从"无偿、无限期、无流动"向"有偿、有限期、有流动"转变，标志着我国长期以行政划拨方式无偿供给分配的土地，成为一种特殊商品进入了市场流通领域。1988 年 4 月，第七届全国人民代表大会第一次会议通过《中华人民共和国宪法修正案》，删除了土地不得出租的规定，土地使用权允许转让，这一修正为全面、深入开展土地使用制度改革奠定了法律基础。

(2)1988—2000 年，城市土地流转制度建立。

1990 年 5 月，国务院出台了《中华人民共和国城镇国有土地使用权出让和转让暂行条例》,以行政法规的形式确立了国家实行城镇国有土地使用权出让、转让、出租、抵押等制度做出了明确的规定。在这一部条例中,将城镇国有土地使用权的取得方式大体分成有偿取得和无偿取得两种,并且在第十三条规定土地使用权出让可以采取协议、招标和拍卖三种方式,而无偿取得则是通过划拨方式获得土地使用权。此外,该条例还规定,通过出让方式获得的土地使用权可以转让、出租和抵押,而划拨取得的土地使用权不得转让、出租、抵押(特殊情况的除外)。

1998 年 8 月,国家发布了修订后的《土地管理法》,进一步明确了我国实行国有土地有偿使用制度,除了国家在法律规定的范围内划拨国有土地使用权的除外,并且对无偿使用的土地类型进行了明确规定:①国家机关用地和军事用地;②城市基础设施用地和公益事业用地;③国家重点扶持的能源、交通、水利等基础设施用地;④法律、行政法规规定的其他用地。1998 年 12 月,国家发布了《中华人民共和国土地管理法实施细则》,明确规定了国有土地有偿使用的三种方式:国有土地使用权出让、国有土地租赁和国有土地使用权作价出资或者入股。

(3)2000 至今,城市土地流转制度建立。

2002 年 7 月,国土资源部发布《招标拍卖挂牌出让国有土地使用权规定》,规定:招标、拍卖或者挂牌方式出让国有土地使用权,明确了一种新的出让方式——挂牌出让。至此,我国国有建设用地使用权的出让方式就包括 4 种:拍卖、招标、挂牌和协议出让(表 7-1)。同时,在这一规定中第一次明确了必须实行招拍挂出让的用地范围,即工业、商业、旅游、娱乐和商品住宅等经营性用地以及同一宗地有两个以上意向用地者的,应当以招标、拍卖或者挂牌方式出让。

四种土地出让方式基本情况 表 7-1

类型	定义与特征
拍卖	是指在指定的时间、地点、利用公开场合由政府的代表者——土地行政主管部门主持拍卖指定地块的土地使用权,根据出价结果确定土地使用者的行为,最高出价者取得土地使用权。拍卖出让方式引进了竞争机制,排除了人为干扰,政府也可获得最高收益,较大幅度地增加财政收入。这种方式主要适用于投资环境好、利益大、竞争性强的商业、金融业、旅游业和娱乐业用地,特别是大中城市的黄金地段

续上表

类型	定义与特征
招标	是指市、县人民政府土地行政主管部门发布招标公告,邀请特定或者不特定的公民、法人和其他组织参加国有土地使用权投标,根据投标结果确定土地使用者的行为。对能够最大限度地满足招标文件中规定的各项综合评价标准,或者能够满足招标文件的实质性要求且价格最高的投标人,应当确定为中标人。投标人少于三人的,出让人需要按照《招标拍卖挂牌出让国有土地使用权规定》重新招标
挂牌	是指出让人发布挂牌公告,按公告规定的期限将拟出让宗地的交易条件在指定的土地交易场所挂牌公布,接受竞买人的报价申请并更新挂牌价格,根据挂牌期限截止时的出价结果确定土地使用者的行为。挂牌出让土地方式综合体现了招标、拍卖和协议三种方式的优点,具有招标、拍卖不具备的优势:一是挂牌时间长,且允许多次报价,有利于投资者理性决策和竞争;二是操作简便,便于开展;三是有利于土地有形市场的形成和运作
协议出让	是指国家以协议方式将国有土地使用权在一定年限内出让给土地使用者,由土地使用者向国家支付土地使用权出让金的行为。出让国有土地使用权,除依照法律、法规和规章的规定应当采用招标、拍卖或者挂牌方式外,方可采取协议方式,主要包括以下情况:一是政府供应商业、旅游、娱乐和商品住宅等各类经营性用地以外用途的土地,其供地计划公布后同一宗地只有一个意向用地者的;二是原划拨、承租土地使用人申请办理协议出让;三是划拨土地使用权转让申请办理协议出让;四是法律、法规规定可以协议出让的其他情形

2003年6月,国土资源部发布《协议出让国有土地使用权规定》,规定:同一地块只有一个意向用地者的,市、县人民政府国土资源行政主管部门方可按照本规定采取协议方式出让,但商业、旅游、娱乐和商品住宅等经营性用地除外。同时还规定:以协议出让方式取得国有土地使用权的土地使用者,需要将土地使用权出让合同约定的土地用途改变为商业、旅游、娱乐和商品住宅等经营性用途的,应当取得出让方和市、县人民政府城市规划部门的同意,签订土地使用权出让合同变更协议或者重新签订土地使用权出让合同,按变更后的土地用途,以变更时的土地市场价格补交相应的土地使用权出让金,并依法办理土地使用权变更登记手续。

2007年3月,《中华人民共和国物权法》对土地招拍挂范围进行了明确规定:业、商业、旅游、娱乐和商品住宅等经营性用地以及同一土地有两个以上意向用地者的,应当采取招标、拍卖等公开竞价的方式出让,第一次从法律上明确了国有建设用地使用权采用招标拍卖等方式出让。2007年9月,国土资源部对

《招标拍卖挂牌出让国有建设用地使用权规定》进行修订。在这一修订版中首先是将“国有土地使用权”的表述一律修改为“国有建设用地使用权”，其次在第四条中的招拍挂的范围增加了工业用地，并明确工业用地的范围包括仓储用地，而不包括采矿用地。随后，国土资源部对该规定进行了解读，明确了必须进行招拍挂的六类具体情形和认定机制。自此，招拍挂制度得到完全建立起来。

一般来说，六类情形的土地必须实行招标拍卖挂牌方式，详见表7-2。对于不能确定是否符合这六种招标拍卖挂牌出让范围的出让宗地，应当经国有土地使用权出让协调决策机构集体认定，集体认定应当采取招标拍卖挂牌方式的，也应当以招标拍卖挂牌方式出让。

招拍挂的六种情形　　表7-2

序　号	招拍挂具体要求
1	供应工业、商业、旅游、娱乐和商品住宅等各类经营性用地
2	其他土地供地计划公布后同一宗地有两个或者两个以上意向用地者的
3	划拨土地使用权改变用途，《国有土地划拨决定书》或法律、法规、行政规定等明确应当收回土地使用权，实行招标拍卖挂牌出让的
4	划拨土地使用权转让，《国有土地划拨决定书》或法律、法规、行政规定等明确应当收回土地使用权，实行招标拍卖挂牌出让的
5	出让土地使用权改变用途，《国有土地使用权出让合同》约定或法律、法规、行政规定等明确应当收回土地使用权，实行招标拍卖挂牌出让的
6	依法应当招标拍卖挂牌出让的其他情形。特别需要明确的是，2006年国土资源部下发的《招标拍卖挂牌出让国有土地使用权规范》中，建立了国有土地出让的集体认定程序，对不能确定是否符合协议或招标拍卖挂牌出让范围的具体宗地，由国有土地使用权出让协调决策机构集体认定出让的具体方式

2014年5月，国土资源部发布了《节约集约利用土地规定》，进一步扩大了有偿使用土地的范围，也相应减少了划拨用地的范围。文件规定：国家扩大国有土地有偿使用范围，减少非公益性用地划拨。提出“除军事、保障性住房和涉及国家安全和公共秩序的特殊用地可以以划拨方式供应外，国家机关办公和交通、能源、水利等基础设施（产业）、城市基础设施以及各类社会事业用地中的经营性用地，实行有偿使用”。同时文件还规定：国家根据需要，可以一定年期的国有土地使用权作价后授权给经国务院批准设立的国家控股公司、作为国家

授权投资机构的国有独资公司和集团公司经营管理。

通过我国用地管理制度的历史演变，看到了我国的经济体制发生翻天覆地的变化，也激发了城市快速扩张与发展，每一次城市土地管理制度的重大改革都是紧紧围绕经济社会发展需求的，第一阶段完成了城市用地有偿使用制度的建立，使土地资源成为商品进入市场流通，解决了城市基础设施建设资金不足的问题；第二阶段完成了城市土地流转制度的建立，城市用地有偿使用机制正式建立起来，国有土地所有权在经济上逐步得到实现，为国家财政、城市基础设施建设提供了大量资金；第三阶段不断完善了城市土地出让方式，不断明确了土地出让的范围，以及开展集约节约的使用导向，指引城市向精明增长方向发展。

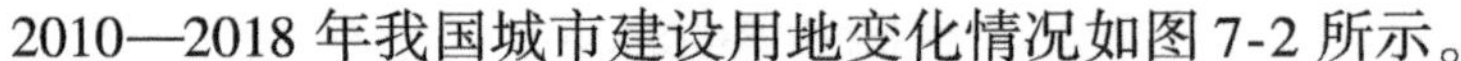
2010—2018 年我国城市建设用地变化情况如图 7-2 所示。

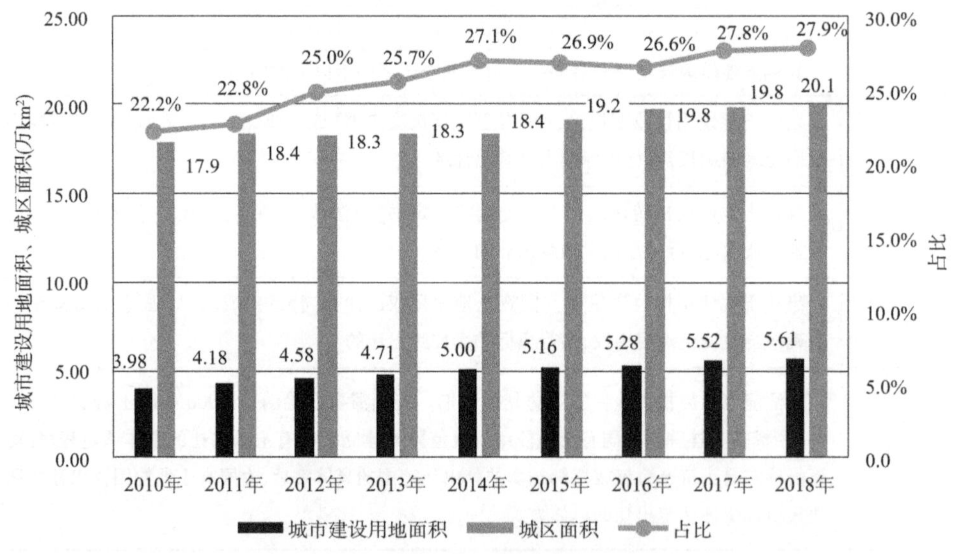

图 7-2　2010—2018 年我国城市建设用地变化情况

7.1.2 我国城市用地综合开发制度

城市用地综合开发的一个前提是土地性质需要具有综合属性，单一属性用地无法实施综合开发，回顾我国城市用地管理制度，最早出现综合用地的概念是 1990 年出台的《城镇土地使用权出让和转让暂行条例》，该条例是我国规范城镇用地合理开发和经营管理的制度，规定了建设用地使用权期限时提及“综合用地”(表 7-3)，但是文件并没有对综合用地进行定义和说明。综合用地是土地集约节约利用的一种新型土地利用类型，体现了土地用途由平面型布局向立体型、由单一化向多元化布局发展的趋势。综合用地可以定义为：由两种或两种以上的用地类型复合而成的一种特殊的用地类型。

1990 年文件规定我国各类城镇用地使用期限　　表 7-3

序　号	用 地 类 型	土地使用权出让最高年限(年)
1	居住用地	70
2	工业用地	50
3	教育、科技、文化、卫生、体育用地	50
4	商业、旅游、娱乐用地	40
5	综合或者其他用地	50

2000 年，《国土资源部　国家工商行政管理局关于发布，〈国有土地使用权出让合同〉示范文本的通知》(国土资发〔2000〕30 号)，规定：合同第四条土地用途按《城镇地籍调查规程》(TD 1001—1990)规定的土地二级分类填写，属于综合用地的，应注明各类具体用途及其所占的面积比例。2001 年，国土资源部印发了《全国土地分类(试行)》，在三级分类体系中，提及城镇混合住宅用地，是指城市居民以居住为主的住宅与工业或者商业等混合用地，但仅仅局限于住宅用地领域，而且住宅用地是主要用地类型，混合的用地类型主要是工业用地和商业用地，这类混合用地的二级和一级用地类型分别是住宅用地和建设用地。2001 年，《城镇土地估价规程》(GB/T 18508—2001)8. 1 条“土地用途分类”中规定：在土地估价中，土地用途可分为以下基本类别：①住宅用地；②工业用地；③商业、旅游、娱乐用地；④综合用地；⑤教育、科技、文化、卫生、体育或者其他用地。通过上面的几个文件对综合用地的定义可以概括为：两种或者以上不同类型的用地进行综合就是综合用地，如居住 + 商业综合用地、教育科技 + 居住综合用地等。综合用地可以分两种情形：一种是多种用途不动产很难分割、只有一个使用者，可以统一按照综合用地最高出让年限 50 年办理出让手续；另一种是各用途不动产之间可以分割，往往最终使用者为不同的单位、个人，如一层为商业、二层以上为住宅等，保证各使用者的合法权益，一般应当按照综合用地所包含的具体土地用途分别确定出让年期，如工业与居住综合用

地,需要明确工业用地和居住用地的各自比例与面积,其中工业用地最高出让年限为 50 年,居住用地最高出让年限为 70 年。根据综合用地的空间布局形式,可以将综合用地划分为三种主要类型(图 7-3)。

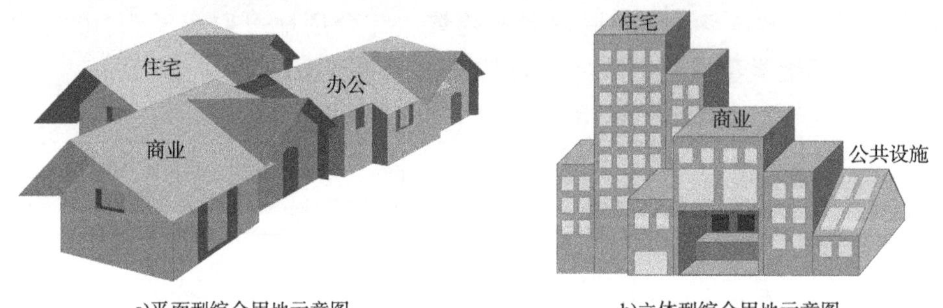

a)平面型综合用地示意图　　b)立体型综合用地示意图

图 7-3　综合用地示意图

(1)立体型综合用地。

立体型综合用地指在单宗土地上不同用途的建筑物在空间上进行布局和组合,有可能是一个建筑物,也有可能是多个建筑物,目前在国内比较常见的就是底商+居住、底商+办公等形式。立体型综合用地强调的向空间发展,主要表征是不同功能建筑物分布在立体空间上不同楼层上或者不同空间位置上。立体综合用地的前提是建筑物的用途不同,权属可以存在差异,即可以使一个权属主,也可以是多个权属主,但是综合用地的判定不产生影响。

(2)平面型综合用地。

平面型综合用地指在一大宗土地内由许多不同属性的建筑物组成。平面型综合用地具有多个建筑物,而且是用建筑物的用途存在一定的差异性,权属可以存在差异,也可以不存在差异,都不影响平面综合用地的判定。目前在国内比较多的平面型综合用地是商品房+商业+公共设施等,主要表征为不同用途的建筑物在地块内按照平面进行布局,同一个建筑物只有一种用途。

(3)混合型综合用地。

混合型综合用地是由平面型综合用地和立体型综合用地复合而成的综合用地,是指在同一宗地内,建筑物既有立体空间上的综合,也有平面空间上的综合,组合的结构和形态要相对复杂,混合型综合用地表征上同样强调的用途上的不同,权属可以存在差异,也可以不存在差异。

经济社会的快速发展,对土地的需求量越来越大,土地分层次利用的问题也日益突出，为了适应土地利用由平面趋向立体化发展的趋势，增加土地分层利用的效用，2007 年发布的《中华人民共和国物权法》规定：建设用地使用权出让时，应当在合同中明确规定建设物、构筑物以及附属设施占用的空间范围。虽然物权法没有明确给出同一个建筑物分权出让的约定，但是条文明确了建设用地使用权人对其取得的建设用地的范围界定清楚方可出让，也就明确按照使用权的界限（不同分层）去出让。例如：同一个地块地下 3 层的建设用地使用权出让给甲公司，地上 1 ~ 30 层的建设用地使用权出让给乙公司。在分层出让建设用地使用权时，不同层次的权利人是按照同样的规定取得土地使用权的，在法律上他们的权利和义务是相同的，只不过其使用权所占用的空间范围有所区别。

2011 年，《城市用地分类与规划建设用地》（GB 50137—2011）规定：用地分类按照土地实际使用的主要性质或者规划引导的主要性质进行划分和归类，具有多种用途的用地应以其地面使用的主导设施性质作为归类的依据。例如，高层多功能综合楼用地，底层是商店，2 ~ 15 层位商务办公室，16 ~ 20层位公寓，地下室为车库，其使用的主要性质是商务办公，因此归为“商务设施用地”（B2）。若综合楼使用的主要性质难以确定，按照底层使用的主要性质进行归类。

2014 年，《城镇土地估价规程》（GB/T 18508—2014）9.2 条“土地用途分类”中规定：在土地估价中，土地用途可分为以下基本类别：①住宅用地；②工矿仓储用地；③商服用地；④公共管理与公共服务用地；⑤交通运输用地。还规定：评估中，待估宗地用途的设定宜参照《土地利用现状分类》（GB/T 21010—2007）的二级类进行细化，对于具混合用途的待估土地，应分别界定各用途的构成比例。与 2001 版相比，2014 版在用地分类、评估内容上的有一定的区别，在用地类型方面，2014 版没有把综合用地作为单独的一类，而是在条文最后说明了要界定不同用地的构成比例，意味着理论上各类用地都可以进行组合；在评估内容方面，2014 版增加了建设用地空间权利评估，规定：当一宗土地上分别设有独立的地上、地表、地下权时，应按照各自边界、权利归属、收益能力、产权限制等分别评估其价格，进一步明确了混合用地中各类用地估价需要考虑的因素，细化了具体计算方法。

出现城市综合用地名词的主要政策文件见表 7-4。

出现城市综合用地名词的主要政策文件　　表7-4

序号	文件名称	年份(年)	相关内容
1	城镇土地使用权出让和转让暂行条例	1990	综合或者其他用地出让年限为50年
2	国有土地使用权出让合同	2000	属于综合用地的,应注明各类具体用途及其所占的面积比例
3	全国土地分类(试行)	2001	城镇混合住宅用地,是指城市居民以居住为主的住宅与工业或者商业等混合用地
4	城镇土地估价规程	2001	主要土地用途分类包括综合用地
5	中华人民共和国物权法	2007	建设用地使用权可以在土地的地表、地上或者地下分别设立
6	城市用地分类与规划建设用地	2011	有多种用途的用地应以其地面使用的主导设施性质作为归类的依据
7	国土资源部关于大力推进节约集约用地制度建设的意见	2012	鼓励地上地下空间开发利用,完善地上地下建设用地使用权配置方式、地价确定、权利设定和登记制度
8	国务院关于加强城市基础设施建设的意见	2013	发挥地铁等作为公共交通的骨干作用,带动城市公共交通和相关产业发展
9	城镇土地估价规程	2014	土地用途分类中提及"对于具混合用途的待估土地,应分别界定各用途的构成比例"
10	节约集约利用土地规定	2014	建设用地使用权在地上、地下分层设立的,其取得方式和使用年期参照在地表设立的建设用地使用权的相关规定。出让分层设立的建设用地使用权,应当根据当地基准地价和不动产实际交易情况,评估确定分层出让的建设用地最低价标准

续上表

序号	文件名称	年份(年)	相关内容
11	节约集约利用土地规定	2019	县级以上自然资源主管部门统筹制定土地综合开发用地政策，鼓励大型基础设施等建设项目综合开发利用土地，促进功能适度混合、整体设计、合理布局
12	轨道交通地上地下空间综合开发利用节地模式推荐目录	2020	汇总并推荐了国内部分城市开展轨道交通综合开发建设的模式，包括增加商服、住宅及公共配套等功能，推动土地复合利用，提高土地产出效益

2014 年，国土资源部发布了《节约集约利用土地规定》，规定：建设用地使用权在地上、地下分层设立的，其取得方式和使用年期参照在地表设立的建设用地使用权的相关规定。出让分层设立的建设用地使用权，应当根据当地基准地价和不动产实际交易情况，评估确定分层出让的建设用地最低价标准。2019 年，自然资源部对《节约集约利用土地规定》进行了修改，在第十四条增加了“县级以上自然资源主管部门统筹制定土地综合开发用地政策，鼓励大型基础设施等建设项目综合开发利用土地，促进功能适度混合、整体设计、合理布局”的内容，明确地提出了鼓励大型基础设施等建设项目综合开发。

从国家土地使用管理政策的演变来看，一方面体现出建设用地的商品价值逐渐被重视并升高，另一方面体现了对建设用地的使用逐步由粗放方式向精细高效模式转变。综合开发也是顺应经济社会发展需求应运而生的，城市建设用地的立体综合开发能够充分发挥综合用地的聚集效应、空间效应和联动效应。“综合开发”一词的含义十分丰富，适用范围也很广泛，针对不同的情况有不同的含义。在被用于城市开发层面时，综合开发被认为是根据社会、经济发展目标以及城市总体规划要求，将例如用地、建筑物、配套设施等多种建设所必需的要素按照一定的比例及合理的计划进行配套，通过统筹规划建设、统一经营管理的方式，以实现经济、社会、环境综合收益的城市建设方式(高中岗，1995)。此外，“综合开发”被广泛用于描述交通设施与房地产的共同建设。例如，王飞等(2011)认为公交枢纽站的综合开发是指利用公交枢纽站用地，将公交系统与包括商业、商务办公、酒店、居住等物业形态中的一种或几种进行共同设计及统筹建设的方式,其优势在于一方面能够充分利用公交枢纽站优质的可达性,另一方面也能够更好地实现公交场站土地的经济价值。此外,还有城市综合体的概念,更多地出现在地产开发的业态中,即将商业、办公、居住、交通等功能在同一块建设用地上进行立体组合开发,并且建立一种相互依存、互为补充的利益关系,往往增值、增效明显。

综上所述,按照空间尺度来划分的话,用地综合开发包括宏观层面、中观层面的和微观层面的,宏观层面是指城市各类用地在整个城市空间上的布局、组合形式、结构比例、开发强度等,宏观层面综合开发更贴近于城市总体规划或者城市国土空间规划;中观层面是指某个片区或者某个走廊上城市用地的布局、组合形式、结构比例、开发强度等,中观层面围绕走廊开发的居多一些,如城市道路走廊、轨道交通走廊、生态景观走廊等;微观层面是针对某个具体地块进行的开发。总的来看,目前综合开发更多的指向是微观层面的,具体可以定义为:对于至少两种以上的用地类型的一个地块,按照建设用地集约节约使用、精细化开发的原则,实施高强度、混合开发,综合开发的主体可以使一个的,也可以是多个。初级阶段的综合开发,各功能用地之间相互独立,不存在直接的经济效益互补,高级阶段的综合开,各功能用地之间相互依存、互惠互利的关系。

7.1.3 我国交通用地综合开发政策

在城镇化快速过程中,交通问题始终是一个核心的发展因素。从欧洲、美国等发达国家的发展经验可以看出,城镇化快速发展阶段是建立城市可持续发展交通系统的关键时期,不同的交通发展模式对城市空间布局结构、资源利用、生活方式等的影响有显著的差异。如美国以个体汽车交通为主的发展模式导致了城市布局松散、土地使用浪费、能源消耗大等问题,而欧洲、日本以公共交通为主的交通发展模式则促成了相对布局紧凑的城市发展。

20 世纪 90 年代初,美国著名建筑师、规划师、新城市主义代表人物 Peter Calthorpe 提出的公交站点导向开发模式(transit-oriented development,TOD)定义如下:平均半径为 0.25 英里(约合 402.34m)范围内,以公交站点和核心商业区为核心的土地混合利用社区。其设计、构造和土地的混合使用强调步行导向的环境并强化公共交通的使用。TOD将居住、零售、办公、公共空间和公交设施等组合在适于步行的范围内,从而使居民和雇员在不排斥使用小汽车的同时能方便地选用公交、自行车或步行等多种出行方式。TOD是一种城市发展模式,一种城市空间规划设计方式,城市重建地块、填充地块和新开发土地均可以TOD的理念来建造,TOD的主要方式是通过土地使用和交通政策来协调城市发展过程中产生的交通拥堵和用地不足的矛盾。

通过对我国土地制度的梳理,以及综合开发概念的分析,站位城市公共交通行业的角度来看,城市公共交通用地综合开发的基本定义可以描述为:一是用地属性方面,土地类型属于综合用地,至少需要两种以上性质的用地类型,而不是单一性质用地,如公共交通用地+商业用地、公共交通用地+居住用地等。二是空间布局方面,尽可能是立体、混合开发,尽可能减少平面开发,提高用地效率。三是开发强度方面,尽可能高密度开发,高于周边用地容积率,以便产生更好的公交出行交通需求和经济价值。四是收益分配方面,通常情况下,非公共交通属性的用地要产生较高的经济收益,并且一部分收益用来反哺到城市公共交通中,保障和支持公共交通发展。综上所述,在城市公共交通用地综合开发模式下,公共交通用地和非公共交通用地在空间上形成了一个功能、高效率、复杂而统一的综合体,在利益收入上达到了共生、互利的局面。不同于当今城市建设中比较流行的城市综合体,城市综合体是城市化发展到一定阶段的产物,确实实现了城市公共交通用地综合开发的一部分的功能和特征,包括立体开发、功能混合、高强度建设等,但是除此之外城市公共交通用地综合开发,还有一个非常重要的指向:解决城市公共交通发展过程中所需要的大量资金,解决政府有限财力与城市公共交通持续资金投入需求之间的矛盾,实则是通过政策扶持替代了资金直接扶持的方式来支持城市公共交通发展,且这种模式具有很强的生命力和可持续性,因此,是城市公共交通行业可持续发展的一种重要发展模式。

2012年12月,国务院发布了《国务院关于城市优先发展公共交通的指导意见》,提出"加强公共交通用地综合开发"的重点任务内容,要求加强公共交通用地监管,改变土地用途的由政府收回后重新供应用于公共交通基础设施建设。对新建公共交通设施用地的地上、地下空间,按照市场化原则实施土地综合开发。对现有公共交通设施用地,支持原土地使用者在符合规划且不改变用途的前提下进行立体开发。公共交通用地综合开发的收益用于公共交通基础设施建设和弥补运营亏损。该意见是我国第一次以国务院名义印发的关于城市公共交通优先发展的综合性政策,文件旗帜鲜明的对城市公共交通用地综合开发的模式,包括新建和改建城市公共交通用地两种情形。该意见的印发,为城市公共交通用地综合开发奠定了上位政策依据。文件要求可以解读为几个方面:一是规定了改变用途的城市公共交通用地被收回后用地类型重新认定,对于被改变用地类型的城市公共交通用地,城市人民政府要及时收回,并且仍然赋予城市公共交通用地进行重新开发和使用,不应改变为其他用地。二是新建城市公共交通用地鼓励进行综合开发,将地上空间和地下空间统一考虑进行立体开发,综合开发采取的原则是市场化开发,意味着商业开发将成为主要特征,社会资本可以成为投资主体参与到综合开发中。三是顾虑存量城市公共交通用地进行综合开发,需要保持原有的城市公共交通功能,而且要符合既有的规划。四是明确了城市公共交通用地综合开发的收益分配机制,因综合开发获得的收益一方面用于城市公共交通基础设施建设,另一方面用于弥补运营亏损。国务院指导意见非常系统全面地概括了城市公共交通用地综合开发的原则、方式、路径和策略等,开发对象包括城市公共交通增量用地和存量用地,开发前提是符合规划且保持城市公共交通功能正常发挥,开发主体包括城市公共交通企业和社会资本,开发利益分配机制是反哺城市公共交通发展。

2013 年,《国务院关于改革铁路投融资体制加快推进铁路建设的意见》(国发〔2013〕33 号)印发,文件提出“加大力度盘活铁路用地资源,鼓励土地综合开发利用”的扶持政策,具体提出了几个方面的举措:一是中国铁路总公司作为国家授权投资机构,其原铁路生产经营性划拨土地,可采取授权经营方式配置,由中国铁路总公司依法盘活利用。二是按照土地利用总体规划和城市规划统筹安排铁路车站及线路周边用地,适度提高开发建设强度。三是创新节地技术,鼓励对现有铁路建设用地的地上、地下空间进行综合开发。四是符合划拨用地目录的建设用地使用权可继续划拨;开发利用授权经营土地需要改变土地用途或向中国铁路总公司以外的单位、个人转让的,应当依法办理出让手续。五是地方政府要支持铁路企业进行车站及线路用地一体规划,按照市场化、集约化原则实施综合开发,以开发收益支持铁路发展。

2014 年,《国家新型城镇化规划(2014—2020 年)》发布,在“城市发展模式科学合理”的发展目标中,规划提出:密度较高、功能混用和公交导向的集约紧凑型开发模式成为主导。规划实则从宏观层面描绘了综合开发的要求,即城市用地布局和空间形态要围绕城市公共交通开展,并且突出四个方面的特征:一是公交导向发展模式,体现的是围绕城市公共交通布局城市用地,从而形成沿着公交走廊拓展城市空间的发展态势,塑造有形态的城市。二是高密度开发,体现的是用地开发强度,高容积率可以聚集大量的公共交通出行,从而支撑公共交通系统。三是混合开发,体现的是用地类型多样化,用途多样可以产生更多的经济效益,从而积累更多的资金支持公交发展。四是紧凑开发,体现的是用地空间布局的密度,避免出现低分散开发的局面,无法形成聚集效应。

2014年,《国务院办公厅关于支持铁路建设实施土地综合开发的意见》(国办发〔2014〕37号)印发,这是我国交通领域第一个关于交通用地综合开发的专项政策,文件明确了铁路用地综合开发的三项基本原则:支持铁路建设与新型城镇化相结合、政府引导与市场自主开发相结合、盘活存量铁路用地与综合开发新老站场用地相结合。规定了现有铁路用地推动土地综合开发的主要扶持政策:科学编制既有铁路站场及周边地区改建规划、给予既有铁路站场综合开发用地政策支持、促进铁路运输企业盘活各类现有土地资源、鼓励提高铁路用地节约集约利用水平。规定了鼓励新建铁路站场实施土地综合开发:支持新建铁路站场与土地综合开发项目统一联建、合理确定土地综合开发的边界和规模、明确站场建设和土地综合开发的规划要求、采用市场化方式供应综合开发用地。规定了土地综合开发配套政策:统筹土地综合开发相关规划管理、完善综合开发用地供应模式、落实综合开发用地指标支持政策、完善相关工程建设标准规范。文件还对综合开发的监管提出了三点要求:实行备案管理制度、严格土地开发利用管理、切实加强建设管理。此项政策文件的亮点有:

(1)存量划拨用地改变用途可以协议出让。

提出铁路运输企业依法取得的划拨用地,因转让或改变用途不再符合《划拨用地目录》的,可依法采取协议方式办理用地手续。经国家授权经营的土地,铁路运输企业在使用年限内可依法作价出资(入股)、租赁或在集团公司直属企业、控股公司、参股企业之间转让。

按照《招标拍卖挂牌出让国有土地使用权规范》和《协议出让国有土地使

用权规范》等文件规定,划拨土地使用权被收回后,应当采取招拍挂方式重新进行出让。可见,此次对铁路用地,与一般的存量建设用地再开发相比,给予了更为优惠的政策。即划拨用地目录以外的用地,都可以协议出让,不受《招拍挂出让国有土地使用权规范》的限制。协议出让最关键的是原土地权属人,也就是铁路企业可以继续使用这块地,而且补缴的地价只要不低于最低价标准就是合法的,这将极大刺激存量土地的增值收益。

(2)用地指标由国土资源部单列。

提出落实综合开发用地指标支持政策。铁路建设项目配套安排的土地综合开发所需新增建设用地指标,经省级人民政府严格审核后,暂由国土资源部予以计划单列。目前,国土资源部计划指标单列的只有农村建设用地及农民住房建设,每年按照不低于5%的比例由地方安排。从国家层面上推动铁路用地综合开发,不受地方限制,也不占用地方用地指标。

(3)设置空间权,实施分层协议出让。

提出利用铁路用地进行地上、地下空间开发的,在符合规划的前提下,可兼容一定比例其他功能,并可分层设立建设用地使用权。分层设立的建设用地使用权,符合《划拨用地目录》的,可按划拨方式办理用地手续;不符合《划拨用地目录》的,可按协议方式办理有偿用地手续。

《物权法》等法律和政策对地役权作出了原则性规定,提出"鼓励地上地下空间开发利用,完善地上地下建设用地使用权配置方式、地价确定、权利设定和登记制度",但尚缺乏可操作的办法。允许在土地垂直空间内多层规划建设,并且以协议方式分层出让,有利于拓展土地开发利用空间,减少重复建设,节约了建设成本,同时也增加了土地收益,值得提倡。

(4)支持捆绑出让,改变划拨供地模式。

新建铁路项目未确定投资主体的,可在项目招标时,将土地综合开发权一并招标,新建铁路项目中标人同时取得土地综合开发权,相应用地可按开发分期约定一次或分期提供,供地价格按出让时的市场价确定。新建铁路项目已确定投资主体但未确定土地综合开发权的,综合开发用地采用招标拍卖挂牌方式供应,并将统一联建的铁路站场、线路工程及相关规划条件、铁路建设要求作为取得土地的前提条件。

《物权法》等法律规定,工业、商业、商品住宅等经营性用地实行招标拍卖等竞争性方式出让,铁路等交通用地是无偿划拨,这些土地的产权仍然是无偿划拨的非经营性用地。允许铁路建设与土地综合开发权整体出让,突破了上述法律法规的限制。供地价格按出让时市场价格确定,未考虑铁路建成后地价上涨因素,未来土地升值带来的经济收益转化到铁路建设中,也将未来潜在的溢价都留给铁路建设单位,这样的支持力度也是前所未有的。

为贯彻落实《国务院关于改革铁路投融资体制加快推进铁路建设的意见》(国发〔2013〕33 号)、《国务院办公厅关于支持铁路建设实施土地综合开发的意见》(国办发〔2014〕37 号),积极稳妥推进铁路站场地区土地综合开发,2015 年,住建部印发了《住房城乡建设部关于加强铁路站场地区综合开发有关规划工作的通知》(建规〔2015〕227 号),要求积极推动编制综合开发建设规划,统筹铁路站场用地功能、综合开发的投融资模式、资金规模、开发时序、组织管理等,鼓励开展铁路车站综合客运枢纽一体化规划设计,按照"一体化换乘"要求,深入论证铁路站场地区铁路交通与轨道交通、公共交通之间的协同与对接。

2018 年,《国务院办公厅关于进一步加强城市轨道交通规划建设管理的意见》(国办发〔2018〕52 号)印发,提出:强化城市轨道交通与其他交通方式的衔接融合,城市轨道交通规划要与国家铁路、城际铁路、枢纽机场等规划相衔接,通过交通枢纽实现方便、高效换乘。要加强节地技术和节地模式创新应用,鼓励探索城市轨道交通地上地下空间综合开发利用,推进建设用地多功能立体开发和复合利用,提高空间利用效率和节约集约用地水平。在"强化项目建设和运营资金保障"任务中,再次提出:支持各地区依法依规深化投融资体制改革,积极吸引民间投资参与城市轨道交通项目,鼓励开展多元化经营,加大站场综合开发力度。希望以此解决城市轨道交通建设和运营所需的大量资金问题。

近年来,在国家推动城市公共交通用地综合开发的引导下,我国各地也开始推动土地使用制度的改革创新,出台了一些城市公共交通用地综合开发的落地制度,对出让方式、出让价格、综合开发强度和范围等进行了细致规定和有益探索,很好地促进了城市公共交通用地综合开发的发展。

2012 年,《广东省人民政府关于完善珠三角城际轨道交通沿线土地综合开发机制意见的通知》(粤府函〔2012〕16 号)印发,采取公交导向型(TOD)开发模式推进土地综合开发,打造一批"城市综合体",规定了用地储备和综合开发的边界:以各站场为中心、半径800m左右范围。红线内开发由轨道交通项目建设单位实施,在确保轨道交通功能需求和运营安全的前提下,提倡立体空间开发。红线外土地开发采取“一市一公司、一地一政策”的原则,由省市联合开发,或者由沿线市负责开发,具体由省市协商确定。

2015年,《四川省人民政府办公厅关于支持铁路建设土地综合开发的实施意见》(川办发〔2015〕79号)印发,规定原则上铁路站场毗邻区域的开发半径不超过800m。提出支持市场主体参与土地综合开发,按照“谁修路、谁开发”的原则,探索采取PPP(公私合作)模式,允许不同市场主体投资铁路建设、参与土地综合开发利用,依法取得国有建设用地,合理分享投资产生的土地增值收益。要求各地建立土地综合开发利用协商机制和土地增值收益均衡分配机制,提高铁路建设项目的资金筹集能力和参与者收益水平,实现权责统一、收益共享。

2018年,《广东省人民政府办公厅印发关于支持铁路建设推进土地综合开发若干政策措施的通知》(粤府办〔2018〕36号)细化了土地综合开发收益用于铁路项目建设和运营的制度。土地出让收入扣除土地收储等必要的成本和国家、省规定的刚性计提后,其余可用于铁路项目建设和运营。以“铁路项目+土地开发”模式建设的铁路项目,可由出让土地获得收入的沿线地级以上市人民政府按照收支两条线的要求,根据与项目建设投资主体签订的综合开发协议约定,从土地综合开发收益中安排专项补助资金拨付项目公司,提高铁路项目资金筹集能力和收益水平。

此外,广西、江苏、黑龙江、重庆、江西等省、直辖市也出台了支持铁路建设用地综合开发的政策。《广西壮族自治区人民政府办公厅关于印发广西支持铁路建设促进土地综合开发若干措施的通知》(桂政办发〔2018〕165号),规定了大城市初期综合开发的边界和范围为新建铁路站场周边2km以内区域,并且规定了城市轨道交通项目用地及站场毗邻区域土地综合开发利用可参照执行。《甘肃省人民政府办公厅关于支持铁路建设推进土地综合开发的实施意见》(甘政办发〔2018〕19号),强调了铁路站点仓储物流业的开发,鼓励铁路站场毗邻区域盘活存量土地建设现代化冷链物流中心。对利用工业企业旧厂房、仓库和存量土地建设物流设施或提供物流服务,涉及原划拨土地使用权转让或租赁的,应按规定办理土地有偿使用手续,经批准可采取协议方式出让。

国内城市也在探索和创新城市公共交通用地综合开发,角度主要是聚焦在城市轨道交通领域,涉及轨道交通场站及周边土地综合开发利用、轨道交通车辆基地综合开发利用建设、轨道交通设施及周边地区项目规划管理规定以及市政交通工程规划管理等方面,在城市轨道交通用地综合开发配套政策措施和标准规范上较为全面,涵盖了综合开发方案的编制与审查、用地的征收与供应、用地储备与开发、成本和收益分配、资金管理和监督等方面。但是在城市公共汽电车领域涉及的专项政策文件几乎没有。我国主要城市出台的城市公共交通综合开发政策见表7-5。

我国主要城市出台的城市公共交通综合开发政策　　表7-5

序号	年份(年)	文件名称	主要内容
1	2005	上海市城市轨道交通设施及周边地区项目规划管理规定(暂行)	轨道交通车站综合开发之前必须编制城市设计方案和交通影响分析,并报规划管理部门审批;轨道交通车站建设与综合开发,必须同步规划、同步设计、同步实施
2	2013	哈尔滨市城市公共交通基础设施规划建设使用管理办法	新建公共交通基础设施用地的地上、地下空间,可以按照市场化原则实施土地综合开发;现有的公共交通设施用地,支持原土地使用者在符合规划且不改变用途的前提下进行立体开发
3	2014	上海市轨道交通车辆基地综合开发利用建设导则(试行)	包含总则、术语、规划、建筑、交通、市政6个方面,对轨道交通车辆基地上盖开发提出了技术指引和规范
4	2014	上海市轨道交通场站及周边土地综合开发利用的实施意见(暂行)	在保证公益性、公共性设施优先安排的前提下,按规划进行轨道交通场站的综合开发利用。土地综合开发利用的收益应优先用于轨道交通项目建设和弥补运营亏损,支持本市轨道交通可持续发展
5	2015	南京市轨道交通场站及周边土地综合开发利用的实施意见	原则上不小于轨道交通场站周边500m×500m范围划定为"轨道交通场站综合开发特定规划区",其中200m×200m范围划定为"轨道交通场站综合开发核心区",上盖物业收益用于轨道交通运营收支平衡

续上表

序号	年份(年)	文件名称	主要内容
6	2015	南昌市轨道交通条例(南昌市人民代表大会常务委员会公告第8号)	市人民政府确定的轨道交通用地范围内,轨道交通经营单位可以从事物业开发、广告等综合开发活动,其收益应当纳入本市国有资产预算管理,用于轨道交通发展,并接受财政、审计部门的监督;综合开发应当与公共交通枢纽、商业等公共配套设施同步规划建设
7	2016	上海市关于推进本市轨道交通场站及周边土地综合开发利用的实施意见	鼓励相关企业、轨道交通建设主体单独或联合设立开发主体;在完成土地储备形成"净地"后,可以协议方式,将轨道交通场站综合用地使用权出让给综合开发主体。轨道交通场站及周边土地的综合开发利用收益用于支持轨道交通可持续发展。轨道交通建设主体所得的综合开发利用收益,优先用于轨道交通建设和运营维护
8	2017	广州市轨道交通场站综合体建设及周边土地综合开发实施细则(试行)	明确了广州市行政区域内轨道交通场站综合体建设及周边土地综合开发的方案编制与审查、用地征收与供应、储备与开发、项目管理、收益管理等工作细则
9	2018	北京市关于加强轨道交通场站与周边用地一体化规划建设的意见	完善政策和审批机制、推进技术标准制定和创新、强化场站和周边用地一体化规划设计
10	2018	杭州市城市轨道交通地上地下空间综合开发土地供应实施办法	不具备单独规划建设条件的经营性地下空间,可以协议方式供应。不具备单独规划建设条件的经营性地上空间,可带技术能力要求、建筑设计方案、场站施工方案等条件以招标拍卖挂牌方式公开出让。土地供应时,可将轨道交通线路建设及运营的技术能力纳入竞买人(投标人)资格要求

续上表

序号	年份(年)	文件名称	主要内容
11	2019	天津市轨道交通场站及周边土地综合开发利用实施意见(试行)	明确了天津市各部门在轨道交通用地综合开发中的分工、职责,厘清了轨道交通场站综合开发从规划、供地、建设、成本管理、资金监管等各环节工作
12	2019	成都市轨道交通场站综合开发用地管理办法(试行)	不具备单独规划建设条件的轨道交通场站综合开发用地按协议出让方式供应。除不具备单独规划建设条件的轨道交通场站综合开发用地外,其他轨道交通场站综合开发用地按现行拍卖、挂牌方式公开出让。轨道交通场站综合开发用地上市前,应按现行方式对土地进行评估;以拍卖、挂牌方式出让的,起始叫价可按不考虑轨道交通因素的宗地评估价的70%确定
13	2019	合肥市轨道交通场站综合开发的意见(试行)	按照“统一规划、统筹建设、功能优化、收益反哺”的原则,开展轨道交通场站综合开发与土地利用、产业发展、公共配套、城市生活功能组织及地区发展需求的充分衔接,同步规划、同步设计、分步实施

城市公共交通场站设施是实施综合开发的前提和必要条件,良好的场站布局与服务水平也是保障整个公交系统健康稳定运营的基础。公交场站不但在整个交通系统中发挥着重要的作用,也为其他类型的城市服务提供了设施保障,因此,场站优先是公交优先发展的重要举措。然而目前我国许多城市的公交场站在建设发展中遇到了诸多困境,导致公交场站的服务水平同公交的发展需求不相匹配,场站问题已经成为制约城市公共交通优先发展和综合开发的重要因素之一。目前,我国城市公共交通场站主要存在如下几个方面的问题:

(1)场站设施落后于公交行业发展。

公交场站是保证城市公共交通运营生产能够正常进行的重要后方设施,也是城市的重要基础设施,应当与城市规划相互协调,通过合理的布局与土地使用相互作用。然而伴随着我国城镇化的快速进程,城市客运需求日益增长,公交车辆数和线路数都有了长足发展,但公交场站不仅发展速度明显低于公交车辆和线路的发展速度,其建设规模也落后于规划进度。城市公交场站用地匮乏现象越来越严重，导致公交车辆无法有效安置，严重制约了城市公交的发展。截至 2018 年底，我国城市公共汽电车场站面积 7849.7 万 m^2，比 2017 年减少 727.6 万 m^2，同比减少 8.5%。车均场站面积 102.2m^2/标台，比 2017 年减少 13.8m^2/标台，同比减少 11.9%。截至 2018 年底，我国 36 个直辖市、计划单列市、省会城市中有 12 个城市的车均场站面积高于全国平均水平，其中银川 223.9m^2/标台，郑州 211.0m^2/标台，超过《城市道路公共交通站、场、厂工程设计规范》（CJJ/T 15—2011）中车均场站综合用地面积推荐值（200m^2/标台）。如图 7-4 所示。

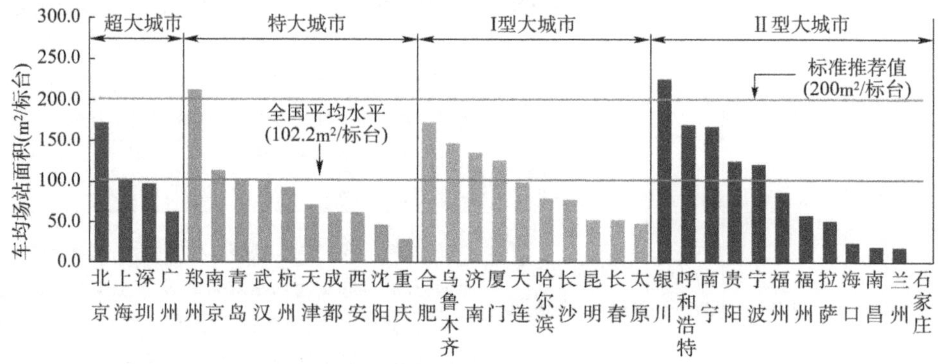

图 7-4　2018 年我国 36 个中心城市公共汽电车车均场站面积情况

（2）公交场站布局不合理，影响线路的科学布设。

公交场站的缺失或布局不合理将导致公交线网布局困难，无效出行增加导致运营成本增加，不合理的线网布局又降低了市民出行的便利性。一方面，很多城市有大量的临时性场站，大量的临时性场站的存在虽然能够解决眼下的公交需求，但是存在位置不尽合理，变动频繁，稳定性差的缺点，同时也造成公交线路布局和交通营运组织的不合理，不利于公共交通系统中长期发展，也在很大程度上增加了建设成本。另一方面，目前将公交场站外移至城市边缘地区的观点较为普遍，导致公交车辆首末班次的无效出行增加，增加运营成本的同时，也影响着公交线路布设的合理性。

（3）场站服务水平不高，配套设施不够完善。

目前，服务水平偏低是我国城市公共交通场站存在的另外一个问题，还有很多城市依旧存在着大规模露天场站，这些场站土地的利用率很低，场站所需的各类配套设施也不够完善；另一方面，一些场站虽然具备乘客服务设施、候车站台等基本设施,但由于缺乏必要的维护与管理,导致使用过程中设施老旧,换乘环境差。在这两方面原因的共同影响下,我国许多城市的公共交通场站不但浪费了城市宝贵的土地资源,还因为缺乏出行者所需要的综合性服务,不能吸引到更多的出行者选择公共交通出行。

7.2 空间异质性下城市公共交通用地综合开发策略

城市内部不同地块的空间区位、功能定位、开发强度、可达性、就业岗位等影响着其综合开发的价值,从交通视角来看,空间位置和可达性是影响综合开发的关键性因素,城市公共交通用地综合开发的策略制定要充分考虑这些因素,具体来说要保证综合开发在技术层面和经济层面的可行,如果一个公交场站的综合开发计划无法满足基础性原则中的一条或多条,则必须对该计划进行修改调整。一是技术可行性原则,场站的客观条件能够满足综合开发技术层面的各种需求;二是经济可行性原则,综合开发能够获得预期的收益率,而且这些收益能够反哺给;三是外部影响可行性原则,综合开发后的公交场站不会对周边环境及区域造成严重的负外部性影响,引发例如噪声和空气污染、造成交通拥堵、破坏局部城市景观等问题。

7.2.1 物业开发属性维度

根据城市公共交通用地综合开发的基本特征,可以根据设施类型或者用地功能不同,将城市公共交通综合开发模式下的场站综合体设施分为用于满足城市公共交通基本功能设施的保障型(基本功能型)设施和提供非交通附加价值的激励型(拓展功能型)设施(甘勇华,2011)。场站综合体设施分类图如图 7-5 所示。

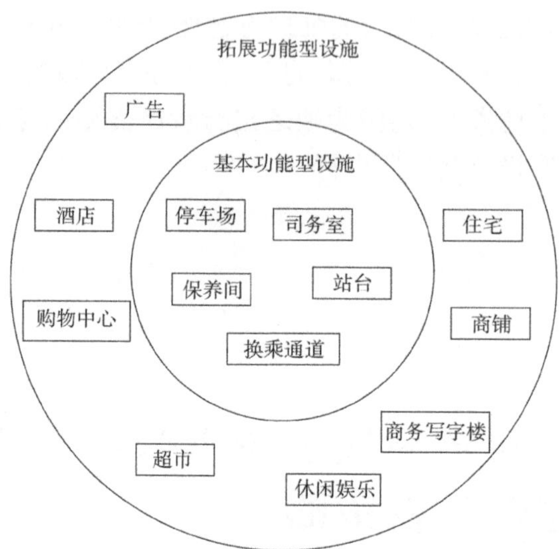

图 7-5　场站综合体设施分类图

基本功能型设施指为了满足场站基本的城市公共交通服务功能而必须设置的各类设施，如站台、换乘通道等，基本功能型设施决定了城市公共交通用地综合开发的基本诉求，影响着公交服务这一基本功能的供给水平和品质，如果这些基本功能型设施供给不足或无法正常运转，则会降低场站的公交服务水平与服务效率。不同类型场站之间保障型设施的配置也各有侧重，例如中途站更为强调的是乘客乘降以及换乘的空间和通道，而保养场则侧重于保修、检测相关的生产及辅助设施，停车场侧重于车辆停放和充电等功能。

拓展功能型设施指为了更好地实现城市公交场站及其周边用地的价值，提供更好的增值服务而附加设置的设施，如商业、办公、酒店、居住等设施，这些设施有利于吸引社会资金投入公交场站的建设，实现公交场站建设融资的多元化。拓展功能型设施一方面可为公交出行提供一定的客流，支撑公交系统运送相应的乘客，从而提高城市公共交通的社会效益和环境效益；另一方面，多种功能的服务设施在公交场站附近集聚，容易差生聚集效应，构建一个相互支撑、互为支持的商业生态，从而带动更多的经济效益。

拓展功能型设施是公交场站综合开发的重要特征和组成部分，城市公共交通综合开发使得原本单一交通功能的场站变为兼具商业、居住、办公、餐饮、展览、休闲娱乐等城市功能中一种或几种的建筑综合体，或者兼顾多种功能的一个城市综合功能区，有时也是城市地标性建筑或者区域。城市公共交通用地综合开发是城市化阶段性产物，更是经济社会一体化、复合化、复杂化发展的产物。针对不同的综合开发条件，激励型设施的配置策略各有不同。

我国香港是世界上成功运营地铁的典范，自 1980 年开通地铁线路以来，地铁系统就一直在盈利。这其中，地铁沿线的土地开发起到了主要作用。在地铁可达到的地方，土地价值尤其是居住和混合类开发项目的价值得到大幅度提升，有力地促进了轨道交通的发展。香港在为建设地铁集资时，采取了同步出售周边物业开发权的方式，将地铁站点附近的土地出售给开发商进行开发。受商业利益的驱使，开发商非常注重广场、休闲、商场、天桥等公共设施的建设，以吸引和方便居民乘坐地铁，这意味着开发商代替政府进行了城市公共设施的建设。由于土地开发商与地铁和城市新区开发等城市发展计划紧密结合，所以，地铁沿线的开发具有较好的收益，地铁公司可以获得充足的地铁发展资金，保障了沿线房地产的保值和升值，最终形成了良性循环，使得政府、开发商和城市居民得以“多赢”。由于香港土地资源稀缺，因此其综合开发呈现了高强度的特点，香港地铁上盖物业开发活动按照物业类型可以分为高密度写字楼、高密度住宅、中等密度住宅、大规模低密度住宅和大规模综合开发（表 7-6）。

香港在 1975—1986 年期间建设的 3 条地铁线上，香港地铁公司开发房地产 18 处，收益约 40 亿港元，约占地铁建设总成本（250 亿港元）的 16%。香港机场地铁线路长 34km，投资约 351 亿港元，沿线联合开发房地产项目 5 个，建筑面积约 360 万 m^2，给地铁公司带来 180 亿 ~ 200 亿港元的收益，约占地铁投资的 50%。同时，联合开发不仅解决了交通问题，而且带来了更大的客流。

轨道交通与地产综合发展模式的协同作用如图 7-6 所示。

表 7-6 是对香港几类城市轨道交通综合开发模式进行了汇总，香港模式有几个特有的地方：一是轨道交通站点周边用地开发强度非常高，有的甚至达到了 10 以上，这在全世界都是极为罕见的；二是综合开发的区域不仅仅局限轨道交通站点，还包括站点周边的一定范围的用地开发，这样的模式容易产生规模效益；三是综合开发收益能够反哺给轨道交通建设与运营，这种联动机制支撑了轨道交通运营和商业开发的可持续发展，轨道交通企业获得充足的资金用于改善服务质量、提升乘车环境进而吸引更多的人乘坐地铁，周边商业与轨道交通形成无缝衔接，可达性极高，能够诱导更多的人去消费，从而产生更多的经济效益。在实际中，香港的轨道交通站点综合开发也不完全都是极具经济价值

表 7-6

香港地铁综合开发的五种物业开发策略

综合开发模式		高密度写字楼	高密度住宅	中等密度住宅	大规模低密度住宅	大规模综合开发
示意图		办公 商场 地铁站	居民楼 停车 地铁站	居民楼 商场	居民楼 商场 地铁站	酒店 办公 商业 地铁站 POS 商业
建筑指标	建筑基底面积（万 m^2）	0.4	0.57	3.41	19.48	8.27
	建筑面积（万 m^2）	5.97	7.28	14.82	67.01	60.06
	容积率	14.85	12.9	6.99	3.51	6.86
物业类型配比	住宅	9%	66%	90%	83%	41%
	写字楼	78%	—	—	5%	28%
	商业	13%	2%	9%	11%	11%
	酒店	—	—	—	—	20%
	其他	—	32%	1%	1%	—
	物业综合指数	0.3	0.42	0.22	0.36	0.62
地铁站点		金钟站 中环站 旺角站 上环站	筲箕湾站 湾仔站 西湾河站 天后站	炮台山站 调景岭站 柴湾站 青衣站 将军澳站	杏花邨站 九龙湾站 东涌站 奥运站 太古站	九龙站 将军澳站 香港站

资料来源：Cervero R，Murakami J. Rail + property development：a model of sustainable transit finance and urbanism. Institute of Transportation Studies [R]. UC Berkeley Center for Future Urban Transport，2018.

的，当地铁站点周边不具备有市场潜力或不适合地铁+物业开发（如公共事业用地、公共绿地）时，则采用政府直接资金投入，或选择公私合营方式进行融资，从而降低轨道企业的建设和运营压力。香港地铁综合开发的几个特点有很多不适应内地城市，如容积率无法达到10以上的开发强度，站点周边用地联合开发等，这些难度都非常大，甚至行不通。因此，同香港的综合开发相比，我国用于公交场站的综合开发单体体量较小，商业类型多样化程度相比也要更低。按照综合开发中拓展功能型设施的类型，可以将我国公交场站综合开发的基本策略分为以下三种：

（1）商业型综合开发。

商业综合开发是将商业综合体、大型商场、超市、酒店等业态同场站相结合的综合开发模式，通过公交服务能够聚集人气的优势，为商业带来更多的盈利机会。商业场站综合体凭借交通功能与商业服务功能的结合有机会成为区域的经济增长点，为周边地区发展提供动力。

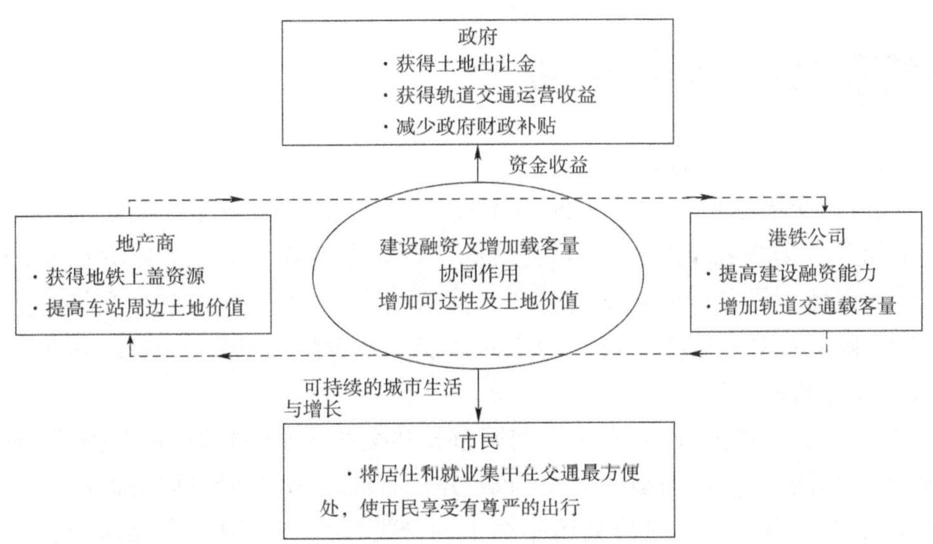

图7-6　轨道交通与地产综合发展模式的协同作用

（2）商务型综合开发。

商务综合开发是对公交场站和商务办公区进行的一种复合开发，这种开发模式通过合理的交通流线设计，在交通站点与目的地之间实现无缝衔接，引导商务办公出行人群选择公共交通方式。这种模式应用于商务办公相对集中的区域可显著地缓解道路交通压力。

(3)居住型综合开发。

居住综合开发是将住宅与场站相结合的综合开发模式,这种开发策略的优势在于,为居民提供更加便捷的交通出行条件,使得“最后一公里”问题得到解决。对城市发展而言,居民更多地选择公交方式出行,也能够减少地面交通对城市道路的压力。

除上述三种基本开发策略外,实际开发案例中,普遍存在的是将三种开发模式进行复合开发,将城市公共交通场站的交通功能与居住、商业、商务办公等城市功能综合在一起进行的复合开发,三种类型之间的配比依据实际需求确定。复合型开发使得场站综合体所具备的功能更加多样化,吸引力增强。不同类型物业的开发规模及比例,重点要充分参考城市空间的异质性的影响,可以采用基于片区社会经济发展的劳动力需求法、基于环境制约下的人口容量法、基于区域发展条件的区域平衡法等进行测算。

7.2.2 场站自身属性维度

1)城市公交场站的分类

城市公交场站是综合开发的主体对象,也是影响综合开发策略的核心因素,不同公交场站之间因建筑形式、服务功能等方面存在着较大差异而不能一概而论,因此为了分析公交场站自身属性这一维度,本节首先对公交场站进行了分类,随后针对不同类别场站的交通职能及建设特点进行了研究,作为后续开发策略分析的基础。

对于公交场站的分类,由于不同城市公共交通的发展阶段、运营模式、服务规模不尽相同,对于城市地面公交场站,并没有放之四海而皆准的标准。表7-7是国内外按照场站功能对公交场站提出的分类标准。其中建设部作为公交场站建设的国家级行政主管部门先后颁布的《城市公共交通站、场、厂设计规范》(CJJ 15—1987)、《城市道路公共交通站、场、厂工程设计规范》(CJJ/T 15—2011)、《城市道路交通规划设计规范》(GB 50220—1995)三个主要标准规范,已经成为国内大部分城市公交场站功能分类的基本参照模式,对公交场站的分类思路具有较强的指导性和规范性。

国内外现有公交场站分类标准　　表 7-7

分类类别	分类来源	场站分类
我国国家级行政主管部门分类	《城市公共交通站、场、厂设计规范》(CJJ 15—1987)	中途站、首末站、停车场、保养场、修理厂
	《城市道路公共交通站、场、厂工程设计规范》(CJJ/T 15—2011)	中途站、首末站、停车场、保养场、修理厂
	《城市道路交通规划设计规范》(GB 50220—1995)	首末站、停车场、车辆保养场、整流站(仅针对电车)、公共交通车辆调度中心
我国地方城市分类	《公共汽电车场站功能设计要求》(DB11/T 715—2010)	中途站、首末站、中心站、公交枢纽站、保养场、驻车场
	《上海市公交枢纽场站规划用地及建设标准(征求意见稿)》	枢纽站、首末站、停车场、停保场
美国分类	《美国公交场站分类》(Fitzpatrick K, Hall K, Parkinson D, et al.,1996)	综合枢纽、中途站、专用道站、专用道站

在以上三种分类的基础上,各地方城市根据自身公交所处发展的阶段及客观需求,也对公交场站进行了不同的分类,例如与国家分类相比,北京市将公交场站分为六类,在将保养场和大修厂合并称为保修场的同时,增加了"中心站"的分类。中心站作为区域公交调度运营的中心,建设规模通常大于首末站,负责服务车队的日常运营管理,以及车辆的保养和修理。

如图 7-7 所示,美国将公交场站分为 4 类:综合枢纽(transit terminals)、运输中心(transit center)、专用道站(transit station)和中途站(bus stop)(王晓凯,2012)。其中中途站是城市公交网络的最为基础的组成部分,用于为公交乘客提供乘降与换乘的场所;专用道站是与公交专用道相匹配的用于乘客乘降和换乘的场所,与中途站的功能相近,区别在于其规模更大;运输中心则具有一定的交通调度功能,为乘客提供不同公交线路之间以及公交与其他运输方式之间的换乘;综合枢纽则更加着重用于服务城市内部交通和城市间交通的换乘衔接需求,此外也通常会提供一定的购物、娱乐等服务(蔡全凯,2007)。

为了便于后续的相关探讨,本节选择"枢纽站、首末站、中途站、维修保养场、停车场"的方法对公交场站进行分类,每种场站分类的定义见表 7-8。此分类方法的优势在于一方面对全国城市具有一定的通用性(例如北京"中心站"的分类方式对其他城市不具备通用性),另一方面在于其按照服务对象分类的思路便于后文结合场站功能用途对综合开发策略进行研究。

a)中途站(阿尔布开克)

b)专用道站(巴尔的摩托)

c)运输中心(华盛顿)

d)综合枢纽(纽约)

图 7-7　美国对公交场站的 4 种分类

本节所采用的公交场站分类方式　　表 7-8

场站分类	定　义
公交枢纽站	多条公交线路以及不同种类公共交通方式的汇集点,存在大量公共交通客流换乘的场所
首末站	公交线路的起点站和终点站的统称,也称起止站
中途站	除起点站和终点站以外,沿公共汽电车线路设置的车站,也称沿途站
维修保养场	为营运车辆提供维修、保养服务,同时也对相应所需配件进行加工、修制的场所
停车场	夜间驻车的主要场所

2)场站 + 物业联合分析

在分析各类型公交场站功能特点的基础上,结合拓展功能型设施的开发配置特点,从物业开发属性和场站自身属性联合评价的角度对综合开发策略进行分析。

(1)公交枢纽站。

公交枢纽站是公共汽电车系统与其他大运量交通方式之间重要的客流衔接与交换站点,是公交线网和运营组织的核心,是发挥多方式衔接联运的重要环节。公交枢纽站具有运营线路与车辆数量多、占地规模大等特点,其中公交枢纽站的占地规模会根据不同的服务对象和服务水平,以及在此转换的交通方式种类而有所不同。以公共汽电车之间换乘衔接的公交枢纽站为例,根据杨新苗等(2006)的相关研究,影响枢纽站用地面积的主要因素包括站台停车泊位数及候车站台的面积、换乘大厅面积、管理用房面积和公交车停车坪面积,其建设用地面积的推荐值见表7-9。从表中数据可以看出,公交枢纽站的总占地面积可以达到几万平方米不等,这为结合公交枢纽站进行的综合开发提供了基本的用地条件。

公交枢纽站用地面积推荐值 表7-9

公交枢纽所辖车数(标车)	站台面积(m^2)	站台停车泊位面积(m^2)	停车坪面积(m^2)	换乘大厅面积(m^2)	管理及生活用房面积(m^2)	总用地面积(m^2)
200	250	480	8000	384	1152	10266
300	375	720	12000	576	1728	15399
400	500	960	16000	768	2304	20532
500	625	1200	20000	960	2880	25665
600	750	1440	24000	1152	3456	30798
700	875	1680	28000	1344	4032	35931

资料来源:杨新苗,王超,马泽丹,等. 公共汽电车枢纽建筑与建设用地标准研究[J]. 城市公共交通,2006(7):37-40.

公交枢纽站作为有多条公共汽电车线路和多种交通方式的汇集点,存在大量公共交通客流的换乘。商业型综合开发可以充分利用其公交优势集中人气,通过人流的集聚为商业经营带来更多的销售机会,以公交换乘带动商业发展。因此,公交枢纽站十分适合商业型综合开发。

另外,对于商务型综合开发而言,通过实现公共交通和商务办公区在空间上的结合,能够提高商务人流选择公共交通方式出行的比例。公交枢纽站作为区域的交通周转核心,能够引导周边土地利用,逐步发展成为区域的增长极,因此也适用于商务型综合开发。

对于居住型综合开发,公交枢纽站的优势在于便利的交通可达性,能够为居民的日常公共交通出行提供方便。但人流的集聚对于居住集成类开发也存在一定的负面影响,例如,一旦在换乘设计上不够合理,就可能会产生交通流线之间的相互干扰;此外,场站的运营噪声也会对居住产生一定程度的影响。因此,对于公交枢纽站,选择居住型综合开发并不是最优选择。

(2)首末站。

首末站的功能在于为公共汽电车在开始和结束运营以及等候调度时提供停放场地。作为公交线路起止点,首末站应提供稳定、准时、服务水平适中的公交服务。

由于在城市综合运输体系中枢纽站的功能地位越来越重要,许多公交线路的首站被集中在一起以实现综合换乘,集中调度。但由于末站的分散性,因此首末站还应存在,并随着公交线路的发展,其数量和用地规模应相应地增加。首站和末站的基本功能相同,都具有到发车功能,但停车功能主要在首站实现,末站需要保证有调度室和部分司售服务设施。

首末站按照规模可以分为微型首末站、小型首末站、中型首末站和大型首末站,其规模按照线路所配营运车辆总数确定。从表7-10中北京市对首末站建设用地的指标要求中可以看出,不同规模的首末站的建设用地指标相差较大,其中微型、小型首末站由于服务功能简单、服务范围小导致用地指标偏小;无论是商业集成类开发、商务集成类开发,还是居住集成类开发,其用地规模都无法满足开发的需求。因此,从技术可行性角度出发,不建议对微型、小型首末站进行综合开发。

北京市公交首末站的分类及建设用地指标 表7-10

类型	运营车辆数	功　　能	建设用地面积(m^2)			
			建筑基底用地	停车坪	站台	总建设面积
微型首末站	<20	车辆到发	30~40	600	100	730~740
小型首末站	20~50	车辆到发	300~500	600~1400	100~300	1000~2200
中型首末站	50~200	多线路到发,停车	500~800	1400~5600	300~1100	2200~7500
大型首末站	>200	多线路到发,车队运管,大规模停车	800~1000	>5600	1100~1400	>7500

资料来源:北京市市场监督管理局.公共汽电车场站功能设计要求:DB11/T 715—2018[S].

与枢纽站相比,大型首末站也具备大量的公共交通客流,但由于缺乏换乘功能,因此对于商业和商务办公的吸引强度不如公交枢纽站;由于通勤交通具有明显的上下班出行高峰分布特点,因此结合首末站的居住型综合开发可以为居民的通勤出行提供更多的便利,但也同样需要注意因为临近场站,客流、噪声、振动等可能对居住造成的负面影响。

(3)中途站。

中途站是城市最为基础的公交设施,是联系乘客和公交服务的基本纽带。其按照形式分为直列式、港湾式、其他样式等。中途站的主要功能是供乘客上下车、换乘、候车。有条件的中途站还可以配置有书报亭、公用电话等便民服务类设施。

中途站的用地面积由站台面积和公交车中途站停车泊位面积决定:站台面积由高峰时期乘客客流量这个空间异质性指标决定,而客流的大小又决定了公交车辆的规模,公交车停车泊位有效面积主要由高峰时期公交车流量决定。按照《城市公共交通站、场、厂设计规范》(CJJ 15—1987),中途站高峰小时最大通过车数不宜超过 80 辆,超过该规模时,宜分设车站。以全港湾式公交车中途站为例,根据其高峰小时公交车流量不同,中途站尺寸的经验值见表 7-11。

中途站尺寸经验值 表 7-11

高峰小时公交车流量(辆/ h)	总长度(m)	总面积(m^2)
60	50 ~ 70	120 ~ 180
90	60 ~ 95	120 ~ 250
120	70 ~ 100	150 ~ 350
150	75 ~ 110	240 ~ 375
180	80 ~ 120	240 ~ 400

资料来源:王超. 公交场站建筑与建设用地标准研究[D]. 北京:清华大学,2005.

从表 7-11 中的中途站尺寸经验值可以看出,中途站用地面积通常在几百平方米左右。无论是商业型综合开发、商务型综合开发还是居住型综合开发,中途站都无法满足开发对用地的需求。因此,从技术可行性角度出发,不建议对中途站进行综合开发。

(4)维修保养场。

维修保养场的主要功能在于为营运车辆提供维修、保养服务,同时也对相应所需配件进行加工、修制。按照规模可将保养场分为小型保养场、中型保养场、保养中心等,其规模按照年保养车辆标台总数确定。

维修保养场维修保养内容较为繁杂,因此其建筑种类也较多。维修保养场的建设用地面积由三部分组成:生产性建筑基底面积、生活性建筑基底面积和停车坪及回车道面积。其中生产性建筑基底面积包括车辆维修与保养车间、辅助车间、材料库、洗车台、车辆安全检验台、整流站等面积。生活性建筑基底面积包括办公用房、监控室、传达室、职工餐厅等面积。

维修保养职能造成了维修保养场工艺技术要求高、环境污染重、场站形象较差的问题。除去公交车本身造成的污染外,场站在进行维修保养过程中,锻压、机加工等工序会发出噪声,热加工、锻压、电镀、喷漆等工序也会产生废气,零部件清洗会产生污水等。如果对维修保养场进行综合开发,无论是住宅、商业或是商务类型物业,都需要较高的费用投入以降低污染对开发物业的影响。

另外,维修保养场因为保养任务较为繁重而需要24h工作,这在夜间对其周边影响尤其明显;同时维修保养等活动因为技术层面的原因更加适宜较为空旷的空间作业,这与立体上盖的综合开发模式也有所冲突。

对于维修保养场而言,由于污染、干扰、平面布置等诸多不利条件的存在,维修保养场的正外部性有限,因此从经济可行性及外部影响可行性角度出发,都不建议对维修保养场进行综合开发。

(5)停车场。

停车场的主要功能是公交车辆结束日常运营后的驻车,以弥补枢纽站、首末站等其他场站驻车空间不足的问题,为公交运营车辆提供合理的停放空间和必需的设施。部分停车场也是车队的所在地,承担线路的部分运营组织工作,此外,也会适当分担部分车辆的日常维修和低级保养工作。

停车场的用地组成包括停车坪、场前区和绿化区,停车场的总用地规模是根据各部分用地面积大小决定的,其中停车坪是最为主要的功能区域,也是影响停车场规模的主要因素。如表7-12所示,根据蔡全凯(2007)对公交场站规划相关研究,停车场建设用地面积通常在几千平方米级别,用地规模大的特点令其具备综合开发的条件与价值。

停车场建设用地面积 表 7-12

停车坪规模(辆)	<100	100～200	200～500	>500
总建设用地面积(m^2)	<9791	9791～19336	19336～47973	>47973
每标准车面积(m^2)	98～100	97～98	96～97	95～96

资料来源:蔡全凯. 城市常规公交场站规划研究[D]. 南京:东南大学, 2007.

与枢纽站、首末站不同,停车场主要的功能是日常运营后的驻车及简单保养,不具有大量的公共交通客流,因此对于商业和商务办公型综合开发,其利用公交优势集中客流量的能力较弱。但停车场占地面积较大,因功能较为单一而对外界在交通、噪声方面的负面影响相对有限,因此更适宜进行居住型综合开发。

通过以上对各类公交场站功能及用地特点的分析,对各类公交场站用地特点及综合开发适宜性分析汇总见表7-13。公交枢纽站因具有占地面积大、公交客流量大的特点,可以充分利用地下和地上综合开发,最为适宜进行综合开发;而中途站和维修保养场因为用地面积和自身工艺特点不满足基础性原则原因,不适宜采用综合开发的建设模式。对于不同类型公交场站综合开发策略,从物业开发属性维度和场站自身属性维度出发进行联合分析所得到的结果见表7-14。

各类型公交场站用地特点及综合开发适用性分析 表 7-13

分　类	用地特点	综合评价	综合开发适宜性
公交枢纽站	占地面积大,容积率高	可以充分利用地下和地上综合开发	高
停车场	由停车坪规模决定	占地面积大,适宜综合开发	
首末站	差异较大	小、微首末站不适宜综合开发	
维修保养场	用地面积大,功能分区,平面布置	环境污染,24h作业等不符合经济可行性、外部影响可行性和技术可行性	
中途站	用地面积通常较小	占地过小,不符合技术可行性	低

场站+物业的综合开发策略分析结果 表 7-14

类　型	商业型综合开发	商务型综合开发	居住型综合开发
枢纽站	☆☆☆	☆☆☆	☆

续上表

类　型	商业型综合开发	商务型综合开发	居住型综合开发
首末站	☆☆	☆☆	☆
停车场	☆	☆	☆☆
中途站	–	–	–
维修保养场	–	–	–

注：☆☆☆表示强推荐；☆☆表示普通推荐；☆表示弱推荐；–表示不推荐。

以上讲述了城市公共汽电车场站综合开发的策略，城市轨道交通站点大体上与城市公交综合开发策略相类似，但是由于城市轨道交通站点设施与公交场站设施有所不同，在部分综合开发地点和方法上略有不同，城市轨道交通站点综合开发大致可以分为三大类：车辆基地综合开发、轨道交通站点综合开发、路段走廊综合开发。

(1)车辆基地综合开发。

轨道交通车辆基地包括车辆段和停车场，车辆段主要负责所辖线路的轨道车辆维修、保洁等工作；停车场主要负责轨道车辆停放和日常维修保养，同时负责列车编组、乘务以及办理车辆的送修和技术交接，车辆基地建筑为单层多跨形式，占地面积巨大。轨道交通车辆基地综合开发是利用车辆基地的大型建筑屋顶以及周边区域，形成复合立体化的交通、商业、办公、居住、娱乐等多功能综合的城市综合体，通过一些平台、天桥、地下通道立体化联系区域内部地上、地面、地下各个区域，形成一个功能齐全，与周边城市联系密切的巨型建筑群。

(2)轨道交通站点综合开发。

城市轨道交通站点是轨道交通车辆停靠下客的站点空间，包含了常规中途站点、换乘站和终点站。轨道交通站点综合开发是围绕站点周围一定范围的地上、地面、地下空间进行综合开发，形成由商务、居住、休闲、酒店、餐饮等功能多种组合的建筑物综合体。通过合理空间规划、功能开发，采用空间立体的组织方式整合各项城市功能，高效垂直利用空间为区域营造出舒适的步行空间，引进轨道交通带入的大量人流，实现“功能混合、立体复合、步行宜人”的愿景。在已经建成的城市轨道交通站点，可采用功能补充的手法，来提高区域的功能复合化，提升区域的可生活化。

(3)路段走廊综合开发。

城市轨道交通路段走廊指的是两个或者多个轨道站沿途地下空间廊道,轨道交通路段走廊综合开发是围绕路段周围一定范围的地上、地面、地下空间进行综合开发,形成由娱乐、休闲、酒店、餐饮等功能多种组合商业走廊。通过合理空间规划、功能开发,采用空间立体的组织方式整合各项功能,为区域营造出舒适的步行空间和购物空间。路段走廊综合开发涉及的开发空间范围比较大,容易产生巨大的商业价值,因此往往位于城市相对繁华的区域,也是城市地标型区域,是比较理想的轨道交通综合开发模式。

7.2.3 城市区位特征维度

城市空间区位是体现城市空间异质性的一个重要内容,不同的空间区位拥有的异质性特征不一样,核心区的就业和商业办公等强度明显高于其他区域,居住区的上下班和上下学强度明显高于其他区域。本节首先对城市区位进行了分类,针对不同区位分析其功能特点,最后对不同城市区位的综合开发策略进行评价。

1)城市区位分类

城市在发展演化的过程中,由于自然禀赋、人为规划等影响的不同,会令不同的城市区域产生不同的发展路径,进而形成不同的区位特征。本节将公交场站所在的城市空间区位主要分为区域核心区、交通枢纽区、成熟居住区和城市外围区4类。如图7-8所示。

(1)公共核心区。

公共核心区集中了一个城市的政治、经济、文化等公共活动,是城市公共活动体系的重要组成部分。城市的第三产业和公共建筑在公共核心区大量集聚,为区域乃至整个城市服务,并吸引了大量的客流量。

(2)交通枢纽区。

交通枢纽区指区域内有重要的对外交通枢纽或者大型市内交通换乘枢纽等。交通枢纽区的交通需求量通常较高,拥有多种的交通方式并存的特点。以上海南站区域为例,该区域汇集有包括铁路、城市轨道交通、公路客运以及城市公交在内的多种交通方式,承担着对外交通和城市交通服务。

a)公共核心区

b)交通枢纽区

c)成熟居住区

d)城市外围区

图 7-8 城市区位的 4 种分类

(3)成熟居住区。

成熟居住区以住宅物业为主,开发密度较高,土地利用较为充分。并且经过一系列系统的开发,已经基本形成了满足居民基本生活需求的服务网络,社区服务功能齐备,服务质量和管理水平较高。

(4)城市外围区。

城市外围区远离城市核心区,该区域土地供应量大,土地开发强度低,供求关系导致了地价相对便宜,但区域的经济发展落后,基础设施供给不足,人流量少。

2)城市区位 + 物业联合分析

综合开发一方面是为了通过土地的综合利用获得运营收益补贴公共交通,另一方面也是为了通过交通综合体的模式促进区域的发展,因此交通综合体开发的策略必须要考虑不同城市区位各自的空间异质性差别,进而掌握不同区域的需求特点，以保证综合开发的效率。结合拓展功能设施的开发配置特点及不同城市区位的发展需求特征，从物业开发属性和城市区位属性联合分析的角度对综合开发策略进行评价。

(1)公共核心区。

公共核心区的发展特点是土地资源稀缺，土地开发强度高。根据城市经济学中“集聚经济”的相关原理，由于企业的集中可以通过共享原材料(input sharing)和中间投入品、共享劳动力市场(labor market pooling)、享受知识溢出(knowledge spillover)带来厂商成本的降低，因此，在集聚经济的作用下，公共核心区某个特定方面的功能逐步得到强化并演化成为主导功能，如北京 CBD 的商务功能、西单商圈的商业功能等。相比之下，其他功能在公共核心区的地位与发展需求会被相对弱化。

各类资源在核心区高度集中导致公共核心区在产生集聚经济性的同时也遇到了发展的瓶颈问题，也就是交通问题。在拥堵及停车两个问题的制约下，公共交通逐步发展成为公共核心区最为适合的交通模式。将交通服务设施与商业或商务设施直接结合，能够减少私人交通方式在公共核心区内的活动，进而改善此地区的地面交通条件，这对于一些道路交通压力较大的中心城区而言意义尤为显著。因此，商业型和商务型综合开发较为适宜公共核心区。也正因为如此，由于在公共核心区的商业及商务物业收益率更高，并且与区域的整体发展相协调，因此从经济可行性的角度出发，不建议对公共核心区场站进行居住型综合开发。

(2)交通枢纽区。

在交通枢纽区域，因为对外或市内交通基础设施的存在，整个区域具有较为显著的交通出行优势。整个区域内公共基础设施供给通常也较为充足，但与公共核心区有所不同的是，各类需求主要是由交通功能派生而来，这在一些拥有对外交通功能的交通枢纽区尤为明显，对于服务商贸、旅客配套及信息交流的设施需求量大。因此，商业型综合开发更为适合交通枢纽区，以服务于各种交通方式换乘带来的充足的客流量。对于商务型综合开发，虽然交通枢纽区集聚效应不如公共核心区明显，但便利的对内对外交通服务也会对许多企业产生吸引，因此商务型综合开发也适合应用于交通枢纽区。在交通枢纽区布置居住型综合开发，可以一定程度上发挥交通枢纽区便利的交通可达性，但是要注意应对场站综合体进行交通影响评价,避免居住客流与交通客流之间的相互干扰。

(3)成熟居住区。

对于成熟居住区而言,居住功能已经成为该区域的主要服务特征,并且伴随着区域宜居条件的改良,成熟居住区的居住需求也会逐渐增长。这些居住需求及其衍生的各种需求是促进区域后续发展的主要动因。因此,根据区域良性引导和供需匹配的原则,商业型综合开发是成熟居住区较为理想的策略选择。此外,也可以在配套服务供给已经十分充足完善的成熟居住区,进行普通多层、高层住宅的开发建设,但不建议进行低层、低密度住宅的开发。针对商务型综合开发,由于成熟居住区缺乏能够吸引商务物业布局的集聚效应,因此在成熟居住区并不是最为理想的选择。

(4)城市外围区。

城市外围区远离城市核心区,其土地供给优势和整体区位劣势同样显著,基础设施配套落后导致了区域整体的发展动力的不足。城市外围区土地开发强度通常远低于公共核心区,周边居住区规划相对松散,例如超市、酒店、零售、餐饮等满足居民日常生活需求的服务设施相对缺乏。因此,结合城市外围区的商业型综合开发较为符合区域良性引导和供需匹配的原则。在城市外围区的居住型综合开发符合公共交通引导城市发展模式,由于其便利的交通条件,因此也能在一定程度上吸引周边的居住需求。商务型综合开发符合通过综合开发来带动地区发展的建设思路,以商务为核心形成区域的经济拉动增长。但商务型综合开发并不适用于所有的城市外围区域,需要根据当地的具体需求进行研判,避免因为需求不足而造成过高的空置率。

综合以上分析,结合拓展功能设施的布局特点,对物业开发属性和城市区位特征的联合分析结果见表7-15。

城市区位+物业的综合开发策略分析结果 表7-15

类　型	公共核心区	交通枢纽区	成熟居住区	城市外围区
商业集成类	☆☆☆	☆☆☆	☆☆☆	☆☆☆
商务集成类	☆☆☆	☆☆	–	☆
居住集成类	–	☆☆	☆☆	☆☆

注:☆☆☆表示强推荐;☆☆表示普通推荐;☆表示弱推荐;–表示不推荐。

7.3 典型案例分析

7.3.1 深圳

深圳市绝大部分公交场站用地通过零地价协议出让方式获得,在现有法律法规框架下可以免费使用但不能进行商业开发,通常规划容积率在0.8~1.1,主要建设营运配套设施、办公用房、员工宿舍、兴建保障房等。2001年深圳市土地供应不再采用划拨方式,因此深圳市地铁土地供应协议或招拍挂为主,涉及转变用地性质转变的,一般政府先收回再确定供地方式。

地铁建设二期建设的用地获得方式是设置前提条件的招标,通常由国资委招标,地铁集团和当地其他国有企业联合投标。从三期开始,由于投资量巨大,约50%的建设资金需要社会融资,因此采用了政府作价入股的形式,由政府预估地价后以土地形式出资,深圳市地铁集团与本地其他国有融资平台,如建设发展集团、机场集团等,对土地进行联合开发,土地地价和车辆段上盖建筑开发的预期利润超过资本金的50%。规划图纸明确车辆段上盖开发的容积率,车辆段不计入容积率。

地铁车辆段土地综合开发基本流程如下:①调整控规,例如将工业用地调整为交通+住宅;②地铁集团与另一国有企业(融资平台)通过招拍挂或政府作价出资方式获取土地;③由地铁集团编制详细方案,包括功能分区、容积率等,深圳市控规规定所有交通功能不限制容积率,根据实际需要确定,商业和住宅需控制容积率;④政府相关部门审批通过后开工建设。

深圳市目前已有多个新建地铁站开展了综合开发,但是存量土地的综合开发暂时还没有突破,主要有如下两个原因:一是综合开发不能突破生态红线和生态控制线，深圳地铁线路在规划确定前依法进行可行性研究、环境影响评价及规划选址论证，开发时根据规划要求严格控制开发强度，深圳地铁用地多处于生态控制线范围内（重大道路交通设施可在基本生态控制线范围内进行建设）。深圳市2005年划定了974.5km^2的基本生态控制线，并出台《深圳市基本生态控制线管理规定》，规定基本生态控制线内已建合法建筑物、构筑物，不得擅自改建和扩建。二是技术限制，上盖物业（建筑）必须与车辆段同时开工建设，一旦车辆段建设完成就不再具备上盖建筑的技术条件。

案例1：塘朗站车辆段

塘朗站为深圳地铁5号线（环中线）车站，位于深圳市南山区塘朗车辆段旁边，延留仙大道呈东西向布设。车站东侧为环中线车辆段，西北侧为塘朗山。

塘朗站（图7-9）用地性质在调整规划后确定为交通+二类住宅（即分层确权）。地上9m为地铁车辆段，承担车辆停放、检修等功能，车辆段上方上盖不超过50m的保障房等以及幼儿期、小学等配套设施（图7-9、图7-10），建设完成后由深圳市政府回购。此外，车辆段周边的部分土地正在建设商品房（图7-11）。

图7-9　深圳地铁塘朗站车辆段及上盖保障房

图7-10　深圳地铁塘朗站车辆段上盖保障房及配套设施

图7-11　深圳地铁塘朗站车辆段周边在建商品房

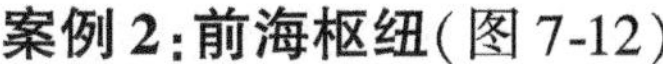

案例 2:前海枢纽(图 7-12)

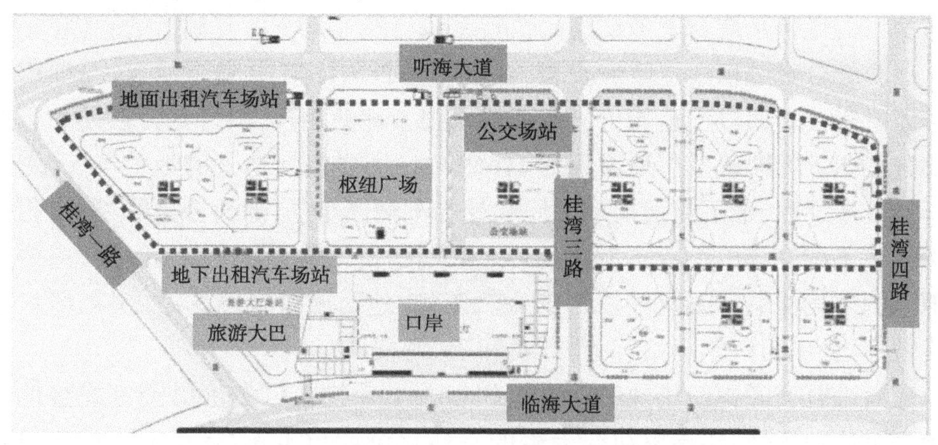

图 7-12　前海枢纽项目

前海综合交通枢纽项目采取“站城一体化”设计理念,地下为轨道线路及地下车库,通过人行通道串联轨道车站、公交场站、出租汽车场站及上盖物业;枢纽建筑地下六层,其中上面三层为轨道及交通换乘区,下面三层为地下车库,地面层为城市广场;地上二层通过物业的裙楼和连廊与项目周边地块连接。前海枢纽上盖物业开发项目地处地铁 1、5、11 号线以及穗莞深城际线和深港机场快线等五条轨道线的交汇处,位于前海自贸区核心区域桂湾片区,项目占地面积约 20 万 m^2,总用地面积约 $20hm^2$,初步定位为高端城市综合体,含高端集中式商业、甲级及国际甲级写字楼、五星级酒店及高端服务式公寓。项目用地位于深圳前海深港合作区桂湾片区开发一单元中央位置,集大型交通枢纽和城市综合体于一体。项目连接城市综合体和 2 个国际级机场,旅客均可在 15min 内抵达的交通枢纽,通过公交场站、出租汽车场站、旅游大巴及社会车辆与轨道交通进行综合换乘。枢纽内地下步行空间可直接与上盖物业的大堂连通,并向东、南、西方向延伸,与周边地块及听海大道地下商业街连接。地上二层通过物业的裙楼和连廊也分别可与项目周边地块连接,实现交通枢纽与城市公共生活的高度融合。

项目突破传统交通枢纽的巨型体量,通过开放性的枢纽城市广场及小型街区的空间设计,将高度复合的城市功能、开放性的城市空间与便捷繁忙的交通枢纽无缝连接,充分发挥交通枢纽对城市的带动作用并提升城市生活品质,创造活力街区。地铁、城铁及口岸功能的高效换乘,提高公共交通出行的便利性,枢纽城市的慢行系统与轨道交通的快行系统打造连接车站与城市的立体网络。

前海综合交通枢纽由政府投资,深圳市地铁集团有限公司建设,深圳市地铁集团有限公司通过土地作价出资形式获得土地使用权,项目分为近期和远期两部分实施。近期建设用地面积为 116693m^2,主要包括地下的地铁 1、5、11 号线车站改造工程,地下交通换乘大厅和社会车辆停车场,地面公交场站、出租汽车场站及集散广场以及五条市政道路。远期建设用地面积为 99092m^2,主要包括地下的穗莞深城际线及港深西部快轨车站,地面旅游大巴场站、出入境口岸及集散广场、出租汽车场站、商业开发和 T9 塔楼等。

前海综合交通枢纽用地的地下枢纽以及上盖物业以作价出资方式整体供应给一个用地主体,实现枢纽与上盖的一体化设计与实施,有利于轨道交通站城一体化开发,充分发挥土地价值,保障项目建设品质;有利于充分利用轨道上盖空间,筹集轨道建设资金;有利于提高交通枢纽项目的建设效率,保障轨道交通设施的建设质量和进度。

深圳地铁充分借鉴了香港的地铁 + 物业模式,从规划起就为综合开发进行铺垫,解决了一系列政策、技术和规范难题,使得后续开发得以进行。然而,深圳的综合开发模式仍然具有一些特定前提条件,主要包括:

一是以城市更新和保障房政策作为地铁车辆段上盖开发的重要政策依据。《深圳市城市更新“十三五”规划》(深规土〔2016〕824 号)提出“通过更新配建人才住房和保障性住房约 650 万平方米,配建创新型产业用房总规模约 100 万平方米。配建 13 万人才住房和保障性住房,以轨道站点周边区域为重点改善建设区位”。《深圳市 2016 年度城市建设与土地利用实施计划》提出“按照各区常住人口基数及已建成保障性安居工程、安置用地的规模,2016 年度计划新供应保障性安居工程用地(含安置用地)40 公顷,通过城市更新筹集 25 公顷保障性住房用地(其中计划供地 5 公顷)。优先安排在公共交通便捷的地区、轨道站点上盖及沿线,以及人才居住需求集中的产业园区等区域。进一步完善保障性安居工程周边的教育、医疗卫生、市政等民生设施”。

二是政府作价入股的供地模式实际可行,但为了避免出现国有资产流失,政府要求与地铁运营企业联合开发的地产商必须是国有企业(融资平台)。

三是针对地铁车辆段上盖建筑的消防标准目前还是空白(充电桩,工业和住宅之间消防)。深圳地铁盖板要求耐火极限超过 4h,地铁车辆段和上盖建筑分开进行验收而不是整体验收。

四是确保地铁车辆段上盖保障房的政府回购价格高于建设成本,确保企业有开发的积极性,估算盖板成本每平方米约为 5000 元。

五是设立深圳市规划和国土资源委员会,管理体制机制方面规划和国土部门沟通协调较为顺畅。

六是企业通过政府作价入股的形式,由政府预估地价后以土地形式出资获得土地的方式在《关于扩大国有土地有偿适用范围的意见》(国土资规〔2016〕20 号),应按相关规定调整补交出让金,这样的话将增加作价入股企业的资金投入压力,影响投资动力。

7.3.2 成都

成都市以公共交通为导向的城市规划发展模式(TOD 模式)结合市民交通出行需求多样化的理念,提出了一种集和公交场站交通枢纽、场站商业开发和居民住宅小区的综合体开发思路,金沙公交枢纽站和万家湾公交中心站是典型案例。

2010 年,成都市政府新增 40 多块公交场站用地,总面积超过 800 亩[1],用以加强公交场站基础设施建设。对已确定 40 多块公交场站用地按既定相关政策文件规定,协议出让给市公交集团,作为市政府注入市公交集团用于支持公交发展的资本金。2015 年,成都市发布了《成都市人民政府关于贯彻省政府〈关于进一步加强土地出让管理规定〉的实施意见》(成府发〔2015〕21 号),文件规定新征公交用地如果兼容金融商业功能必须通过招拍挂形式获得土地使用权。因此,2015 年以后,成都市公共交通综合开发用地必须通过招拍挂方式获得土地使用权,在这种条件下,公交企业已不再可能作为综合开发的主体。

案例 1:金沙公交场站

成都金沙公交综合体项目位于青羊区清江东路北侧,二环路与 2.5 环路之间,距离二环路直线距离约 800m,距离 2.5 环 130m。项目总占地面积为 54.70

[1] 1 亩约合 666.67m^2,下同。

亩,土地用途为公共交通基础设施兼容商业、金融业,属于公共交通基础设施与商业开发相融合的综合体项目。

金沙公交枢纽(图7-13)综合体工程建设分为两期,一期项目建设已于2014年完工,总建筑面积约25万m^2,主要实现公交枢纽功能,分为公交运营及停车区、BRT首末站、常规公交乘客换乘区和智能调度大楼四个功能区。项目建成后,通过场内及与地铁出口的连接通道,即可实现快速公交、常规公交、地铁(4、7号线)等多种交通形式之间的无缝接驳转换。

图7-13 金沙公交枢纽站

公交运营及停车区部分设计为一栋独立的公交停车楼(图7-14),共六层。单层建筑面积18600m^2,共11.17万m^2,总共可停放公交车辆502标台(常规公交244台,18m公交172台,合计416台,折合为502标台)。停车楼1~3层为常规公交功能区,约5.6万m^2;4~6层为大容量快速公交功能区,约5.6万m^2;快速公交高架桥在五层(桥面高程约为20.588m)与停车楼相连。满足至少3条快速公交线路和10条常规公交线路的正常运营。

图7-14 金沙公交枢纽站停车楼

二期项目包括商业用房、公交场站业务用房、商业地下停车场、金沙公交枢纽站与地铁7号线、4号线清江路口站地下连接通道及附属设施。

项目建设综合楼一栋,综合楼会进行购物、饮食、娱乐设施的开发。建筑面积86942m^2,地上23层,地下2层,其中地上1~6层为商业裙房,建筑面积为21130.46m^2;地上7~23层为公交场站业务用房(办公用),建筑面积为50998.01m^2,物管用房101.26m^2;整个金沙公交枢纽综合体的综合楼地下室和停车楼地下室为连通状态,共计2层。

项目用地由两部分构成:一是原有金沙公交场站,占地面积20.37亩,属于行政划拨用地;二是为满足公交综合体项目的建设需要,2012年购买了相邻的金沙长途客运站,面积约34.33亩。

金沙公交枢纽站综合开发的基本程序为：公交公司首先向市规划部门申请整个项目 54.7 亩用地的控规用途调整，即将原规划的公交场站用地、交通运输用地调整为公共交通场站设施用地兼容商业、金融业等用途，从规划法定的用地控规开始对控规用途进行调整变更。在完成用地控规调整后，市国土局对公交公司自有 20.37 亩行政划拨土地进行划拨转出让变更工作，办理土地出让合同；土地供地方式转变后，市国土局再对土地使用性质进行变更，公交公司与市国土局签订《出让合同的变更协议》。与此同时，按照调规后土地规划用途，单独办理新购买土地 34.33 亩的出让合同。至此，在两宗土地均已取得出让合同的情况下，市国土局对两宗土地进行并宗，办理整个建设项目土地适用权证。金沙综合体土地出让金由三部分组成：一是划拨转出让缴纳出让金；二是新购土地出让金；三是出让合同变更补缴出让金。

金沙公交枢纽站建成效果如图 7-15 所示。

图 7-15　金沙公交枢纽站建成效果图

案例 2：万家湾公交场站

万家湾公交场站综合体由成都市公共交通集团有限公司投资建设，项目位于成都市青羊区光华南三路 89 号，地处西三环外货运大道和光华八线的十字交叉路口。项目所在区域以经济、文化、商业、居住等功能为主，是青羊区向外拓展的城市新区,也是政府致力打造的“西部新城”。该项目功能定位为公交场站(停车楼、枢纽站)+商业+住宅,由1栋公交停车楼及5栋住宅楼(带商业)组成。项目总占地面积约47.14亩,总建筑面积约14.1万m^2,其中4层立体停车楼约4.89万m^2,功能定位为公交场站(停车楼、枢纽站)+商业+住宅,计划开行10~15条以上线路,可静态停放公交车数量300标台,能满足2~3个车队的使用需求。项目的建成将能满足万家湾片区、温江片区入城的主要中转和换乘需要。项目以公交枢纽作为总体设计的基石,以人的尺度作为贯穿设计始终的标尺,引入人文关怀要素,极力创造最简洁、舒适的换乘流线与空间。

万家湾公交中心站(图7-16)将换乘空间巧妙设计于地下一层和地上两层,结合人行天桥元素,诱导其与购物、餐饮、娱乐休闲、办公酒店与社区服务等功能部分形成良好的、具有吸引力的联系与交互,最大化地提升商业价值与城市活力。车流区在西向和南向,人流区在东向和北向,公交运行区与商业人流区之间设置站台,将两者完全分离。枢纽站顶层通过连廊与住宅区相通,如图7-17所示。

图7-16 万家湾公交中心站

图7-17 住宅区和枢纽站的连接走廊

公交车地面运行,社会车辆地下运行。场站、商业、住宅、办公、社区卫生服务中心均设置单独出入口,社会车辆,包括住宅、商业、办公、接送客等,主要通过东侧机九路直接进入地下室,在地下室内部再根据管理分区域停放;P+R模式的换乘社会车辆,则可在早间时段从北侧次入口进入地下室。因此,停车楼内部形成“逆时针”方向的车流,运行、驻站、调停均无交叉。公交车候车区采取了物理隔离,实现安全乘降,如图7-18所示。

成都市从2010年开始储备城市公交用地,并逐步推进城市公共交通用地综合开发,解决了一些政策难题和用地保障问题,促成了多个地面公交场站综

合开发。然而,成都公交场站综合开发模式仍有一些独特之处:

图 7-18　万家湾公交中心站候车环境

一是公共交通用地由行政划拨转为协议出让,用地性质调整为可以兼容商业等经营性活动。成都市原有公共交通用地为行政划拨用地,从 2009 年至 2012 年,成都市政府通过下达相应政策文件,通过转变公交集团综合开发用地的控规用途为公共交通场站设施用地兼容商业等用途的方式对综合开发用地的控规用途进行变更。完成用地控规调整后,成都市国土局对综合开发用地采用了行政划拨土地使用权转让为协议出让用地的方式,最终转变了原有划拨用地的土地使用性质,为公交用地综合开发提供了用地保障。

二是城市公共交通用地综合开发的开发范围、开发强度有一定的限制条件。成都市每宗公共交通用地的规划设计条件中明确界定,兼容商业部分面积和住宅部分面积都有阈值,容积率和强度问题都会在设计条件中提前设定。同时,每宗地都明确量化了 5 年内的公交功能。此外,虽然没有明确规定容积率上限,出于保障公交功能的目的,公交综合体综合开发容积率一般不会太高。

三是公共交通用地综合开发项目在保障公交功能的前提下,开展多种经营活动。金沙公交枢纽站包括酒店、商铺租赁、写字楼出租等商业开发。万家湾中心站在保障公交功能的前提下,配套建设了保障房,并对外租赁保障房小区一层的商铺资源。

7.3.3 北京

随着城市轨道交通的大规模建设运营,北京市也在积极探索轨道交通站点综合开发,引领 TOD 现代公交都市模式,注重以步行和公共交通为主导,建设各种城市功能立体混合、紧凑集约发展的城市轨道交通综合体。地铁五路车辆段遵循“公共交通导向(TOD)原则、一地两用、提升城市公共环境”规划建设理念,依托轨道交通工程建设程序,利用车辆段上部空间进行综合开发建设。

五路车辆段为北京地铁10号线和6号线的共用停车场,包含地铁10号线和6号线的换乘站慈寿寺站一部分主体和附属设施。项目总用地面积约22.36hm²,开发总建筑面积33万m²,其中住宅约9.6万m²,小汽车车库5.4万m²,商业办公17.8万m²,其他配套0.2万m²,建筑控高60m。功能为商品住宅、公租房、商业办公及生活配套服务设施。北京五路车辆段项目主要指标见表7-16。

北京五路车辆段项目主要指标 表7-16

<table>
<tr><th>地块名称</th><th>建设用地面积(hm²)</th><th colspan="2">地上建筑面积(万m²)</th></tr>
<tr><td rowspan="8">落地开发区</td><td rowspan="8">6.34(不含变电站)</td><td>公交换乘中心</td><td>0.1</td></tr>
<tr><td>还建乡里物业</td><td>5</td></tr>
<tr><td>公租房</td><td>2</td></tr>
<tr><td>商品住宅</td><td>2.48</td></tr>
<tr><td>商业金融</td><td>8</td></tr>
<tr><td>交通核</td><td>0.39</td></tr>
<tr><td>合计</td><td>17.97</td></tr>
<tr></tr>
<tr><td rowspan="4">上盖开发区</td><td rowspan="4">9.58</td><td>住宅</td><td>5.07</td></tr>
<tr><td>商业金融</td><td>4.51</td></tr>
<tr><td>小汽车车库及交通核</td><td>5.38+0.057</td></tr>
<tr><td>合计</td><td>15.02</td></tr>
<tr><td>代征道路用地</td><td>2.09</td><td colspan="2"></td></tr>
<tr><td>代征绿地</td><td>0.69</td><td colspan="2"></td></tr>
<tr><td>合计</td><td>18.7</td><td colspan="2">32.99(含小汽车车库及交通核)</td></tr>
</table>

五路车辆段采取从地下车站到停车场上盖多层次、多空间的一体化设计。综合利用部分建筑的首层为车辆段的运用库房,层高9m;二层为住宅配套使用的小汽车车库和住宅配套设备用房,层高4.5m;小汽车车库顶板上部为平均深度1.5m的覆土;盖上为9栋住宅。咽喉区层高6m,上部预留1.5m覆土,并综合景观设计打造约3万m²的绿色公共活动空间。落地区紧邻地铁车站,其地下空间与地铁站厅层、公交首末站无缝接驳。

五路车辆段项目经过合理规划和复合利用,提升了城市区域环境品质和公共服务效率。在土地利用方面,增加了约33万m²的综合利用建设规模,其中包括了商品住宅、办公、商业、公租房等多种物业形态，分摊了地铁建设成本，增加了土地出让收益，并带来了商业效益。总结起来，五路车辆段综合开发主要的经验做法如下：

一是统筹规划建设。将车辆基地上盖确定的规划设计条件形成结构预留工程方案纳入轨道交通工程总体设计方案，同步实现初步设计至施工图设计的各阶段整体同步审查，确保结构一体，为同步建设创造技术条件。

二是投资主体明晰。通过市国土部门的授权，项目由地铁的产权单位——京投公司获得综合利用投资主体权，开展各项前期工作，包括征地、拆迁、规划设计、土建工程、市政设施等。在项目达到入市标准后，按照政府土地出让相关政策办理土地入市交易工作。

三是界面切分明确。考虑到车辆段综合利用工作的特殊性，开发设施预留工程与轨道工程建设必须同步设计，同步实施，因此在前期就把设计及工程分为了可经营性综合利用设施和轨道交通专属设施，创新立体钉桩方式，以综合服务设备结构转换夹层底板防水层为界，合理划分轨道交通与二级开发使用功能，将结构预留阶段难以实施的融合性设计理念及轨道交通运营安全等相关要求，纳入土地招拍挂文件，使得出让的空间关系清晰明确，为后续办理产权手续和成本切分奠定了基础，提供了依据。

四是收益反哺机制。在项目完成上市交易后，项目成本及企业利润由市财政直接返还京投公司。同时设立专项城市轨道交通建设资金，将通过车辆段综合利用所产生的土地增值收益都纳入建设资金内，用于补充城市轨道建设投资的缺口，实现了收益反哺。

7.3.4 宁波

为了改善宁波地下商业的环境，推进城市公共交通用地综合开发，宁波市不断完善相关政策文件，为城市公共交通用地综合开发奠定了政策法规基础。2016年3月，宁波市出台了《宁波市地下空间开发利用管理办法》（政府令第230号），推广运用政府和社会资本合作模式开发建设、使用和管理地下空间公共工程。地下空间按照国家规定划分为浅层、中层和深层地下空间，实行分层开发利用。地下空间开发利用应当符合城乡规划，重点发展市政设施、公共交通设施、商业、综合管廊、应急防灾、人民防空等功能设施，适度发展公共服务、工业仓储物流等功能设施，控制发展其他功能设施。2018 年 8 月，《宁波市地下空间开发利用管理实施细则(试行)》则是对 2016 年管理办法有关规定的细化和补充，是对地下空间法规体系的一次重要完善。

轨道交通是城市公共交通综合开发的主力军，为了提高地下空间利用效率，宁波市将地铁 1 号线运营功能之外的地下空间进行了综合利用，规划了“东鼓道”项目，以“优化交通区位，连通地下空间。”地下空间开发只有建立了系统性、网络性的空间体系，才能将效益放大到最大化，而“东鼓道”做到了地上地下的协调发展，充分发挥出了可观的经济社会效益。

1)基本情况

“东鼓道”商业街全长760m，宽21.3m，建筑面积3.2 万 m^2，地下共两层，是目前全国建筑面积最大的地铁两站一区间单体项目，也是浙江省地铁首个站间商业项目，被列入全省城市地下空间开发利用“十三五”规划，于 2017 年 8 月正式对外试营业。

2)交通联系

“东鼓道”位于宁波地铁 1 号线东门口站和 1 号线 2 号线换乘站鼓楼站区间，“东鼓道”商业区新开通了 17 个出入口，加上鼓楼站、东门口站已有的 12 个出入口，共有 29 个出入口可连接该两站，直接覆盖范围包括一路(中山东路)二巷(老实巷、华楼巷)三街(开明街、碶闸街、日新街)，间接辐射宁波城市最繁华的核心区域和地铁沿线区块，初步构建了联通地上与地下互联互通的交通网络，实现了城市商圈、空间资源的无缝连接，改变以往商圈分割化、主要道路人群拥挤的状况，起到分流消费者的共享作用，同时极大地方便了群众安全出行，为消费者提供一站式服务，有效缓解了中心主城区交通拥堵的问题，2018 年东鼓道年客流量达到 1700 万人次。

3)商业联系

“东鼓道”连接天一、和义、鼓楼三大商圈，是国内体量最大的地铁商业空间，将打造宁波首个纯地下 CBD。“东鼓道”定位于地铁人群的大众消费，重点引入国内外名优品牌商。在天一广场、日新街、碶闸街、开明街、鼓楼等设有 20 余个出入口，这些出入口同时可进出地铁站，不仅连接地铁和地面上的商业综合体，而且开拓了纯地下商业的新空间，改变以往商圈分割化、主要道路人群拥挤的状况，起到分流消费者的共享作用，推进了城市空间资源的集约发展，提升了城市地下空间开发利用水平，反哺轨道交通。东鼓道规划商铺164间，签约店铺125间，入驻签约率约八成。星巴克、卡乐星、屈臣氏、肯德基等商圈品牌“大鳄”纷纷入驻，其中餐饮门店占比约57%，突显快时尚餐饮主题特色。由于涉及地铁运营，东鼓道的地下排烟系统、空调系统、新风系统等都经过改造升级，同时增设了植生墙、背景音乐等，提升了地下空间的舒适感。

第 8 章

城市空间结构与公共交通系统一体化策略

8.1 一体化发展的理论基础

8.1.1 概述

目前我国城市规划与城市交通规划的模式通常是“先城市规划、后城市交通规划”，即基于现有的城市交通网络和交通设施，根据城市规模和规划范围制定城市用地布局规划，然后按照城市用地布局规划制定与之相适应的城市交通规划。因此，城市交通规划往往是城市规划的从属和被动的规划，只能分析现状城市交通问题和提出近期或局部的城市交通网络或设施的调整改善规划，难以形成对城市用地布局规划的有效反馈。同样，在现有模式下，作为城市综合交通规划组成部分的公共交通规划只是在对城市交通问题分析的基础上，按照既定的城市用地布局规划调整或改善公共交通线网及基础设施的规划，形成公共交通被动适应城市出行需求的发展方式。

在城镇化起步阶段，公共交通的这种被动适应式发展在一段时期内满足城市出行的需求，在一定程度上实现了公共交通与城市空间结构的协调发展；然而，随着城市化进程的不断加快，城市发展中不确定因素增多，城市土地制度的改革以及土地市场的开放，导致城市用地功能置换的速度与频率明显加快，城市空间用地发展面临着多重选择。此时，城市公共交通被动适应式的发展模式无法应对城市空间发展的变化速度，公共交通与城市土地利用发展不协调的矛盾日益突出，城市交通成为城市空间发展的“门槛”。

8.1.2 城市空间结构与公共交通的关系

1)城市空间结构与公共交通系统在微观上的“源流”互动反馈关系

城市空间结构与公共交通系统之间在微观上的“源流”互动反馈关系,是指城市空间结构决定公共交通出行的发生和吸引,进而影响公共交通系统的供给;公共交通系统改变了城市不同类型及不同区位土地利用的公共交通可达性,可达性又进一步起到调整城市空间土地利用类型、结构及形态布局的作用。

城市空间结构与公共交通系统之间这种反馈关系实质上是一种正反馈,其特点是:反馈过程中运动或动作引起的后果将回授,使原来的趋势得到加强。但是正反馈是非平衡、非稳定的。实现城市空间结构与公共交通系统之间这种正反馈关系的前提,基于以下两个假设:

(1)公共交通供给能力可以无限放大;

(2)土地利用类型及结构可以随着可达性的提高随意调整。

然而,城市空间结构与公共交通系统的不断发展,导致在一定时期内,公共交通的发展因资金、道路基础设施、土地资源以及交通技术等的限制,其供给能力保持在一个相对稳定的状态;城市空间的土地利用开发达到一定程度时,既有土地利用类型、强度和结构在较长时期内将无法随着可达性的提高得以调整。

城市空间与公共交通的“源流”互动关系可以分为三个不同的发展阶段。

第一阶段:公共交通与城市空间土地利用沿着“源流”互动反馈关系不断发展,此时,无论是公共交通被动式发展还是引导式发展,都能在该阶段内基本实现两者的协调发展。

第二阶段:公共交通供给能力达到上限值,而公共交通需求仍在不断增加,此时公共交通供给不足将会引发小汽车等出行强度的增加,小汽车出行强度的增加又导致道路交通拥堵,从而降低常规公交的有效供给能力,诱发更大量的公共交通需求,形成公共交通供需差值与小汽车出行强度的正反馈循环。

第三阶段:城市规模的发展以及城市交通拥堵、环境污染等问题的加剧,对于更大容量公共交通方式的需求越来越强烈,这种需求推动着整个系统内部几个正反馈循环的不断自身加强,直到交通技术的发展已经无能为力为止。

2)城市空间与公共交通系统在宏观上的互相支撑关系

通常来讲,城市居民出行的最大可容忍程度是影响城市空间土地利用规模的主要因素,一般用可容忍的出行时间来衡量。

由于不同公共交通方式在相同的出行时间内出行距离差异很大,因此,城市的主体公交方式不同所支撑的土地利用规模也不同。通常而言,居民可容忍的最大土地利用规模以地铁为最大,轻轨和 BRT 次之,常规公交方式最小。

以公共交通几种典型线网布设形式为例,分析城市空间结构与线网布局的关系。

(1)方格网状线网与团块状土地利用布局。

我国古代城市为了便于交通,城市的道路网多规划为方格形,在方格内规划建筑物。例如唐朝长安的"里坊制"以及古北京城,方格网式路网布局一直是我国传统造城的主要模式,这种方格状路网也被证实非常符合当时的交通特点,在此基础上形成的城市布局比较紧凑。与此相适应,该类城市在进行公共交通线网规划布局时采用的也是方格状。因此,方格网状公共交通线网适合在团块状中小城市或大城市中心区及卫星城内部进行布设。

(2)方格网+放射状线网与带状及星形土地利用布局。

随着城市规模的不断扩张,城市边缘距离市中心的距离不断加大,方格网状线网布设形式使得城市边缘到市中心区的绕行距离成倍地增加。如图 8-1所示,设线网间距为 d,尽管 AB_1、AB_2、AB_3、AB_4 的非直线系数均为$\sqrt{2}$,但是从绕行的净距离看,$AB_i(i=1,2,3,4)$的绕行距离 $L_i=(2-\sqrt{2})d\times i$,亦即绕行距离呈线性增长的趋势。随着城市边缘功能区出行需求的不断增加,为了减少该方向的出行时间,提高公共交通运行效率,在类似 AB_4 的方向上逐渐形成放射状的线网。

放射状的线网布设大大提高了沿线公共交通的可达性,有效缩短了沿线土地利用到达市中心区的出行距离和出行时间,成为土地利用发展的增长极。放射状公共交通线路布设一般依附于中心区出发的高速公路或轨道交通等重要交通走廊,该走廊沿线周边的土地利用强度会在公共交通线路开通前后一段时期内迅速增加,并由于土地利用强度具有扩散性质,因此,放射线的不断延伸将会使得城市土地利用发展成为星状布局模式,如图 8-1a)所示;当城市发展受地理环境所限，只能沿特定方向发展时，则放射线的不断延伸将会使得城市土地利用发展成为带状布局模式，如图 8-1b)所示。

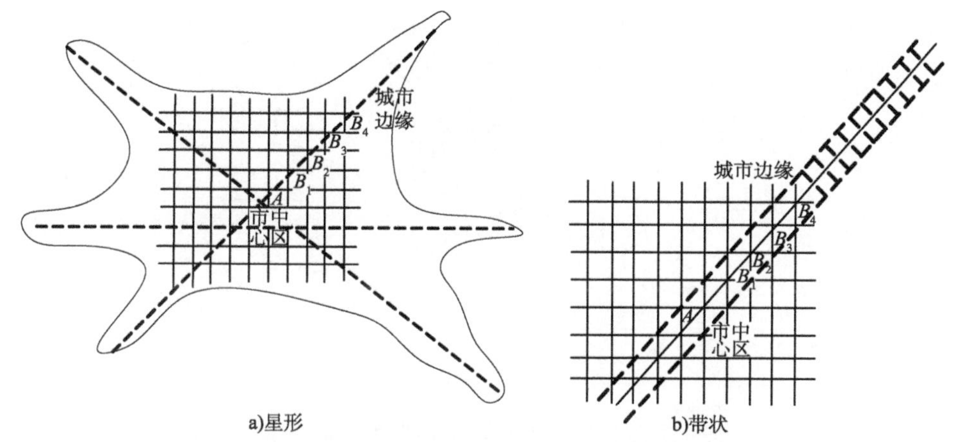

图 8-1　方格网 + 放射状线网与带状和星形土地利用布局的形成机理

(3)环状线网与分散无序式土地利用布局。

环形线网大都是基于方格状线网或放射状线网演化而来的，方格网状与放射状公共交通线网布局随着城市边缘之间功能区划的互补吸引导致互相之间的交通出行量逐渐增加，由于城市边缘之间的交通流大多需要通过放射状线路在市中心区进行转换，从而加大了城市中心城区的交通压力，为缓减中心城区的交通压力，诞生了环状的公共交通线网。

与放射状线路一样，环状公共交通线路能够提高周边土地利用的可达性，使得周边的土地利用开发强度不断提高，但是由于环状线路不具备放射线路直接通达城市中心区的优势，导致环状线路周边土地开发的速度较放射状线路相对较慢。为了追逐高额利润，早期环线周边往往以高档别墅区、工业区等为主要土地开发类型，土地利用布局通常杂乱无序；随着交通技术的不断发展，城市规模的不断扩大，沿线地区逐渐成为城市中心区的一部分，中期土地利用主要以高密度住宅区开发为主；随着人口密度的不断提高，对娱乐、购物等设施需求的急剧增加，后期沿线土地利用又以大型商业开发为主，土地利用布局由分散无序式向集中有序式过度，直至成为规模较大的团块状土地利用布局，例如北京市土地利用布局发展即为方格网 + 放射状 + 环形线网的模式(图 8-2)。

图 8-2　北京市土地利用布局形式

8.1.3 城市空间结构与公共交通系统一体化发展的理论体系框架

1)城市空间结构与公共交通系统一体化发展的概念与内涵

城市空间结构与公共交通系统一体化发展是指在城市发展战略的指导下，通过准确预测未来城市空间布局形态和规模，合理规划公共交通尤其是轨道交通和 BRT 等大容量公共交通的线网布局，实现公共交通引导城市空间发展，通过合理配置实现城市空间结构与公共交通系统之间的耦合关系，调控城市空间布局、规模、性质和强度，以充分体现公共交通优先发展理念，最终实现城市空间结构与公共交通系统的协调发展。

城市空间结构与公共交通系统一体化发展的内涵可概括为：

(1)首先，确定城市空间结构的扩展模式。

(2)其次，根据不同的空间结构扩展模式，界定相应的城市空间发展规模。

(3)最后，在既定城市空间结构扩展模式和发展规模的情况下，提出与之相适应的 TOD 发展模式。

一般而言，城市建成区能够调整的范围相对较小，一体化发展理论以及 TOD 开发方法难以实施。因此，城市空间结构与公共交通一体化发展适用于城市中心区的改扩建以及卫星城镇的开发等。

2)城市空间结构与公共交通一体化系统的内部耦合关系

在一体化系统中,城市空间结构与公共交通之间以及各自内部要素之间的相互作用、相互联系,构成了一体化系统的耦合关系。一体化理论的核心是合理配置两者的耦合关系。

城市空间结构与公共交通一体化系统的耦合关系,宏观方面主要包括城市空间结构的扩展模式和发展规模,微观方面主要包括 TOD 社区的合理规模、TOD 社区的土地利用强度和公共交通发展轴的公共交通站距,新城内部的主体公共交通方式、公共交通分担率和 TOD 社区的组合形式。

3)城市空间结构与公共交通一体化理论体系框架

结合一体化系统的内部耦合关系,从宏观、中观和微观三个层次构建一体化理论体系框架。宏观层面,分析适合我国城市空间扩展模式和城市发展的合理规模,并建立模型探讨与之相适应的公共交通线网布局模式和公共交通方式;中观和微观层面,基于宏观层面的研究提出适合我国城市发展的一体化方法——合理的 TOD 发展模式(图 8-3)。

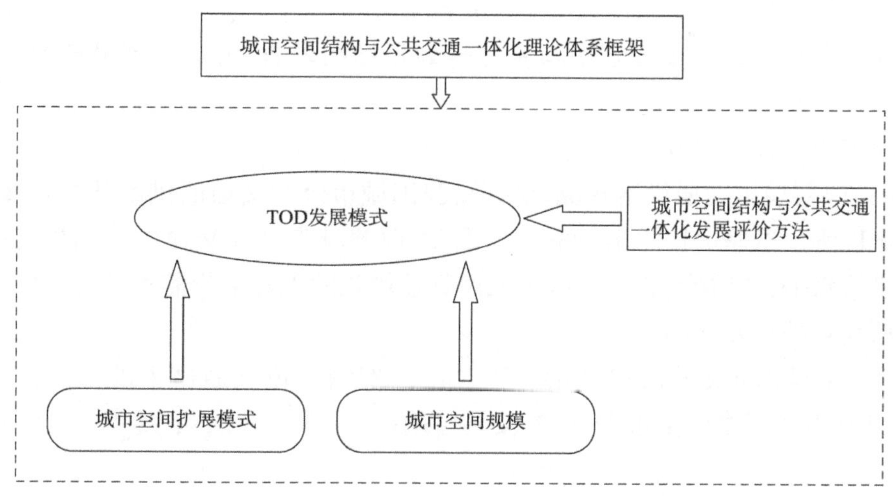

图 8-3　城市空间结构与公共交通一体化理论体系框架设计

为了保障城市空间结构与公共交通一体化发展的有效实施,政府部门需要通过制定相关政策进行规范和引导。目前的相关政策总体可以分为控制性政策和鼓励性政策两个方面。控制性政策主要是通过对某些地区或行业采取增加税收、限制投资、冻结户口等措施,来引导和约束某些地区和产业的发展。例如,通过有选择地颁发营业执照实现对某个区域的某种行业进行限制,超过限额或不满足条件不再颁发新的营业执照,可以有效防止某区域内某种行业过分聚集,从而控制城市产业结构的不合理集中和不合理分布。鼓励性政策一般是鼓励企业和个人向政府优先发展的地区投资,通常采取税收减免、直接资金援助、充足的信贷等方法。

政府作为城市管理者,通过制定政策对城市公共交通行业和行为施加一定的影响,从而实现城市社会、经济的发展目标。城市公共交通政策主要包括城市公共交通规划政策、城市交通管制政策和城市公共交通管理政策。

城市公共交通规划政策是城市公共交通规划战略得以实施的重要政策保证。城市公共交通规划政策的主要任务是:

(1)解决城市出行问题;

(2)加强城市各种公共交通方式间的联系;

(3)提高公共交通系统效率,缩短出行时间;

(4)注重环境保护,减少交通污染;

(5)建立城市公共交通"优先权"机制;

(6)平衡、协调城市规划中与其他规划目标的矛盾,力求达到最佳的社会经济效果。

城市交通管制政策的主要任务是:

(1)改善城市交通供给状况。目前,我国城市公共交通的供给从数量和质量都难以满足迅速增长的出行需求。因此,改善城市公共交通供给结构,提高交通供给水平,从质量、数量上满足人民日益增长的美好出行需求,是交通管制政策所面临的首要问题。

(2)控制城市交通需求总量。通过适当控制城市交通需求的总量,改善城市交通需求结构,谋求与城市交通供给的平衡,以改善城市交通拥挤状况。

(3)对城市交通需求实行管制。通过增加交通供给带来的便利的交通条件又会产生新的交通需求,从而诱发新的交通问题。因此,对有必要对城市交通需求进行管制,尤其在当前我国城市交通供给能力较低的现状下,具有非常重要的意义。

城市公共交通管理政策的制定和执行主要是城市交通管理部门,其主要任务是设置公交专用道、为公交车辆提供优先出行路权，完善公共交通设施（道路、停车场等）管理、指导引进先进的公共交通工具、制定公共交通成本规制等。

8.2 一体化发展的保障机制及制度

8.2.1 高效统一的规划协调机制

城市空间结构与公共交通一体化发展理论及 TOD 发展模式的实施要涉及城市总体规划、城市土地利用规划和城市公共交通规划三大规划。

1）规划制度与机制存在的问题

（1）土地利用与公共交通规划理念相互脱节。

《中华人民共和国城乡规划法》（2008 年实施）第五条和《中华人民共和国土地管理法》（2019 年修订）第二十一条分别规定了土地利用规划与其他规划之间的关系，即城市规划要与土地利用总体规划相协调和衔接。

新中国成立以来，我国先是采用苏联的规划方法对城市进行总体规划，而后又借鉴第二次世界大战以后欧洲国家的一些规划方法，即先确定城市发展性质，然后估算人口规模确定土地利用，在此基础上组织规划城市空间结构布局，最后确定道路交通系统及其他主要市政工程系统等。我国现阶段的城市规划以定性分析为主，侧重城市物质空间规划以及对城市社会、经济、心理等方面的考虑，城市规划过程中缺乏对城市交通尤其是公共交通的发展的足够重视。

传统的城市交通规划主要侧重从交通量生成出发，利用“四阶段”法，把城市人口和就业的预测作为外生变量，以常量方式输入交通出行需求预测模型，经过交通分布、方式划分、交通分配等一系列测算，最后得出城市交通的解决方案，往往很少考虑城市规划中的其他因素。这与城市规划中按照功能分区以及各分区之间的联系强度，通过定性分析确定城市规划中交通专项规划内容脱节，大大限制了城市交通的可持续发展。

(2)土地利用与公共交通规划时序上不相协调。

当前，我国城市规划与城市交通规划大多分开编制。通常的模式是“先城市规划、后城市交通规划”，城市交通规划往往因为出于从属和被动的地位，只能分析现状城市交通问题和提出近期或局部的城市交通设施调整改善规划，难以结合城市规划目标进行整体、系统、全面的交通规划并及时进行比较和信息反馈。随着我国城市用地开发面临多重选择，城市交通分析在规划方案的优选中起到越来越重要的作用，原有规划模式已无法适应新的发展形势。

(3)城市空间结构与公共交通一体化发展规划内容缺乏协调。

近年来，我国城市轨道交通发展迅速，截至2018年底，已有35个城市开通了轨道交通，轨道交通对于解决交通压力具有积极的作用，且其对城市布局结构、空间拓展方向、人口分布等方面也具有广泛影响，但大多数城市忽视了轨道交通引导城市发展的作用，或将这种引导作用盲目放大，导致轨道交通与土地利用之间难以实现一体化发展，主要表现在以下几个方面：

①由于城市交通规划滞后于土地利用规划，使得轨道交通建设用地难以落实。

传统的城市规划以土地利用规划为核心，城市交通与道路系统规划往往作为土地利用规划的配套规划，导致很多城市的轨道交通规划都滞后于土地利用规划，由于未及时预留用地，使得轨道交通建设时面临拆迁、地下管道迁移等诸多难题；即使解决了轨道交通站点的用地，却难以为常规公交、小汽车、自行车等方式规划建设停车和接驳换乘设施。

②盲目放大轨道交通的导向作用，导致建成后客流严重不足。

一些城市盲目放大轨道交通的导向作用，只要城市出现大型新区建设项目，就立刻要求建设轨道交通，而不去考虑新区规模以及建设时期是否需要轨道交通来支撑，致使交通需求与供给的严重脱节，大大降低土地利用的经济性。

③缺乏一体化发展的轨道交通站点规划。

在对轨道交通站点规划和建设过程中，缺乏一体化发展的理念和方法，忽视与站点周边的商业设施、办公设施等进行有效的衔接，即使有的站点与周边大型商场进行联通，也只是简单的通道设计，未能起到有效结合自然过渡的效果，在与其他交通方式的衔接上也表现为各自为政的局面。

④对新区整体用地性质和开发强度控制不当，导致轨道交通流量过大或不足。

目前很多城市轨道交通的建设带动了城市新区房地产的发展，但由于对整体用地性质和开发强度的控制不当，使得房地产过量开发，居住用地比例过高，导致该区域服务功能配套难以完善。

2）审批制度与机制问题存在的问题

（1）审批制度和审批标准缺失。

目前我国还没有指导和监督城市空间结构与公共交通一体化发展的相关法律法规，也没有公共交通与城市空间一体化发展的审批参照标准，在实际操作层面更没有 TOD 开发模式的指导手册，导致缺乏公共交通与城市空间一体化发展的审批制度。

（2）多部门审批和“归一化”的审批权。

我国城市土地利用规划涉及发改、城乡建设、规划、国土资源等多个部门。多部门审批一方面导致审批手续十分繁杂，另一方面由于职能交叉严重导致部门之间普遍存在避重就轻的现象，严重降低了规划建设用地的审批效率。就城市空间结构与公共交通一体化发展而言，审批手续复杂，再加上规划监督制度不够完善，导致规划与建设不对称的现象普遍存在。

按照《中华人民共和国城乡规划法》的规定，我国行使城市规划审批最终决策权的主体分别为国务院，省、自治区、直辖市等各级人民政府，同时受同级人民代表大会或者其常务委员会的监督。对于控制性详细规划和修建性详细规划，城市规划的制定机关则集编制权与审批权于一身，缺乏有效的分工与制约。由于在控制性详细规划及其修编对于城市土地利用开发强度的影响最为直接，因此往往使得城市规划中具有公共交通与城市空间一体化发展的方案无法落到实地。

（3）一体化发展的土地开发缺乏有效的政策指导。

城市空间结构与公共交通一体化发展的特征：首先，公共交通为城市居民出行提供便捷的出行条件，从而为沿线周边的土地开发带来了土地增值和商业客源，带动周边产业发展，提高经济效益；其次，线路及枢纽周边的大型商场和企业又为公共交通带来了大量出行需求。城市空间结构与公共交通一体化发展的联合开发，具有显著的经济特征——通过公共交通枢纽周边土地利用的开发补偿公共交通建设的资金缺口，并通过持续的土地利用开发收益补贴公共交通的正常运营。由于我国土地市场实行招牌挂制度，在土地出让之后缺乏相应的约束机制，使得联合开发无法付诸实施。

3）建立高效统一的规划协调机制

城市空间结构与公共交通一体化发展离不开统一的管理体制和高效的运作机制，随着国家“大部制”改革的推进，城市交通管理体制在不断完善，交通与规划、国土等部门通过构建高效的协调机制实现城市规划引导城市和谐发展。

各部门之间高效的协调机制包括横向的协调和纵向的协调。横向的协调指各个职能部门之间的协调，无论是房地产开发还是交通建设，都应协调考虑整个区域的综合开发，相关职能部门应本着“以人为本”的精神，从宏观上考虑，从细节入手，使得土地开发能与交通系统建设同步进行，实现城市空间结构与公共交通一体化发展。纵向的协调是指应对城市空间结构和公共交通的协调开发建立长效的跟踪机制，一个项目的论证、规划、审批、建设、验收等每个阶段，都应该是各个部门各司其职、权责明确、相互配合、协调的结果。在项目规划过程中，除了各部门之间的广泛参与合作外，更应充分发挥公众的参与权和知情权，使规划者从公众的角度思考问题；在建设阶段，特别是和公众密切相关的轨道交通建设以及新区的开发建设中，要建立统一的工程建设指挥管理机构，避免重复建设和发生相关配套设施不健全的情况；应建立长效跟踪验收机制，确保项目按质按量地达到预期效果，对项目建成后出现的质量问题应实行领导干部责任终身制，一旦发现工程存在质量问题，确保一查到底，保证工程质量。

8.2.2 与交通条件相适应的密度分区管理机制

从微观经济学的区位理论延伸出来的城市密度分区是一种确保土地价值得到充分实现（利润最大化）和公共设施得到有效利用（效益最大化）的制度。

密度分区是目前国外城市规划中相对比较成熟且具有代表性的方法,美国西雅图城市规划部门在《西雅图城市总体规划:面向一个可持续发展的西雅图》中提出了各个地区的土地使用和密度控制原则;旧金山地区则将区划条例引入建筑高度和建筑体量的城市设计策略,作为城市土地开发密度的法定依据;新加坡从 1991 年起利用居住和非居住发展的开发控制指引作为 DGP(开发指导规划,Development Guide Plan)的技术依据。

我国的香港特别行政区在《香港规划标准与准则》中提出了特别发展管制区的一种非法定的发展管制策略,主要针对发展密度受到制约(如保持现有环境特色或有价值的建筑物等)的地区,这些地区通常会受到各种特别规定的限制;并将轨道交通沿线地区划为特殊区域,规定特别的发展密度,将密度指标纳入批地契约或分区大纲图。《台北市土地使用分区管制规划》也对车站周边的容积率等指标有严格控制。

国内针对城市密度分区的规划方法在城市规划中运用比较少,只有深圳、重庆等地制订了密度分区规划和标准。重庆市以《重庆市城乡总体规划(2007—2020 年)》为依据,并以总规确定的主城区渝中、南坪、大杨石等 16 个组团为单位,详细规定各组团今后建设用地的各项控制指标和其他规划管理要求,从而对主城区土地形成立体的多层次的规划“梯度”。深圳市于 2017 年对《深圳市城市规划标准与准则》中的密度分区与容积率相关内容进行了修订。

1)城市密度分区与城市交通条件

在城市空间结构与公共交通一体化发展模式中,应合理确定步行区和自行车区,由于自行车的方便程度不及步行,因此,在步行合理范围以外自行车合理范围以内的土地利用要实行密度分区方法,合理进行土地利用开发。

通常认为居民出行可承受范围为 45min,设在步行合理区内到达站点的时间为 10min,等待时间为 5min,则公共交通工具的运行时间为 20min。

通过调查发现,对步行合理范围以外自行车合理范围以内的土地利用密度分区进行分段,按照步行时间,步行合理区分为[0,200)m 和[200,500)m 两部分,自行车合理区,由于自行车受恶劣天气的影响较步行要大,采用步行的时间对其进行分类,分为[0.5,1)km、[1,1.5)km 和[1.5,2)km 三部分。

2)构建一体化开发模式的密度分区策略

(1)密度分区策略。

根据调查数据对公共交通站点周边区域进行密度分区规划,[0,200)m 范围内进行商业开发和高密度办公用地开发,[200,500)m 进行高强度居住用地开发,[0.5,1)km、[1,1.5)km 和[1.5,2)km 三个区间区域分别进行密度递减的方法进行规划。一般对于[1,1.5)km 和[1.5,2)km 范围内可开发相对低密度的居住用地或对环境要求相对较高的学校和医院等公共服务用地。

(2)严格控制中心城区与新城联系通道的土地开发。

联系通道是中心城区与新城以及新城之间的联系纽带,联系通道的走廊效应会迅速引发其周边土地的快速开发,快速开发的土地无论是房地产还是商业开发均会迅速带来客流的迅猛增加,一定程度上加大了联系通道的交通压力,更为严重的是,联系通道的集中式发展无形中破坏了中心城区与新城之间相对独立的空间格局。因此,建立对联系通道严格控制的用地规划机制是实现城市空间结构与公共交通一体化发展的关键环节。主要是:

首先,对联系通道沿线土地开发总量进行控制,主要以绿地、公园等为主要用地性质,较大程度地减少联系通道的交通压力。

其次,在联系通道周边建设完善的慢行交通系统,营造良好的慢行交通环境,构建和谐公共交通走廊。

8.2.3 构建友好的慢行交通出行系统

单纯的公共交通无法实现"门到门"的出行服务,自行车与步行等慢行交通是弥补公共交通短板的最佳方式。由于历史原因,步行和自行车仍旧是我国城市中主要的交通出行方式。

建立友好的慢行交通系统是实现城市空间结构与公共交通一体化发展的关键环节之一。

1)慢行交通系统的联结方式和功能拓展

(1)联结方式。

慢行交通系统的联结方式主要包括串联模式和毗邻模式两种。串联模式是指通过连续的步行通道将社区内的公共交通车站、居住用地、商业设施、就业岗位以及公共空间联结起来,形成网络式串珠状格局,一般只用于步行系统;毗邻模式是指根据社区内公共交通车站、居住用地、商业设施、就业岗位以及公共空间等土地利用的位置,通过连续的慢行通道与之相毗邻,既可以用于步行系统也可以用于自行车系统。

(2)慢行交通系统的功能拓展。

慢行交通系统具有交通功能、空间功能和景观功能,除了要承担联结公共交通站点与商业、办公和居住等土地利用外,更多的是要承担休憩、交往的空间功能以及和谐的景观功能。

城市空间结构与公共交通一体化发展是为了实现城市交通可持续发展以及城市可持续发展,是要从城市空间布局入手,实现城市土地高效利用和城市交通有序运行的一套综合规划理论。从建设友好的慢行交通系统入手,强化社区的文化氛围,加强社区居民的交往和沟通,为居民提供节奏缓慢、舒适恬静的空间场所。进而较大程度地提升居民对慢行交通出行方式的青睐,减少机动车出行量,更好地为城市环境保护和节能减排服务。

2)慢行交通系统的规划与管理策略

(1)不同联结方式的选择和设置方法。

在土地资源相对紧缺的社区,本着节约用地空间的原则,可采用串联模式的步行系统和毗邻模式的自行车系统相结合的方法,根据公共交通站点的位置通过地下通道或人行天桥将步行方式引入不同类型土地利用的地下空间或二到三层建筑中,通过步行道联结居住、办公、商业等建筑,使得不同功能用地使用者能够通过步行方式完成大部分工作和生活需要。对于规模较大的社区,一般采用毗邻模式的慢行交通系统联结方式,使步行道和自行车道并存,并通过自然凸起或凹下的两侧缓坡将自行车道与步行道分隔开来,有效减少步行和自行车之间的干扰。对串联模式的步行通道进行明亮的采光等设计,对毗邻模式的慢行交通系统采用风格各异且适合小区周边建筑的绿化方式或文化标志等进行设计,提高慢行交通系统吸引力。

(2)慢行交通系统的管理策略。

为了打造安全舒适的慢行交通环境,应当对慢行交通系统尤其是步行系统与机动车的道路系统完全分离,并严厉禁止机动车在慢行系统内行驶或停放;在以景观为主,盈利为辅的原则下,在慢行交通系统内开辟广告位或报刊亭商务摊位，为慢行交通系统的建设和维护提供资金保障。

8.3 一体化发展的政策措施

国内外在优先发展城市公共交通方面进行了大量的研究和探索，并取得了很多可供借鉴的宝贵经验。特别是国外一些发达城市，近年来将优先发展公共交通作为城市建设的一项重要内容，建成了由常规公交、快速公交、轨道交通、轮渡、出租汽车等组成的发达的公共交通系统，以及相应的配套设施和政策保障。

1）国外一体化发展的政策及举措

近年来，随着城市小汽车出行的不断增加，城市交通拥堵及环境污染日益加剧，国外许多城市越来越重视城市公共交通的发展，确定了以公共交通为主导的城市发展模式。通过制订城市公共交通优先发展战略，充分发挥规划的先导作用，加强城市公共交通与土地利用的协调发展，建立以公共交通为主体的城市交通体系，构筑一体化的城市综合交通服务网络，保障城市交通可持续发展。为充分发挥各种交通方式的优势，发达国家的许多大城市通过城市空间结构与公共交通一体化规划和综合开发建设，积极构建以轨道交通、快速公交等大容量交通方式为骨干，以公共汽电为主体的立体交通网络，加快综合交通枢纽建设力度，实现城市交通和城际交通的便捷换乘，为公众提供快捷、安全、方便、舒适的公共交通服务，大大提高了城市公共交通系统的吸引力和竞争力，降低了私人小汽车的出行需求和使用频率，提高了城市交通的运行效率。

为保障城市空间结构及公共交通一体化健康发展，需要建立综合的管理体制和健全的法律法规体系。发达国家城市普遍建立了综合的城市交通管理体制，通过充分整合城市交通管理资源，完善协调机制，对城市公共交通实行一体化的综合管理，实现城市交通管理综合化、规划决策科学化、职责分工明确化、管理职能法制化和执法监督高效化,提高了城市交通的管理效率和服务质量。同时,市场配置资源的基础性作用得到充分发挥,政府行政行为相对规范和高效。实现城市公共交通运营管理的法制化也是国际城市的共同经验,发达国家普遍建立了完善的城市规划法规、交通管理法律法规体系。通过立法,明确了各级政府、企业以及有关机构在系统发展城市空间结构与城市公共交通服务方面的责任和义务,以及在规划建设、税费扶持、路权和信号优先、运营管理等方面的重大政策能落实到位,有力地促进了城市公共交通发展的制度化和规范化。

科学界定政府在城市空间结构与公共交通一体化发展中的职责,是实现城市空间结构与公共交通一体化发展的重要保障。发达国家已经明确了政府在法规建设、规划引导、资金保障、服务监督、票制票价等方面的主导责任,逐步建立了规范的城市公共交通服务购买制度。国外许多城市通过建立完善的城市公共交通特许经营制度,科学选择服务主体,通过合理配置城市公共交通线路资源引导城市空间结构合理发展,明确政府和企业的权利和义务关系;通过建立城市公共交通成本费用和政策性亏损的审计评价制度,对城市公共交通企业的补贴范围和补贴额度进行科学核算,为政府补贴补偿企业提供了科学依据;通过建立城市公共交通补贴补偿制度和科学的城市公共交通票价形成机制,为城市及城市公共交通发展提供了稳定的资金来源;通过完善的城市空间结构与公共交通一体化发展考评体系,确保城市空间结构与公共交通一体化科学、合理地发展。

完善城市公共交通基础设施设备及政策保障,不断提高出行服务质量。国外许多城市通过加快基础设施建设,实行路权和信号优先策略,加快车辆装备升级改造,加大信息技术应用等措施,不断提高城市公共交通服务质量,以增强城市公共交通系统的吸引力,让更多的人享受高质量、人性化的城市公共交通服务。通过优化城市公共交通线网结构,不断提高城市公共交通的通达性和覆盖面;通过建设功能完备的城市公共交通综合换乘枢纽,方便乘客换乘;通过提高城市公共交通车辆技术装备水平,加快车辆改造升级,鼓励节能环保、智能化、人性化的车辆装备,改善车辆的安全性和乘车环境;通过完善城市公共交通无障碍设施,保障老年人、残疾人等特殊群体的城市公共交通出行需求。

积极实施交通需求管理、交通影响评价等管理制度,为城市公共交通可持续发展提供重要支撑。国外许多城市在优先发展城市公共交通的同时,十分注重通过有效的交通需求管理措施,合理调节公众的出行行为,引导私人小汽车的使用,包括控制交通拥堵区域内小汽车停车位的供应数量,提高城市中心区域小汽车停车费用和使用费,征收小汽车车位费、牌照费和道路使用费等,以此降低私人小汽车的购买和使用。同时,通过增设公交专用道、城市公共交通信号优先、鼓励停车换乘、建设自行车专用道、改善步行环境等手段,吸引公众使用公共交通和非机动交通方式出行。

2)我国的管理体制及政策体系

(1)管理体制改革。

根据国务院"三定方案"规定,城市公共交通行业的管理体制得到了逐步理顺,交通运输部专门组建成立了运输服务司,对城乡道路运输行业实行统筹管理。各地方政府深入推进大部门体制改革,"一城一交"综合管理模式的城市数量继续增加,逐步建立了统一、精简、高效的城乡道路运输管理体制,逐步规范了对城市公共交通的行业管理。截至2018年,36个中心城市中已有28个城市交通运输主管部门明确了城市综合运输体系规划协调和编制职责;16个城市交通运输主管部门分别加强了与铁路、民航或邮政的协调职能。在综合协调机制方面,各中心城市均建立了跨部门协调机制。上海市建立了不同层面的议事决策平台约60个。深圳市建立了规划双审查机制,规划部门编制的规划中涉及交通的部分需要通过交通部门的审查。杭州市成立了治理城市交通拥堵工作领导小组,负责协调城市拥堵治理的各项工作措施的推进和落实。交通运输主管部门在城市交通管理方面发挥越来越重要的作用。这为城市公共交通的快速发展,以及加快推进城乡道路客运公共服务均等化提供了体制保障。

(2)已出台的政策情况。

2004年,建设部出台了《关于优先发展城市公共交通的意见》(建城〔2004〕38号),2005年出台了《国务院办公厅转发建设部等部门关于优先发展城市公共交通意见的通知》(国办发〔2005〕46号),明确了城市公共交通的优先发展战略和相关的配套政策,强调要通过科学规划和建设,提高线网密度和站点覆盖率,优化运营结构,形成干支协调、结构合理、高效快捷并与城市规模、人口和经济发展相适应的公共交通系统。但由于各地执行力度不够,落实效果并不理想。2012年国务院发布了《国务院关于城市优先发展公共交通的指导意见》

(国发〔2012〕64号),强调综合衔接,突出公共交通在城市总体规划中的地位和作用,按照科学合理、适度超前的原则编制城市公共交通规划,加强与其他交通方式的衔接,提高一体化水平,统筹基础设施建设与运营组织管理,引导城市空间布局的优化调整。要强化城市总体规划对城市发展建设的综合调控,统筹城市发展布局、功能分区、用地配置和交通发展,倡导公共交通支撑和引导城市发展的规划模式,科学制定城市综合交通规划和公共交通规划。2016年2月,国家发布了《中共中央国务院关于进一步加强城市规划建设管理工作的若干意见》(中发〔2016〕6号),强调建立"多规融合"的规划体系。加强国民经济和社会发展规划、环境保护规划、城乡规划、土地利用规划等规划的融合,构建"多规合一"的规划体系。整合交通、体育、医疗卫生、中小学、农业、园林和林业等部门各类专项规划的空间布局方案,实现各类规划在空间布局、基础数据、技术标准、信息平台和管理机制等方面的统一,建立统一协调的空间规划编制实施机制。2016年7月,交通运输部发布了《城市公共交通"十三五"发展纲要》,明确规划引导,统筹发展。科学编制城市公交规划,加强城市公交规划与城市总体规划和控制性详细规划的衔接,充分发挥城市公交对城市发展的引导作用。坚持以城带乡,统筹规划城乡及都市圈、城市群公交发展。

(3)"公交都市"建设示范工程。

随着我国城镇化进程的不断加快,城市数量迅速增长,城市规模不断扩大,城市居民的出行总量和出行距离大幅增长。同时,城市交通结构也发生了显著变化,机动化出行比例迅速上升,非机动车出行比例持续下降,城市中心区的交通拥堵日益严重,环境污染和能源消耗压力不断加剧。在此背景下,交通运输部根据国内交通运输业大调研的情况,以及国外的先进经验,提出"十二五"期间要选择一批典型城市实施"公交都市"建设示范工程,充分发挥城市公交对城市发展的引领作用,缓解城市交通拥堵。主要包括研究制定"公交都市"建设目标和评价指标体系,发布"公交都市"建设示范工程实施方案;加强规划引导,发布《城市公共交通规划编制指南》;加快建设城市公共交通场站等基础设施,提高站点覆盖率,加快城市公交智能调度和监控中心建设,优化调整公交线网,提高城市公交综合服务水平。届时,交通运输部将拿出引导资金,支持示范城市公交重大基础设施(枢纽场站)、节能环保运力更新、智能交通系统和公共服务信息系统建设,并通过示范工程,研究和探索缓解城市交通拥堵、建设低碳行业的经验、政策措施和标准规范。力争通过5年的努力,在示范城市实施主城区“500米上车,5分钟换乘”,公共汽电车运行速度明显提高,公交出行分担率达到50%以上。公交都市建设的本质,是以“公共交通引领城市发展”为战略导向,通过科学规划和系统建设,建立以公共交通为主体的城市交通体系,扭转城市公共交通被动适应城市发展的局面,实现公共交通与城市的良性互动、协调一体化发展。截至2018年,上海、南京、北京、天津、大连、苏州、杭州、宁波、郑州、武汉、长沙、广州、深圳、银川14个城市顺利完成了创建任务并按照相关程序通过验收,被授予了“国家公交都市建设示范城市”称号。上述城市以公交都市创建为抓手,坚持高点定位,通过建立完善工作机制,健全政策保障制度,使得优先发展公共交通由部门行为上升为政府行为;各城市加强规划引领,加大设施投入,高效快捷的公共交通出行体系基本形成,公共交通机动化出行分担率大幅提升;不断强化创新驱动,建设智慧交通,提升服务品质,百姓对公共交通出行的满意度不断提升。公共交通的发展为缓解城市交通拥堵、引领城市发展、提升城市治理能力、推进城市经济社会发展进步作出了重要贡献,为深入贯彻交通强国、绿色出行和公交优先发展战略,落实“一带一路”、京津冀一体化、长江经济带战略发展提供了有益借鉴。

8.4 一体化发展的公共交通补贴机制

公共交通票款收入是公共交通企业的主要收入,由于公共交通是城市为居民出行提供的基础性服务方式,因此,在制定公共交通票价时,政府需要协调和平衡公共交通运营企业和使用者之间的利益。对于使用者而言,不能由于公共交通票价过高而影响正常的生活需求;对于公共交通企业而言,又不能由于票价过低而限制了企业的正常运营和发展。实行低票价和给予公共交通企业运营补贴(以下简称公共交通补贴)是目前城市一贯的做法,这样既可以保证使用者的正常出行，又可以维持公共交通企业的正常经营和发展。

然而，目前我国大多数城市尚未形成规范的公共交通补贴测算方法，基本上都是采用政府和企业协商确定补贴金额的方法。由于缺乏科学的、可操作的测算依据，政府对公共交通补贴缺乏标准，导致政府的财政负担不断增加，很多城市都是采用不断拖欠挂账的措施，致使公共交通企业的正常经营受到影响，公共交通补贴已经成为影响城市公共交通与城市空间结构一体化发展的主要问题之一。有必要构建一个科学合理的测算和补贴城市公共交通运营的机制。

8.4.1 财政补贴核定与预算方法

1）财政补贴核定方法

公共汽电车运营“核定财政补贴”根据补贴年度公交企业核定运营成本、实际票款收入及各级政府发放的其他财政专项补贴等进行核算；“实发财政补贴”根据核定财政补贴及公交企业运营服务质量考核绩效进行核算。

（1）核定财政补贴计算公式。

公交企业核定财政补贴 = 核定运营成本 - 实际票款收入 - 其他财政专项补贴

式中：核定运营成本按照《城市公共汽电车运营成本规制办法》核定；

实际票款收入指公交企业根据《城市公共汽电车年度运营服务计划》要求提供相应运营服务所获得的票款收入，按照市财政部门认定的审计值核定；

其他财政专项补贴指各级政府落实公共交通优先发展政策所给予的财政专项补贴，包括根据《关于完善城市公交车成品油价格补助政策　加快新能源汽车推广应用的通知》（财建〔2015〕159号）规定，由中央财政拨付的城市公交车成品油价格补助与新能源公交车运营补助等。其他财政专项补贴由市财政部门据实核定。

（2）公交企业运营服务质量考核绩效核定方法。

公交企业运营服务质量考核绩效由“数量考核”与“质量考核”组成。

①数量考核绩效核定方法。

数量考核绩效根据公交企业数量考核成绩，采取“逆向激励”方式与核定财政补贴挂钩，即：对数量考核成绩未达到规定要求的，扣减一定比例财政补贴。数量考核成绩根据《城市公共汽电车运营服务质量考核办法》对公交企业进行考核后确定。

②质量考核绩效核定方法。

质量考核绩效根据公交企业质量考核成绩,采取"正向激励 + 逆向激励"相结合方式与核定财政补贴挂钩,即:对质量考核成绩达到(或未达到)规定要求的,奖励(或扣减)一定比例财政补贴。质量考核成绩根据《城市公共汽电车运营服务质量考核办法》对公交企业进行考核后确定。

(3)实发财政补贴计算公式。

$$\text{实发财政补贴} = \text{核定财政补贴} + \sum \text{数量考核绩效} + \sum \text{质量考核绩效}$$

2)财政补贴预算方法

财政补贴预算计算公式为:

$$\begin{aligned}\text{财政补贴预算} &= \sum \text{财政补贴预算} \\ &= \sum(\text{公交企业运营成本预算} - \text{预估票款收入} - \\ &\quad \text{预估其他财政专项补贴})\end{aligned}$$

式中:运营成本预算根据《城市公共汽电车运营成本规制办法》测算;

预估票款收入根据最近一年实际票款收入情况,综合考虑票价政策调整、轨道交通开通造成的客流减少以及计划外新辟线路等因素合理估算;

预估其他财政专项补贴根据补贴年度各级政府现行的公共交通优先发展政策,以及中央财政预算安排的"城市公交车成品油价格补助"和"新能源公交车运营补助"等合理估算。

8.4.2 案例分析

截至2018年,天津市中心城区公共交通机动化出行分担率达到58.1%,中心城区公共汽电车线路网比率达到81%,中心城区公交站点500m半径覆盖率达到100%,中心城区万人公共交通车辆保有量达到23.6标台/万人,绿色公共交通车辆比例达到90%,公共交通正点率达到92.9%,乘客满意度达到91.5%。公共交通有效支撑了天津城市社会经济发展,保障了市民的基本出行需求。天津市已于2018年11月正式通过公交都市建设示范工程验收,并由交通运输部授予"国家公交都市建设示范城市"称号。

在大力发展城市公共交通的同时,天津公交的成本及亏损也在不断增加。据统计,天津公交集团2015—2017年公交客运业务成本分别为31.39亿元、32.83亿元和34.83亿元,年均增长5.3%,累计增长11.0%;同期公交客运业务收入分别为12.35亿元、10.81亿元和9.85亿元,年均降低10.7%,累计下降20.2%;收到的各类政府补贴分别为9.84亿元、11.1亿元和10.63亿元,年均增长3.9%,累计增长8.0%。补贴后累计仍有34.47亿元亏损。从公交运营财政补贴总额上看,天津市补贴规模低于规模类似的南京、成都、青岛、西安等城市水平。

1)财政补贴的预算及核定方法

(1)补贴预算根据规制成本金额、票款收入目标、其他业务利润目标和其他专项补贴测算情况安排。

计算公式为:

财政补贴预算=规制成本金额-公交票款目标收入-其他业务目标利润-其他专项补贴预测数

式中:规制成本金额是指按照本办法结合年度运营服务计划确定的计划行驶里程计算的运营成本;

公交票款目标收入数是指市主管部门对公交企业提出的规制年度票款收入目标数;

其他业务目标净利润是指市主管部门依托公共汽车运营资产等业务产生的净利润目标;

其他专项补贴预测数是指预计中央下达天津市的城市公交成品油价格补贴、新能源公交车运营补助等。

(2)财政补贴根据核定成本金额、票款收入、其他业务净利润目标及绩效考核系数,以市公交集团为主体进行核算。

计算公式为:

应发财政补贴=(核定成本金额-公交票款收入-其他业务目标利润)×绩效考核成绩系数-实收专项补贴

式中:核定成本金额是指成本监审后确定的成本金额。监审后的成本金额小于规制成本金额则以监审金额为准,监审后的成本金额大于规制成本金额则以规制成本金额为准。

公交票款收入是指经审计的公交票款收入。如公交票款收入实际数额大于目标值则以实际数额作为核定值,小于目标值则以目标值作为核定值。

其他业务净利润的核定方式为:如企业其他业务实际净利润低于上年提出的净利润目标,则以净利润目标作为核定值;如实际净利润高于目标值,则超出净利润目标部分的50%专项用于弥补财政补贴,50%留存企业用于自身发展。

实收专项补贴指中央实际下达天津市的城市公交成品油价格补贴、新能源公交车运营补助等。

绩效考核成绩系数是指根据《天津市公共汽车运营服务质量考核办法(试行)》等考核办法,对市公交集团进行考核后根据考核结果确定的系数。考核成绩达到85分(含)以上,绩效考核成绩系数为100%;考核成绩低于85分高于70分(含),每低1分系数减少1%;考核成绩低于70分,绩效考核成绩系数为85%。

(3)市公交集团要严格按照年度运营服务计划和成本规制办法控制亏损金额,亏损金额与市国资委制定的经营业绩考核办法相挂钩。

(4)补贴资金来源为中央成品油价格补贴及市、区两级财政安排的公交运营补贴,其中,市现行免费乘坐公共汽车政策补贴由市财政负担,并作为市级公交运营补贴资金来源。鼓励市公交集团与各区人民政府通过签订协议线路方式增加运营收入。

市、区两级财政分担原则:起点和终点均在外环线以内(含)的公交线路产生的政策性亏损由市财政负担;起点和终点均在外环线以外的公交线路产生的政策性亏损由线路所跨区财政按相应里程负担;起点和终点跨外环线的公交线路产生的政策性亏损由市、区两级财政按相应里程负担;对于市公交集团与各区人民政府以签订协议方式的公交线路,由相应区财政负担。

计算公式为:

$$\text{市财政负担财政补贴} = \text{应发财政补贴} \times \frac{\text{市级财政补贴范围内的行驶总里程}}{\text{规制年度市公交集团行驶总里程}}$$

$$\text{各区财政负担财政补贴} = \text{应发财政补贴} \times \frac{\text{区财政补贴范围内的行驶总里程}}{\text{规制年度市公交集团行驶总里程}}$$

2)补贴资金预算安排、拨付和结算

(1)每年9月底前,市公交集团根据《天津市公共汽车运营服务计划编制办法(试行)》编制下年度运营服务计划,并提交市交通运输委和市财政局初审,综合评估本市公交基本服务需求以及市、区两级财政承受能力,合理确定下年度运营服务计划。市国资委会同市交通运输委、市财政局确定下年度公交票款收入和其他业务净利润目标。

(2)每年11中旬前,市、区两级财政按照部门预算编制要求,结合市公交集团下度运营计划情况编制公交运营补贴预算。在通过市、区两级人大审查批复后,市交通运输委应及时向社会公布市公交集团年度运营计划。

(3)补贴采取"按季预拨、次年清算"方式拨付市公交集团。市、区两级财政在每季度末,按照年度补贴预算的25%,向市公交集团预拨财政补贴。次年3月底前,市交通运输委会同市有关部门,对市公交集团进行年度考核,并向社会公示。市财政局根据考核结果核定绩效考核成绩系数。

(4)次年4月底前,由市交通运输委、市财政局组织第三方机构对市公交集团进行年度成本监审,核定应发财政补贴;同时,市交通运输委负责与各区人民政府核对上一年度各区实际运营里程。次年5月底前,市财政局与市公交集团进行年度清算,并由市交通运输委、市财政局将清算结果函告各区人民政府,市公交集团对接各区清算区级补贴资金。

参考文献

[1] 郝记秀. 城市公共交通与土地利用一体化发展研究[D]. 西安:长安大学,2009.

[2] 李宏强. 城市公共交通成本规制方法优化研究[D]. 西安:长安大学,2014.

[3] 张瑞. 城市公交财政补贴机制研究——以银川市为例[D]. 北京:中央民族大学,2016.

[4] 叶树峰. 公交补贴测算方法研究[D]. 成都:西南交通大学,2014.

[5] 马荣国. 城市公共交通系统发展问题研究[D]. 西安:长安大学,2003.

[6] 肖龙. 城市公共交通系统可持续发展研究[D]. 青岛:青岛理工大学,2009.

[7] 郗恩崇,王家明. 城市综合公共交通系统的构建[J]. 长安大学学报(社会科学版),2008,10(2):1-6.

[8] 文国玮. 构建现代城市公共交通系统[J]. 城乡建设,2006(11):11-14.

[9] 邸振. 浅谈现代大城市公共交通系统发展理念[J]. 交通企业管理,2010(10):62-63.

[10] 周家中. 特大城市公共交通系统结构关键问题研究[D]. 成都:西南交通大学,2014.

[11] 秦平,李林波,万燕花. 中国城市公共交通系统发展战略的研究[J]. 交通科技,2004(1):67-69.

[12] 徐永能. 大城市公共客运交通系统结构演化机理与优化方法[D]. 南京:东南大学,2006.

[13] 张小涛,申岚. 深圳公交供给侧结构改革实践——三网融合规划探析[C]//共享与品质——2018 中国城市规划年会论文集. 北京:中国建筑工业出版社,2018.

[14] 彭唬,陆化普,王继峰. 城市空间形态对交通生成影响分析[J]. 武汉理工大学学报(交通科学与工程版),2008(6):975-978.

[15] Peng Hu, Wang Jifeng, Jiang Yulin, et al. Analysis of Spatial-temporal Coupling for Urban Travel Demand and Land Use[C]. 2010 International Conference on Optoelectronics and Image Processing, 2010.

[16] Hu Peng, Jinyi Guo, Jifeng Wang, et al. Network coupling of urban land use and public transport [C]. 6th Advanced Forum on Transportation of China (AFTC 2010), 2010.

[17] Simmonds David. Transport Effects of Urban Land use change[J]. Traffic Engineering Control, 1997.

[18] Giuliano, Genevieve, et al. Research Issues Regarding Societal Change and Transport[J]. Journal of Transport Geography, 1997, 5(3).

[19] Bennet Heart, Jennifer Biringer. The Smart Growth Climate Change Connection [J]. Conservation Law Foundation, 2000.

[20] Handy Susan. How Land-Use Pattern Affect Travel Patterns: Abibliography. CPL Bibliography NO. 279. Chicago: Council of Planning Librarians, 1992.

[21] Cervero Robert. Congestion Relief: The Landuse Alternative[J]. Journal of Planning Education and Research, 1989, 10(2): 119-129.

[22] J S Adams. Residential Structure of Modern Western Cities[J]. Annals of association of American Geographers, 1970, 60.

[23] Knight R L. Landuse Impacts of Rapid Transit Systems: Implications of Recent Experience. Final Report Prepared forth, U. S., Department of Transportation. 1977.

[24] Jinsoo You, Tschangho John Kim. An integrated urban systems model with GIS [J]. Geographical Systems, 1999(1): 305-321.

[25] Harvey J Miller, John D Storm. Geographic information system design for network equilibrium-based travel demand models[J]. Transportation Research C, 1996(4): 373-389.

[26] 张国庆. 基于 GIS 平台的城市交通规划管理信息系统研究[D]. 乌鲁木齐:新疆农业大学, 2000.

[27] 冯志强. 城市土地利用空间结构演变研究[D]. 郑州:解放军信息工程大学, 2006.

[28] 刘红霞. 城市空间增长对交通需求的影响研究[D]. 西安:西安建筑科技大学,2003.

[29] 陆化普. 交通规划理论与方法[M]. 北京:清华大学出版社,2006.

[30] 赵和生. 城市规划与城市发展[M]. 南京:东南大学出版社,1999.

[31] 毛蒋兴. 阎小培. 广州城市交通系统与空间格局互动影响研究[J]. 地理与地理信息科学,2004,20(6).

[32] 张金. 上海城市空间结构与交通需求的关系及其机制研究[D]. 上海:上海师范大学,2006.

[33] 刘国强. 城市土地利用与城市交通研究[D]. 西安:西安建筑科技大学,2003.

[34] Anderson W P, Kanaroglou P S, Miller E J. Urban form, energy and the environment: a review of issues, evidence and policy[J]. Urban Studies, 1996(33):7-35.

[35] Badoe D A, Miller E J. Transportation land use interaction: empiricalf indingsin North America, and their implications for modeling [J]. Transportation Research D: Transportation & Environment, 2000:235-263.

[36] Stead D, Williams J, Titheridge H. Land use, transport and people: identifying the connections. [M]. London: E&FN Spon, 2000.

[37] Ewing R, Cervero R. Travel and the Built Environment—Synthesis. Washington [J]. Transportation Research Board, 2001.

[38] Ewing R, Haliyur P, Page G W. Getting around a traditional city, a suburban planned unit development, and everything in between [J]. Transportation Research Record, 1994(1466):53-62.

[39] Frank L D, Pivo G. Impacts of mixed use and density on utilization of three modes of travel: single-occupant vehicle, transit, and walking [J]. Transportation Research Record, 1994(1466):44-52.

[40] Newman P W G, Kenworthy J R. Gasoline consumption and cities: a comparison of US cities with a global survey [J]. Journal of the American Planning Association, 1989(55):24-37.

[41] Cervero R. Jobs-housing balancing and regional mobility[J]. Journal of the

American Planning Association,1989,55(2):136-150.

[42] Handy S L. Regional versus local accessibility:neo-traditional development and its implications for non-work travel [J]. Built Environment, 1992, 18(4):253-267.

[43] Kitamura R,Mokhtarian P L. Laidet, L. A micro-analysis of land use and travel in five neighborhoods in the San Francisco Bay Area[J]. Transportation,1997, 24(2):125-158.

[44] Cervero R,Kara Kockelman. Travel demand and the 3Ds: density,diversity, and design[J]. Transportation Research,1997,2(3):199-219.

[45] Hess P M,Moudon A V,Snyder M C,Stanilov K. Neighborhood Site Design and Pedestrian Travel[J]. Transportation Research Board,1999(1674): 9-19.

[46] 林炳耀. 城市空间形态的计量方法及其评价[J]. 城市规划汇刊,1998(3):42-45.

[47] Ewing R. Characteristics, causes, and effects of sprawl: a literature review [J]. Environmental and Urban Issues,1994,11(2):1-15.

[48] 李新,程国栋,卢玲. 空间内插方法比较[J]. 地球科学进展,2000,15(3):260-265.

[49] 林忠辉,莫兴国,李宏轩,等. 中国陆地区域气象要素的空间插值[J]. 地理学报,2002,57(1):47-55.

[50] 蔡福,等. 气象要素空间化方法精度的比较研究——以平均气温为例[J]. 资源科学,27(5):173-179.

[51] Newman P, Kenworthy J. Gasoline consumption and cities: a comparison of U. S. cities with a global survey [J]. Journal of the American Planning Association,1989,55(1), 24-37.

[52] Dunphy R, Fisher K. Transportation, congestion, and density: new insights. Transportation Research Record,1996(1552): 89-96.

[53] McDonald John. Econometric Studies of Urban Population Density: A Survey [J]. Journal of Urban Economics,1998,26(3):361-85.

[54] Wheaton William C. Land Use and Density in Cities with Congestion[J]. Journal of Urban Economics,1998,43(2):258-272.

[55] Levinson D M, A Kumar. Density and the Journey to Work[J]. Growth and Change, 1997, 28(2): 147-172.

[56] Levinson H, Wynn F. Effects of density on urban transportation requirements [J]. Highway Research Record, 1963(2): 38-64.

[57] 毛海虓. 中国城市居民出行特征研究[D]. 北京:北京工业大学,2005.

[58] Badoe Daniel, Eric J Miller. Transportation-Land Use Interaction: Empirical Findings in North America, and Their Implications for Modeling [J]. Transportation Research Part D, 2005(5): 235-263.

[59] Bento Antonio M, Maureen L. Cropper, Ahmed Mushfiq Mobarak and Katja Vinha. The Impact of Urban Spatial Structure on Travel Demand in the US [R]. Policy Research Working Paper 3007, The World Bank, 2003.

[60] 周素红. 高密度开发城市的内部交通需求与土地利用关系研究——以广州市为例[D]. 广州:中山大学,2003.

[61] 甘勇华,邓兴栋. 轨道交通枢纽综合开发设施立体式布置模式分析[J]. 城市轨道交通,2011,14(8):17-19.

[62] 梁晓红,刘智丽,杜华兵. 城市公共交通用地综合开发若干问题的思考——以北京市为例[J]. 交通运输研究,2019,5(3):18-24.

[63] 纪诚,卢源. 北京轨道交通车辆段综合利用模式的演进与创新[J]. 都市快轨交通,2014,27(6):25-30.

[64] 杨涛,孙永海. 构建与城市空间结构相契合的城市公共交通体系——以深圳为例[J]. 交通与运输,2014(7):12-15.

[65] 蔡全凯. 城市常规公交场站规划研究[D]. 南京:东南大学,2007.

[66] 王晓凯. 中小城市公共汽车运营与管理研究[D]. 重庆:重庆交通大学,2012.

[67] 杨新苗,王超,马泽丹,等. 公共汽电车枢纽建筑与建设用地标准研究[J]. 城市公共交通,2006(7):37-40.

[68] 郑洁. 我国城市公共交通系统结构优化研究[D]. 南京:东南大学,2012.

[69] 郭罕智. 城市常规公交场站布局与站点设置规划研究——以松原市为例[D]. 长春:吉林大学,2016.

[70] 李昆达. 公交场站综合开发策略及建设模式研究[D]. 北京:清华大

学,2014.
[71] 赵贝. 居民出行方式选择与公交优先政策协同研究[D]. 长春:吉林大学,2011.
[72] 苗青芳. 城市公共交通设施布局与利用效率研究[D]. 天津:天津商业大学,2013.
[73] 付学梅. 考虑异质性的活动-出行决策行为研究[D]. 上海:上海交通大学,2016.
[74] 丁川. 考虑空间异质性的城市建成环境对交通出行的影响研究[D]. 哈尔滨:哈尔滨工业大学,2014.